Licht auf Deinem Weg

1. Auflage, März 2016
© 2016 Ursula Lyon, DI Gerald Schinagl in Mitarbeit von Michele Joerg-
Ronceray Bettina und Günther Höldrich

Herstellung und Verlag: BoD - Books on Demand, Norderstedt

ISBN: 9783833494352

Danksagung - Ursula

Ein großer Dank geht an alle meine buddhistischen Lehrer.

Als erstem Christopher TITMUSS, der mich zum "here and now" gebracht hat und vielen anderen, von denen ich in Seminaren auf verschiedene Weise Meditation und die Lehre erfahren konnte.

Geprägt hat meinen Weg zwölf Jahre die buddhistische Nonne Ayya KHEMA, die mich zum Lehren autorisierte. Meinem Mann, Jesse, sei Dank, dass er mich mit auf die spirituelle Reise genommen hat.

Ganz herzlich danke ich meinen TeilnehmerInnen in den Yoga- und Meditationskursen für ihre Fragen und inspirierenden Anregungen.

Dass meine zwei Töchter und meine fünf Enkel an meinem spirituellen Weg teilnehmen, empfinde ich als ein besonderes Geschenk.

Lieben Dank an Michele, sie hat seit 2010 viel Vorarbeit für dieses Buch geleistet.

Bettina und Günther HÖLDRICH sei Dank für ihre ausdauernde Durchsicht und Mitarbeit.

Meinem Dhamma-Freund Gerald gebührt der größte Dank, da er das Entstehen dieses Buches möglich gemacht hat.

Danksagung - Gerald

Mein großer Dank geht an all jene Menschen, von denen ich in der einen oder anderen Form in meinem Leben lernen durfte. All jenen Menschen in der langen Folge bis zum Buddha und seinen Schülern zurück, welche daran beteiligt waren diese Lehre in die Gegenwart zu bringen gebührt ein großer Dank.

Die Menschen, die mich auf den buddhistischen Weg gebracht, geleitet, gestützt und herausgefordert haben gaben mir das große Geschenk des Dhamma das ich dankbar annehme und auf diesem Weg gerne weitergebe.

Meiner Frau Heidrun danke ich für den nötigen Freiraum, das Verständnis und die Möglichkeit meine spirituellen Ideen so intensiv zu verfolgen.

Meiner Lehrerin Ursula gebührt der größte Dank für die Möglichkeit an einem so enormen Erfahrungsschatz teilhaben zu können und an diesem Werk nicht nur mitarbeiten sondern auch meinen Beitrag dazu leisten zu dürfen.

Inhaltsverzeichnis

Einladung 7

Die Suche 10
Was ist Glück? 11
    Einsichtsübung: Mein Glück 15
    Achtsamkeitsübung: 8 Punkte Meditation 18
    Metta – Übung: Die Sonne der Herzensgüte 22
    Lied: Licht vom Himmel 24
Was ist Zufriedenheit? 25
    Einsichtsübung: Meine Zufriedenheit 29
    Achtsamkeitsübung: Gehmeditation 31
    Metta-Übung: Karuna - Der Mantel des Mitgefühls 33
    Lied: Sabbe Satta 35
Echt sein 36
    Einsichtsübung: Echt sein – sich selbst verwirklichen 40
    Achtsamkeitsübung: Ganz bei mir sein 42
    Metta-Übung: Samen im Herzen 44
    Lied: So ja So 45
Angst 46
    Einsichtsübung: Betrachtung über die Angst 51
    Achtsamkeitsübung: Mein Gesicht 54
    Metta – Übung: Lichtwesen 56
    Lied: Maha Mangalam (Großer Segen) 58
Was ist Realität? 59
    Einsichtsübung: Wirklichkeit 64
    Achtsamkeitsübung: Atembetrachtung 66
    Metta: Vertrauen 69
    Lied: Hier und Jetzt 71
Veränderung – Welche Wege gehen? 72
    Einsichtsübung: Lebenswege 75
    Achtsamkeitsübung: Vier Gebiete der Achtsamkeit 77
    Metta–Übung: die Hand des Buddha 79
    Lied: Buddha deine Hand 80

Der Weg – der edle achtfache Pfad 81
Zuflucht als Vorbereitung..83
Rechte Ansicht - nicht blind den Weg gehen 89
Einsichtsübung: Was ist Karma? 94
Achtsamkeitsübung: Der klare Himmel...........................97
Metta-Übung: Das Gute in meinem Leben 98
Lied: Unheilsames Lassen.. 100
Rechte Gesinnung - Sich selbst gestalten 101
Einsichtsübung: Loslassen..107
Achtsamkeitsübung: Loslassen...109
Metta-Übung: Ein guter Freund..110
Lied: Loslassen 111
Rechte Rede - Worte werden Wirklichkeit...............................112
Einsichtsübung: Verzeihen 119
Achtsamkeitsübung: Benennen..121
Metta-Übung: Umfassende Liebe 124
Lied: Om Namah 126
Rechtes Handeln - mach ich es richtig?...................................127
Einsichtsübung: Richtlinien 133
Achtsamkeitsübung: Die Betrachtung des Geistes 135
Metta-Übung: Gute Wünsche..138
Lied: Heute fang ich ganz neu an 139
Rechter Lebenserwerb - Arbeit als Übung 140
Einsichtsübung: Die Praxis des Alltags 145
Achtsamkeitsübung: Frühstücksmeditation 147
Metta-Übung: Liebeskraft zum Herzen bringen 149
Lieder: Ich gehe vor - Ich geh zurück (Lachtanz)............149
Rechtes Bemühen - ohne Zwang 150
Einsichtsübung: Die fünf Hindernisse 156
Achtsamkeitsübung: Das rechte Maß bei Gedanken und Gefühlen........158
Metta-Übung: Blumengarten 162
Lied: möge unser Tun 164
Rechte Achtsamkeit - fürsorgliche Wachsamkeit....................165
Einsichtsübung: Achtsamkeit und Gelassenheit 172
Achtsamkeitsübung: Anti-Stress Meditationen 173
Metta-Übung: Buddha unter dem Bodhibaum...................175
Lied: Wem lieb sein Selbst...176
Rechte Sammlung und Konzentration 177
Einsichtsübung: Sich einlassen...183
Meditationsanleitung: Ein Punkt Meditation 186
Metta-Übung: Mitfreude..188
Lied: Echt-Unecht...190

Die Verwandlung 191
Liebe und Mitgefühl 193
Einsichtsübung: Brahmaviharas 194
Achtsamkeitsübung: Leerheit 198
Metta – Übung: Der Regenbogen der Liebe 201
Lied: Brahmavihara – göttliche Liebe 202
Die unvermeidlichen Lebensgesetze 203
Einsichtsübung: Fünf tägliche Betrachtungen 210
Metta-Übung: Die erleuchtete Frau 213
Lied: Leere schenkt mir Fülle 214
Frei werden 215
Was und wo ist Nirvana? 216
Achtsamkeitsübung: Musterbetrachtung 221
Metta-Übung: Der Buddha am Berg 224

Vorwort

Ein Lebensweg besteht aus vielen Schritten, die man machen muss, um ihn als den eigenen Weg zu verstehen. Mal geht er eintönig geradeaus, steil bergan, es gibt Kurven und auch großartige Aussichtsplattformen. Manchmal kommen wir auf diesem Lebensweg an eine Kreuzung. Etwas tief in uns fragt nach Wert und Sinn unseres Lebens, ausgelöst durch einen Schmerz, eine Trennung, Krankheit oder einen bedeutenden Lebenseinschnitt, beginnt die Suche nach einer Änderung, einem sinnvollen Dasein.

Erst als ich den Buddhismus in der Praxis durch Meditation und dann auch in der Theorie kennenlernte, war es für mich klar: *Das ist mein Weg.*

Da wurde ich gerade fünfzig und suchte im Traum verzweifelt nach meinen *vergessenen Kindern.* Jesse, mein Mann, meinte damals, ich solle es einmal mit dem Buddhismus probieren. Es war für mich die Lösung. Mich begeisterte vor allem, dass ich alles was der Buddha lehrte, überdenken, nachprüfen und ausprobieren konnte, um es dann anzunehmen oder abzulehnen. Die für mich bedeutendste Entdeckung war der Schritt zur Freiheit. Ich musste nur eine Empfehlung des Erleuchteten konsequent durchführen, um zu erfahren, wie sich etwas Festgefahrenes auflöste und ein Stück geistige Unabhängigkeit gewonnen wurde.

In den fast 40 Jahren meines Unterrichtens habe ich versucht, die verschiedenen Aspekte der buddhistischen Lehre zu verbinden und in einfacher Form zu vermitteln. Ich wollte Menschen in unserer westlichen Welt einen spirituellen Weg zeigen, der trotz aller Hektik im Beruf und in den Familien Halt und Richtung gibt.

Verschiedene Manuskripte für ein Buch über den Befreiungsweg habe ich begonnen und dann weggelegt. Mit Hilfe von Gerald SCHINAGL, einem Dhammafreund, der sich wissenschaftlich mit der buddhistischen Lehre beschäftigt, ist es gelungen ein gemeinsames Werk heraus zu bringen. Gerald und ich haben beide noch andere Bücher geschrieben, welche die dargelegten Grundzüge der buddhistischen Lehre ergänzen und erweitern können.

Drei liebe Freunde Michele JOERG-RONCERAY, Bettina und Günther HÖLDRICH, haben das Buch in ihre buddhistische Praxis eingebracht und den Text gegliedert, wo nötig gekürzt und in lebendiger Form korrigiert.

Mögen die Leser und Leserinnen sich am Erkennen freuen und das Üben in der Praxis gelingen. Mögen sie auf dem Weg der Befreiung Glück und Zufriedenheit finden.

Einladung

Wir begrüßen Sie wie eine liebe Teilnehmerin, einen lieben Teilnehmer in einem Meditations-Seminar. Mit diesem Buch üben und meditieren wir gemeinsam, widmen uns Betrachtungen, die unser Leben betreffen und dem theoretischen Hintergrund dieser Übungen, der in der buddhistischen Lehre zu finden ist.

Theorie und Praxis sollen sich zu einer fruchtbaren Einheit verbinden, indem die gewonnenen Einsichten in das tägliche Leben umgesetzt werden, und sich die Erfahrungen aus dem Leben wiederum in den Einsichten spiegeln. Es ist ein lebendiges Spiel von Forschen, Entdeckungen und neuen Erfahrungen.

Gehen Sie ohne Vorurteile an die Sache heran - lassen Sie sich zuerst einmal auf die Dinge ein, welche wir Ihnen vorstellen. Probieren Sie diese aus und beurteilen Sie danach, ob das, was Ihnen hier mitgeteilt wird, für Ihr Leben von Bedeutung sein kann. Diese Art, die Inhalte einer spirituellen Lehre für sich selbst zu prüfen und nicht blind zu glauben, hat der Buddha bereits in der sogenannten **Kalamasutta** (Lehrrede an die Kalamer) ausgeführt.

> In dieser Lehrrede wird der Buddha von Menschen eines Dorfes, in dem er lehrt, befragt, wie sie eine spirituelle Lehre, also auch seine eigene, prüfen sollten. Schließlich, so berichten die Bewohner dieses Dorfes, behauptete jeder spirituelle Führer, allein die Wahrheit zu besitzen und schmähte die anderen Lehren und Lehrer.
>
> Der Buddha antwortete wie folgt: „Recht habt Ihr Kalamer, dass Ihr da im Unklaren seid und Zweifel hegt. In einer Sache, bei der man wirklich im Unklaren sein kann, ist euch Zweifel aufgestiegen.
>
> Geht nicht nach Hörensagen, nicht nach Überlieferung, nicht nach Tagesmeinungen, nicht nach der Autorität heiliger Schriften, nicht nach bloßen Vernunftgründen und logischen Schlüssen, nicht nach erdachten Theorien und bevorzugten Meinungen, nicht nach dem Eindruck persönlicher Vorzüge und auch nicht nach der Autorität eines Meisters! Wenn Ihr aber selber erkennt: Diese Dinge sind unheilsam, sind verwerflich, werden von Verständigen getadelt und, wenn ausgeführt und unternommen, führen sie zu Unheil und Leiden, dann o Kalamer, möget ihr sie aufgeben."[1]

---

[1] Die Übersetzung dieser Lehrrede und auch anderer Pali-Texte im vorliegenden Werk folgt keiner einzelnen publizierten Standardausgabe deutscher Sprache, sondern wurde von den Autoren bewusst gemischt bzw. modifiziert, um den Kern der Aussagen deutlicher und klarer in zeitgemäßer Sprache herauszuarbeiten.

Diese prüfende, aber nicht unnötig kritische Geisteshaltung, die im englischen treffend mit *reflective acceptance* bezeichnet wird, können Sie sich auch zu Eigen machen, wenn Sie dieses Buch lesen.

Benutzen Sie die praktischen Betrachtungen und Übungen, um Ihr Leben zu bereichern; geben Sie ihnen Raum in Ihrem Tagesablauf. Sie werden erleben, dass auch kleine aber positive Veränderungen, die Sie in Ihren Alltag integrieren, eine erstaunliche Wirkung haben können.

Den Theoretikern und geübten Meditierern möchten wir den Rat geben, sich nicht über die scheinbar einfachen und banalen Übungen hinweg zu setzen. Denkende und intellektuelle Menschen gehen oft zu kopflastig und kompliziert an diese praktischen Dinge heran und machen sie damit komplexer als sie eigentlich sind.

> *„Ich habe nie über das Denken nachgedacht"*
> *Das ist ein Ausspruch des großen Dichters und Denkers, Johann Wolfgang von GOETHE. Meine Erfahrungen in Meditation wie auch im alltäglichen Leben bestätigen seine Worte in der Weise, dass nicht beim intellektuellen Hinterfragen die wirklichen Einsichten auftraten. Erst als ich mich davon befreite, erfuhr ich Zusammenhänge mit einem freudigen AHA! Dann konnten auch neue kreative Gedanken aufkommen.*

Kindlich unbefangen nehmen wir alles, was in uns und um uns herum geschieht, viel wirklichkeitsnäher und direkter auf, als wenn wir gleich bewerten, kategorisieren und vergleichen, ohne wirklich genau mit dem Herzen hingeschaut zu haben. Der Intellekt ist zweifellos ein mächtiges und wunderbares Instrument des Menschen, das aber zur rechten Zeit und an der richtigen Stelle eingesetzt werden sollte.

Die Wirklichkeit so sehen, wie sie ist, erklärte der Buddha als Kernaussage seiner Lehre. Das führt zu einem authentischen Leben und zu geistiger Entwicklung.

Wie sollte dieses Buch gelesen werden?

Obgleich dieses Werk einem formalen Handlungsstrang entlang aufgebaut ist (von der einleitenden spirituellen Suche über den buddhistischen Entwicklungsweg hin zum Freiwerden), muss es nicht unbedingt in dieser Reihenfolge gelesen werden. Viele der vorgeschlagenen Übungen gelingen beim ersten oder zweiten Mal vielleicht noch nicht so gut, da Sie persönliche Hilfsmittel und weitere Grundlagen möglicherweise erst später im Buch oder bei anderen Themen vorfinden.

Andererseits kann es auch vorkommen, dass eine Meditation oder Betrachtung erst dann ihre volle und manchmal auch unerwartete Wirkung entfaltet, wenn Sie ein anderes blockierendes Thema bearbeitet haben. Da diese Abhängigkeiten höchst individuell sind, wollen wir in diesem Buch keinen festgelegten Weg vorgeben, sondern Sie ermutigen, immer wieder vor und zurück zu blättern und auf Ihre Intuition zu vertrauen, um für Sie bedeutenden Referenzen oder Verweisen nachzugehen und die Themen so wie es für Sie gut und zielführend ist, zu wiederholen. Das unterstützen wir durch einen umfangreichen Stichwortindex am Ende dieses Buches.

Haben Sie keine falsche Scheu, wenn eine Übung zu einem Zeitpunkt im Buch für Sie noch nicht schlüssig ist. Übergehen Sie diese mit gutem Gewissen. Entweder kommen Sie später von selbst nochmals zu der konkreten Übung zurück, und wenn nicht, so können Sie beim nochmaligen Lesen des Buchs Neues entdecken und interessante, bisher nicht wahrgenommene Aspekte vorfinden.

Die Suche

Da Sie dieses Buch nicht schon nach der Einleitung weggelegt haben, besitzen wir wohl eine Gemeinsamkeit. Wir alle sind auf die eine oder andere Art Suchende. Es gibt Dinge und Umstände im Leben, mit denen wir nicht zufrieden sind. Die bisher unternommenen Versuche, Zufriedenheit und Glück zu erlangen, waren nicht von einem dauerhaften Erfolg geprägt. Wir meinen, es müsste doch irgendetwas Besseres, etwas ganz Besonderes geben.

Was macht uns also zu Suchenden?
Was ist es eigentlich, das wir suchen?
Wir wissen, dass wir etwas suchen, aber wissen wir überhaupt, was das Gesuchte ist?
Wie erkennen wir, ob etwas, das wir gefunden, haben auch das ist, was wir ursprünglich gesucht haben?

Wir wollen nun im einleitenden Abschnitt dieses Buches nachforschen, was uns zu Suchenden macht, wo unsere Probleme und Unzufriedenheiten im Leben, also der Antrieb für diese Suche liegen.

Was ist Glück?

Wenn wir gefragt werden, sind wir uns alle einig – wir wollen und suchen das Glück, unser Glück. Unser ganzes Leben haben wir darauf ausgerichtet, in der einen oder anderen Form Glück zu erlangen. Aber wie ist es uns bisher damit ergangen – wie stabil und dauerhaft haben wir das so erlangte Glück erlebt? Zeigte sich das Glück dauerhaft - oder ist es doch, wie der Wienermund sagt, ein Vogerl?

Wir sind auf der Suche nach einem anderen, Erfolg versprechenderen Weg des Glücks, aber sind wir auch wirklich dazu bereit, uns dieser Herausforderung zu stellen?

Was sagen wohl die Nachbarn?

Als ich in Hamburg bei meiner geliebten Schwester Lore einen Achtsamkeitstag durchführte, und am Nachmittag achtsames Gehen im Garten angesagt war, fiel mir ein junger Mann auf, ein Dozent an der Uni, der sich in einer dunklen Ecke versteckte. Manche staksten wie Störche durch das Gras; andere wiederum gingen langsam und versunken kleine Wege entlang, wieder andere schauten hingebungsvoll einen Baum an. Dann kamen wir in den Raum zurück, um unsere Erfahrungen auszutauschen. Der junge Dozent meinte, dass man so etwas Anormales doch nicht vor den Blicken der Nachbarn machen könnte!

Lore grinste ihn schelmisch an und meinte: "Erstens sind sie heute gar nicht da - und außerdem geben sie ihrer Freude Ausdruck, dass man bei uns ungewöhnliche, interessante Dinge zu sehen bekommt. Das ist fast wie eine Aufforderung!"

Warum ist die Erlangung eines höheren Glückes eigentlich eine Herausforderung? Und aus welchem Grund ist, wie bei Lores Achtsamkeitstag in Hamburg, eine Portion Mut dazu nötig, um glücklich sein zu können?

Diesen und auch noch weiteren Fragen und Überlegungen wollen wir uns nun widmen.

Angst vor dem Glück ?

Alle Menschen streben nach ihrem persönlichen Glück; das ist der grundlegende Antrieb und Lebenssinn der Menschheit. Das Recht, sein Glück zu suchen und auch zu finden, sollte jedem und jeder zustehen. Heute werden zahlreiche Wege und Möglichkeiten angeboten, die zum Glück führen sollen. Ob dieses Glück, wenn es einmal erreicht ist, wirklich befriedigend ist oder nicht, zeigt sich häufig dann, wenn die ersten Stolpersteine auf dem Weg dorthin liegen.

Gefangen im täglichen Stress und im Kampf gegen Unannehmlichkeiten, Mangel und Mängel und in unserem Bemühen, uns im beruflichen und privaten Leben zu behaupten, finden wir nach unserem Empfinden zu wenig Zeit für freudige und glückliche Gefühle.

Aber stimmt das so?

Wir nörgeln, klagen und beschweren uns über alles, was uns beeinträchtigt. Irgendetwas gibt es immer, das uns stört und uns daran hindert, das wirkliche Glück zu erreichen. Wir erwarten, dass irgendjemand (für uns) diese störenden Hindernisse entfernt und uns damit dieses uns zustehende Glück ermöglicht.

Mit Zukunftsvorstellungen und Erwartungen versuchen wir der unbefriedigenden Gegenwart zu entfliehen, und im rastlosen Bestreben dorthin – zu unserem vermeintlichen Glück - zu gelangen, sind wir blind für das momentane, lebendige Glück des Moments direkt vor unseren Füßen, das bereits da ist, wenn wir nur die Augen dafür öffnen. Für gewöhnlich suchen wir unser Glück auf weltlichen Wegen. Aber ist es das, was uns auf Plakaten, im Fernsehen oder im Internet angeboten wird? Wohin wir auch blicken - überall wird Werbung für Dinge betrieben, deren Kauf uns Glück verschaffen soll. Aber wir müssen uns immer wieder die Frage stellen: Können uns diese Dinge wirklich glücklich machen?

Das Gefühl von Glück kann auf verschiedenen Ebenen der menschlichen Existenz erlebt werden:

- Auf der **materiellen Ebene** liegt das Glück der Sinne. Die Sinnesgenüsse wie Hören, Sehen, Riechen, Schmecken oder Berühren können uns im Moment des Sinneskontaktes selbst ein angenehmes Gefühl, ja sogar Freude bereiten. Das kann bei näherer und unvoreingenommener Betrachtung bereits ein kleines Glück sein, wenn wir bereit sind, es als solches wahrzunehmen. Das Problem beginnt aber dann, wenn wir an diesen Momenten des Sinnesglücks anhaften, sie immer wieder haben wollen oder uns vor dem Verlust dieses Glücks fürchten.

- Auf der **emotionalen Ebene** sind es Gefühle, wie Geborgenheit oder auch Freiheit, Liebe oder Selbständigkeit, die uns beglücken und erfreuen. Geistiges Glück erleben wir beispielsweise, wenn wir etwas (für uns) entdecken, neue Erkenntnisse gewinnen oder die bestimmende und bewegende Kraft unseres eigenen Geistes erfahren. In seinem Mechanismus gehorcht dieses Glück aber den gleichen Gesetzen wie das Sinnenglück.

- Glück können wir auch in einem **sozialen Umfeld**, wo wir miteinander und füreinander sind, empfinden. Dieses soziale Glück kann sowohl an einzelnen Verbindungen zu Menschen als auch im gesamten Interaktionsfeld einer sozialen Gemeinschaft eingebettet sein. Wir erleben es in Form von Geborgenheit und Sicherheit, wenn wir uns aufgehoben, gestützt und behütet fühlen. Wenn sich dieses soziale Umfeld aber verändert, kann sich auch dieses Glück wieder in Leid und einen unbefriedigenden Zustand wandeln.

- Ein erfüllendes, geistiges Glück ist nur auf einem **spirituellen Weg** zu finden, der universelle Aspekte aufzeigt und sie auch erleben lässt. Das ist jene Art von Glück, welche wir auf dem buddhistischen Pfad suchen. Wie wir dieses Glück erleben, werden Sie nun fragen – nun ja, das ist in einem Satz nicht abgehandelt und ist einer der Inhalte dieses Buches.

Woher wir unser Glück beziehen, ist also ganz individuell. Ob es nur ein Lichtstrahl ist, eine Sonne, die uns mit Freude, Vertrauen, Kraft und Liebe erfüllt, eine wertvolle Freundschaft oder eine erhebende Meditation; wichtig ist in diesem Zusammenhang nur, dass wir einen persönlichen Zugang zu den uns beglückenden Kräften finden.

Aber warum sind so viele Menschen nach wie vor auf der Suche nach Glück und haben ihr Ziel noch nicht erreicht, wenn doch die bisherigen Ausführungen zeigen, dass Glück ohne weiteres in diesem Leben, ja sogar in diesem Moment realisierbar ist?

In Gesprächen, mit vielen Menschen, die sich ernsthaft um einen guten und glücklichen Lebensweg bemühen, versuchten wir die Schwierigkeiten aufzudecken, die sie am Glücklichsein hinderten. Bei aller Verschiedenheit der Probleme und Belastungen ist es immer wieder die Angst, die sichtbar oder unsichtbar mitschwingt.

Angst scheint das generelle Hindernis für Glück und Freude zu sein. Sie hält uns davon ab, das zu tun, was wir eigentlich für gut und echt halten, was uns menschlich positiv entwickelt und uns glücklich macht. Selbst in der Liebe ist die Angst jene unheilsame Kraft, die Vertrautheit und Hingabe zerstören kann. Wenn wir also unserem Glücklichsein einen vernünftigen und stabilen Weg bahnen wollen, so kommen wir wohl nicht daran vorbei, uns den eigenen Ängsten zu stellen.

Echtes und dauerhaftes Glück kann nur durch Einsicht, Mut und Beständigkeit erlangt werden. Dabei handelt es sich, wie Sie im Verlauf dieses Buches noch sehen werden, aber nicht um Kräfte, die Ihnen von außen zugeführt werden müssen, nein Sie tragen diese Kräfte bereits in sich. Sie müssen diesen Schatz, der in Ihnen selbst verschüttet liegt, ans Licht heben. Dazu brauchen Sie nichts von der Welt um sich herum, lediglich ein zuversichtliches Bemühen, um die Schichten, die Ihr inneres Glück bis heute verdecken, zu beseitigen. Die nötigen Fähigkeiten für diese Entdeckungsarbeit trägt jeder Mensch in sich.

Nutzen Sie diese Fähigkeiten - es lohnt sich!

Dhammapada 204

Die Worte der Weisheit (in Pali[2]: *Dhammapada*[3]) sind eine Sammlung von 423 Versen, welche der Buddha bei 305 Gegebenheiten zum Wohle der Menschheit ausgesprochen haben soll. Diese Sprüche wurden in der sogenannten kürzeren Sammlung der buddhistischen Schriften (*Sutta Nipata*) zusammengefasst und stellen eine besonders kompakte und treffende Beschreibung der Lehre Buddhas dar. Hier führen wir den Vers Nr. 204 an:

> Gesundheit ist der höchste Reichtum,
> Zufriedenheit der höchste Wert,
> die Zuversicht der beste Freund,
> Befreiung[4] allerhöchstes Glück.

---

[2]   Pali ist eine mittelindische Sprache, die aus dem Vedischen hervorgegangen ist und eng mit dem Sanskrit verwandt ist. Die ursprünglichen buddhistischen Lehrtexte, auf welche sich der Theravada-Buddhismus beruft wurden in Pali mündlich übertragen und erst zu späterer Zeit niedergeschrieben.

[3]   Die Übersetzungen der Dhammapada-Verse erfolgten von den Autoren dieses Buches in freier Form, um die bedeutenden Kernpunkte und Inhalte klarer darzustellen.

[4]   Das Pali-Wort *nibbanan* kann sowohl als Befreiung, Nirwana oder auch Erlösung übersetzt werden.

Einsichtsübung: Mein Glück

Bevor wir Ihnen eine konkrete meditative Betrachtung vorstellen, soll einführend erklärt werden, worum es sich dabei eigentlich handelt. Die meditative Betrachtung ist eine Form der Themen–Meditation, die in der buddhistischen Lehre auch als weises Erwägen (in Pali: *yoniso manasikara*) oder auch Kontemplation[5] bezeichnet wird. Der Intellekt allein reicht dabei nicht aus, um das erwünschte gründliche und weise Nachdenken zu garantieren. Das Gefühl (der Wortstamm *Yoni* in der Pali-Bezeichnung steht für den Mutterschoß) muss dabei zu Worte kommen und diesem weisen Besinnen eine innere Grundlage geben. Wenn man in Zurückgezogenheit und einem entspannten, ruhigen Zustand eine Sache meditativ betrachtet, ist es etwas anderes, als wenn man darüber mit den analytischen - intellektuellen Denkmustern grübelt und unbedingt eine logische und gedanklich schlüssige Lösung finden möchte. Grübeln hält sich an vage Ansätze und (un)mögliche Möglichkeiten, die ihren Ausdruck in Worten wie *Wenn, Wäre* oder *Würde* finden. Es sind allesamt chaotische Konditionale, die in der Vergangenheit oder der Zukunft gefangen sind. Eine Besonderheit dieser Art von Gedanken liegt darin, dass Sie unaufhaltsam im Kreis herum laufen, ohne eine Aussicht auf Lösung. Ärger, Missmut und Verzweiflung wachsen kontinuierlich an und ziehen die gesamten Gedanken und Gefühle spiralförmig nach unten und münden nicht selten in Depression.

Dagegen folgt die meditative Betrachtung einer klaren Struktur und versucht in ihrem Kern fünf grundlegende Fragen zu behandeln:

Was ist es? Aufzählen von sachlich verschiedenen Definitionen und Beschreibungen des betrachteten Themas. Was gehört alles dazu, wie könnte man es erklären, ohne es dabei akademisch zu analysieren?

Was macht es mit mir? Wie ist meine Befindlichkeit dabei, fühle ich mich betroffen und wie geht es mir danach?

Wo kommt es her? Was ist der Anlass, wie entsteht es, aus welcher tieferen Ursache (ohne es psychoanalytisch oder therapeutisch aufzubereiten) entsteht es?

Wo führt es hin? Ist es positiv oder negativ, welche Auswirkungen hat es in Folge, wohin führt es mich auf meinem Lebensweg?

Was kann ich dafür tun? Fördern, wenn ich es als gut und heilsam erkannt habe. Aufhalten und ändern, wenn ich es als schlecht und unheilsam erkannt habe.

---

[5] Es ist an dieser Stelle darauf hinzuweisen, dass der Begriff der Kontemplation in der christlichen Mystik anders besetzt ist und dort für Ruhemeditation steht.

Aus diesem weisen Erwägen heraus entsteht eine Form der Einsicht, die zu persönlichen Entscheidungen führt. Ganz realistisch, ohne Wenn und Aber, klärt die meditative Betrachtung das gewählte Thema und gibt auch den damit verbundenen Gefühlen eine Ausdrucksmöglichkeit. Die Frage, wo es hinführt, zeigt, was Sie davon zu erwarten haben, und ob Sie das betrachtete Szenario wirklich so haben möchten. Zur letzten Frage gehört die Überlegung, wo Sie sich Hilfe holen können, also Freunde, Lehrer, Bücher (Lesen, Schreiben), Hören oder andere Aktivitäten.

Die Praxis der meditativen Betrachtung

- Setzen Sie sich für 10 - 20 Minuten aufrecht auf einen Stuhl oder auf ein Sitzkissen in einer beliebigen Meditationshaltung.
- Legen Sie (wenn Sie diese Übung alleine durchführen) das Blatt mit den Fragen so vor sich hin, dass Sie es leicht lesen können. Stellen Sie sich diese Fragen persönlich.
- Atmen Sie mit geschlossenen Augen ruhig und tief 5x ein und aus. Lassen Sie allen Druck vom Kopf und den Schultern absinken.
- Geben Sie dem Wirrwarr und der rasanten Abfolge Ihrer Gedanken keine Aufmerksamkeit[6].
- Versuchen Sie, so gut es geht, wach und entspannt dazusitzen.
- Wenn Sie zu mehreren als Gruppe die meditative Betrachtung üben, ist es angenehm, wenn eine Person die Fragen vorliest beziehungsweise die meditative Betrachtung anleitet. Wenn Sie die Betrachtung alleine durchführen, lesen Sie eine Frage und wiederholen diese bei geschlossenen Augen, bis Ihnen diese Frage wirklich eingeht. Dann antworten Sie sich selbst so einfach und kindlich, wie die Worte gerade kommen. Machen Sie bitte keine Philosophie daraus und beweisen Sie sich nicht Ihre Intelligenz! Einfach und echt soll Ihre Antwort sein!
- Versuchen Sie möglichst, beim vorgegebenen Betrachtungsthema zu bleiben, und nicht geistig damit zu beginnen, Aufgabenlisten zu schreiben und zu überlegen, was alles zu tun und zu lassen wäre. Dafür ist nach der Betrachtung noch genügend Zeit vorhanden.
- Vielleicht genügen Ihnen zwei Minuten - vielleicht brauchen Sie mehr, nehmen Sie sich so viel Zeit, wie Sie benötigen.
- Wenn gar keine Antworten kommen wollen, ist das kein Grund zur Aufregung oder Kritik. Stellen Sie sich vor, Sie erzählen Ihrem Freund, Ihrer Freundin, was Sie vom betrachteten Thema halten.

---

[6] Wenn das im Moment noch nicht so einfach geht, dann wenden Sie zuerst eine der später beschriebenen Formen der Ruhemeditation an, um Ihren Geist zu beruhigen.

Was ist Glück für mich?

Ist es tägliches Glück oder Lebensglück?
Kann ich es beschreiben oder andere Worte dafür finden?
Wie würde ich es einem Freund, einer Freundin beschreiben?

Welche Gefühle weckt Glück in mir?

Erinnern Sie sich an ein schönes, beglückendes Ereignis. Holen Sie das Gefühl von damals wieder hervor, ohne sich jedoch darin zu verstricken.
Wie fühlte ich mich im Moment des Glücks, wie etwas länger danach?
Wie fühle ich mich jetzt, da dieses Glück bereits Vergangenheit ist?
Wie geht es mir mit unerfüllten Glücksvorstellungen?

Kommt Glück von außen auf mich zu?

Bleiben Sie dazu weiter bei dem bereits zuvor geweckten Glücksereignis als Betrachtungsobjekt.
Wurde dieses Glück von außen, durch einen Ihrer Sinne ausgelöst?
Oder sind es innere Vorstellungen, Gedanken, Wünsche, die Ihr Glück bestimmen?

Hat dieses Glück eine weiter führende Wirkung auf mich und mein Leben?

Was hindert mich eigentlich daran, (jetzt) glücklich zu sein?
Kann ich mich selbst glücklich machen?

Wie kann ich die Hindernisse aus dem Weg räumen? Wie kann ich das Glücksgefühl fördern?

Nach der Betrachtung lassen Sie nun alles Denken, Erwägen und Betrachten abfließen und bleiben noch ruhig einige Augenblicke sitzen.
Atmen Sie, wie am Anfang 5x tief und ruhig ein und aus. Diesmal aber mit offenen Augen, beim Einatmen heben Sie Ihre Arme bis über den Kopf, beim Ausatmen führen Sie Ihre Arme zurück in Ihren Schoß.

Wenn Ihnen während dieser meditativen Betrachtung eine gute Idee oder eine Entscheidung für Ihren Lebensweg gekommen ist, sollten Sie diese nun in ein Notizheft oder Meditationsbüchlein eintragen.

Achtsamkeitsübung: 8 Punkte Meditation

Es gibt viele verschiedene Arten der Ruhemeditation (in Pali: *samatha*). Gemeinsam ist diesen Methoden das Bestreben, zur geistigen Ruhe zu führen. In dieser hektischen Zeit, wo alles schnell gehen muss und unsere Sinne von unzähligen Reizen überschwemmt werden, ist das Bedürfnis nach Ruhe stark ausgeprägt. Vom stressigen Alltag zum entspannten Zu-Sich-Selbst-Kommen ab- und umschalten zu können, ist ein oft unerfüllter Wunsch vieler Menschen, egal ob es sich um Manager, ArbeiterInnen, Hausfrauen, Hausmänner oder SchülerInnen handelt.

Die planenden, bewertenden und wirbelnden Gedanken im Kopf sollen dabei still werden, sich ordnen und von außen nach innen auf uns selbst gelenkt werden. Der Kontakt zu den eigenen Gedanken, Gefühlen und Körperempfindungen geht verloren, wenn er nicht gepflegt wird.

Jeder Mensch möchte sein Dasein, seine Existenz spüren! Das ist aber nur dann möglich, wenn der Mensch zu sich selbst eine gute Beziehung hat. Das kann gefördert werden, indem die körperliche Empfindungsfähigkeit sowie die Wahrnehmung geübt und trainiert werden.

Die 8 Punkte Meditation, die in der burmesischen Schule häufig zur Anwendung kommt, ist eine einfache aber sehr effektive Art, den Gedanken eine Richtung zu geben und sie damit zu beruhigen. Die angeführten Punkte beziehen sich auf Körperteile, die man geistig anvisiert, und die von 1 bis 8 immer wiederholt werden. Durch den dynamischen Ablauf dieser Meditation ist der Geist kontinuierlich beschäftigt und schweift dabei nicht so leicht ab wie bei einem statischen Meditationsobjekt. Diese Meditationsform ist daher sehr gut geeignet, wenn Sie von einer unruhigen oder emotionalen Situation aus zur Ruhe kommen möchten.

Die stattfindende Wahrnehmung der Körperempfindung schärft außerdem die Konzentration, denn intensiv kann sich unser Geist immer nur auf eine Sache zu einem Zeitpunkt richten; alles Andere wird ausgeschlossen. In Bruchteilen einer Sekunde kann sich der Geist zwar von einem Thema zum anderen bewegen und damit eine Art von Gleichzeitigkeit simulieren, aber wenn wir das Wahrnehmen des jeweiligen Körperteiles wirklich ernst nehmen, kommt der Geist immer wieder zum Ankerplatz zurück.

So trainieren wir unseren Geist, damit er ruhiger und geordneter wird und uns das Gefühl gibt, die eigenen Geschicke zu lenken, wir lassen ihn nicht wie mit einer Marionette seine Spielchen mit uns machen.

Setzen Sie sich für 20 - 30 Minuten an einen ruhigen Platz, an dem Sie nicht gestört werden. Wenn Sie noch nie meditiert haben finden Sie im Anhang dieses Buches eine Übersicht über verschiedene mögliche Meditationshaltungen. Wählen Sie eine davon, die es Ihnen erlaubt, etwa eine halbe Stunde in dieser zu verbleiben.

Wenn Sie ein Meditationskissen benutzen, setzen Sie sich im Schneidersitz mit gekreuzten Beinen nieder, oder knien Sie im Fersensitz mit dem Kissen zwischen den Beinen unter dem Steißbein. Rücken und Hals sollen aufgerichtet sein, um während der Meditation wach und offen zu bleiben. Die Augen können geschlossen oder leicht geöffnet sein; die Hände liegen entweder im Schoß oder auf den Knien. In stabiler, aufrechter und entspannter Haltung lässt es sich am besten meditieren.

Falls Sie einen Stuhl benötigen, achten Sie darauf, dass die Sitzfläche nicht nach hinten, sondern wenn möglich etwas nach vorne abfällt. Ihre Füße stellen Sie mit ganzer Fußsohle etwa 20 cm voneinander entfernt am Boden auf. Legen Sie Ihre Hände auf den Oberschenkeln oder im Schoß ab. Am besten ist es für Ihre Aufrichtung, wenn Sie sich nicht anlehnen.

Wenn Sie sich entspannt, sicher und wach fühlen - ist Ihre Haltung richtig; nicht, wenn Ihr Körper schlaff zusammensackt.

So meditieren Sie:

- Kommen Sie erst einmal auf Ihrem Sitz soweit zur **Ruhe**, dass Sie sagen können: Hier sitze ich jetzt - sicher auf dem Boden, auf der Erde - gut aufgerichtet - den Scheitel zur Decke, zum Himmel. Angenehm entspannt liegen meine Hände auf, und meine Schultern geben nach. So sitze ich gut!

- Nun richten Sie Ihre Aufmerksamkeit auf Ihren **rechten Fuß**. Nehmen Sie wahr, wie er am Boden aufliegt, und sagen dann innerlich: Rechter Fuß - spüren, spüren. Warten Sie, bis Sie Ihren rechten Fuß am Boden fühlen. Wenn Sie noch nichts fühlen, dann stellen Sie auch das ohne eine Selbstverurteilung fest. Sie brauchen kein Gefühl zu erzeugen. Sie sollen nur an dem angegebenen Punkt betrachten, was tatsächlich da ist.

- Dann gehen Sie weiter, lenken Ihre Aufmerksamkeit zum **rechten Knie** und nehmen das rechte Knie rundherum oder im Gelenk wahr. Sagen Sie sich: Rechtes Knie - spüren, spüren. Mit etwas Geduld fühlen Sie vielleicht den Stoff Ihrer Bekleidung am Knie oder in der Kniekehle, den Bodenkontakt, oder die Beugung des Gelenkes macht sich bemerkbar.

An der Stelle ist anzumerken, dass Sie sich keinen Kopf über die korrekte Benennung eines Gefühls machen sollten. Nehmen Sie den ersten Namen, der Ihnen einfällt und wenn Sie das Gefühl nicht benennen können, so unternehmen Sie auch keinen weiteren Aufwand, es genauer zu spezifizieren.

- Weiter geht es zur **rechten Gesäßhälfte**. Fühlen Sie hier den Kontakt zur Sitzfläche oder den Druck und achten Sie auf die Empfindung der Berührung. Sagen Sie sich dabei selbst: Rechtes Gesäß - spüren, spüren.

- Nun lenken Sie Ihre Achtsamkeit zum **linken Fuß**. Suchen ihn auf, schauen Sie innerlich hin und versuchen Sie zu fühlen, wie er daliegt. Bestätigen Sie für sich selbst diesen Punkt mit: Linker Fuß - spüren, spüren.

- Weiter gehen Sie zum **linken Knie**, finden es auf und bemerken seine Lage. Achten Sie auch auf die kleinsten und einfachsten Empfindungen und sagen Sie sich: Linkes Knie - spüren, spüren.

- Nun beachten Sie die **linke Gesäßhälfte** aufmerksam. Spüren Sie das Aufsitzen und sagen Sie sich innerlich: Linkes Gesäß - spüren, spüren.

- Jetzt lenken Sie Ihren Geist zur **rechten Hand**; schauen Sie innerlich wo die Hand liegt und wie sie sich anfühlt, was Sie berührt. Sie bestätigen es mit: Rechte Hand - spüren, spüren.

- Wechseln Sie zur **linken Hand**, nehmen auch ihre Lage wahr und was diese Hand gerade berührt. Auch hier bestätigen Sie mit: Linke Hand - spüren, spüren.

- Nun gehen Sie zum **Rücken**, an die tiefste Stelle Ihrer Wirbelsäule, zum Steißbein. Mit einem ruhigen, langen Einatmen fahren Sie im Geist die Wirbelsäule hinauf bis zum Kopf - und mit einem langen Ausatmen fahren Sie ruhig und achtsam wieder hinunter. Sie begleiten das Auf und Ab mit den inneren Worten: Sitzen - Sitzen.

Beginnen Sie erneut mit dem rechten Fuß, widmen sich achtsam einem Körperteil nach dem andern und beenden jeweils eine Runde mit dem bewussten Atmen. Sie können diesen Meditationsdurchgang, wenn Sie möchten mehrmals wiederholen (beachten Sie dabei, dass das sehr intensiv, nicht zu rasch erfolgen soll).

Hier der Ablauf der 8-Punkte-Meditation in Kürze:

1	Rechter Fuß	spüren, spüren
2	Rechtes Knie	spüren, spüren
3	Rechtes Gesäß	spüren, spüren
4	Linker Fuß	spüren, spüren
5	Linkes Knie	spüren, spüren
6	Linkes Gesäß	spüren, spüren
7	Rechte Hand	spüren, spüren
8	Linke Hand	spüren, spüren

Einatmen: Steißbein bis Scheitel
Ausatmen: Scheitel bis Steißbein

Die Wiederholungen in dieser Meditation stärken die Konzentration, geben Ihnen ein intensiveres Sitzgefühl und regen die Energien zum besseren Fließen an. Indem die Gedanken und Empfindungen laufend von einem Punkt zum nächsten geleitet werden, kommen sie ganz automatisch in ruhigere Bahnen. Der Geist wird stabiler, und die Wahrnehmung der Empfindungen lässt ein Gefühl von *sich nahe sein*; *bei sich sein* aufkommen

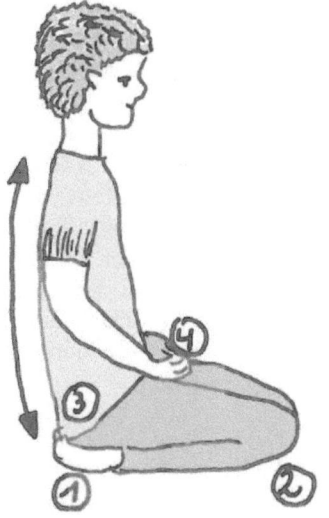

Wenn im Anfang gar nichts oder wenig empfunden wird, ist es als eine Aufforderung zu werten, sich dieser Übung besonders zu widmen, damit Sie immer besser mit Ihren Gefühlen in Kontakt kommen.

Metta – Übung: Die Sonne der Herzensgüte

Weltliche Liebe ist uns nur zu gut bekannt: sie wird in Liedern besungen, in Filmen dargestellt und findet in Gedichten ihren Ausdruck. Fast jeder/jede war schon einmal verliebt und kann dieses Gefühl sicherlich gut und ausführlich beschreiben. Was ist aber der Unterschied zwischen dieser weltlichen, uns sehr vertrauten Liebe und einer meditativen Liebe, die im Sanskrit *Maitri*, in Pali *Metta* genannt wird?

Wir Menschen sehnen uns danach, so geliebt zu werden und lieben zu können, dass es weder zu Enttäuschungen und Ablehnung oder gar zu Verletzungen und Hass kommt. Aber trotz bester Vorsätze und größter Bemühungen ist die weltliche Liebe zu dem einen oder anderen Zeitpunkt mit Schmerz, Kummer oder Sorge verbunden.

Die meditative Liebe – Metta - hingegen könnte man treffender als umfassende Güte, ehrliche Freundlichkeit, Herzenswärme oder tiefe Akzeptanz bezeichnen. Sie ist nicht von triebhaften Gefühlen oder irrealen Vorstellungen und Erwartungen oder gar einer gegenseitigen Bedingtheit geprägt, sondern basiert auf entwickelten Einsichten und dem Fundament einer umfassenden Ethik.

Im Gefühl von Metta begegnen wir einer großen heilenden, dauerhaften und Selbstwert aufbauenden Kraft, während die weltliche Liebe uns mit Kurzlebigkeit und ihrem Wankelmut zu schaffen macht. Die weltliche Liebe kann uns zwar hoch heben und fliegen lassen, aber nicht selten zieht uns diese Art der Liebe in gleicher Weise auch in tiefe Abgründe.

In der als reife Liebe beschriebenen weltlichen Liebe sind tragende Elemente von Metta enthalten, was den Liebenden wohl selten bewusst ist, aber deren Liebe auf ein sehr tragfähiges und stabiles Fundament stellt.

Metta geht über persönliche Beziehungen weit hinaus; sie wird in der buddhistischen Lehre daher auch Allgüte oder allumfassende Liebe genannt. Sie schafft eine Atmosphäre des Friedens und Wohlwollens, und den mitunter schwierigen spirituellen Pfad beschwingt sie mit Freude und Leichtigkeit.

Zum Thema Metta könnten wir noch viel schreiben – am wichtigsten ist es, Metta in sich zu kultivieren – dann wird es zu einer tiefen Erfahrung, und Sie können Ihre eigenen Begriffe dafür finden. Das Schöne an Metta liegt darin, dass sie erlernbar und trainierbar ist. Sie müssen nicht mit der Metta – Fähigkeit geboren worden sein, vielmehr entwickelt sich dieser in uns allen angelegte Same nach und nach mit jeder Übung.

Die Übung

Um die nun folgende Metta – Meditation, die etwa 15 Minuten dauert durchzuführen, setzen Sie sich auf ihren Meditationsplatz und finden eine angenehme Position. Konzentrieren Sie sich einige Minuten auf Ihr Meditationsobjekt bis Ihr Geist ruhig und gesetzt ist. Anschließend folgen Sie im Geist dieser Anleitung:

Wir richten unser geistiges Auge auf die Sonne aus. Die Sonne weckt uns jeden Morgen mit ihrer Wärme und ihren Strahlen, die den Tag erhellen und uns zu tätigem Leben anregen. Die ganze Natur, alle Wesen - ohne Ausnahme - werden von ihr mit Energie und Lebensfreude beschenkt.

Auch wenn es dunkel ist, haben wir die Gewissheit, dass sie wieder hervorkommt und uns Licht spendet. Zum Ruhen und Schlafen brauchen wir die Dunkelheit ebenso wie morgens die Helligkeit zum Aufstehen und Aktivwerden. Wir freuen uns, wenn die Sonne aufgeht, und wir werden berührt von der Schönheit ihres Unterganges. Ihre Wärme tut uns wohl, macht uns beweglich und lebendig.

Wir werden uns gewahr, dass tief in uns eine Kraft angelegt ist, die der Sonne gleicht. Diese Kraft strahlt und wärmt von innen heraus und geht über die Körpergrenze weit hinaus. Wellen des Wohlwollens durchströmen von innen her Körper und Geist und geben dem ganzen Menschen freudige Lebendigkeit. Wir müssen es nur zulassen! Vielleicht spüren wir es noch nicht in vollem Maße - aber die Sehnsucht nach Liebe und Verbundenheit sagt uns, dass dieses Potenzial in uns vorhanden ist.

So wie die Sonne der Natur Wachsen und Gedeihen verleiht, ist es die Energie der liebenden Güte, die uns zu wirklichen Menschen macht und darüber hinaus die ganze Menschheit am Leben erhält. Ohne Zuwendung und Wohlwollen wäre die Menschheit der Vernichtung und der Ausrottung preisgegeben.

Öffnen wir nun unser Herz für umfassendes Wohlwollen, um uns selbst und alle Lebewesen, die mit uns auf diesem Planeten wohnen, zu beschützen und zu behüten. So wie die Sonne machen auch wir keine Ausnahmen und lassen die Strahlen der wärmenden Güte alle Herzen berühren.

In dem Gefühl der Verbundenheit mit allen Wesen und der gesamten Natur breiten wir das Licht der Herzenssonne weit über die Erde aus und geben allen gleichermaßen Leben spendende Kraft. Unser Wohlwollen trägt zum Frieden und zur Harmonie in der Welt bei.

Was wir am meisten brauchen und spüren, ist das befreiende Gefühl im eigenen Herzen, es löst sich ein Knoten von Druck und Belastung. Pflegen und behüten wir die Sonne der Herzensgüte in unserem Inneren wie einen großen Schatz.

Mit dem traditionellen Spruch der liebenden Güte beenden wir die Meditation:

Möge ich frei sein von Leid und Bedrückung-
Möge ich zufrieden und glücklich sein!
Mögen alle Wesen frei sein von Leid und Bedrückung -
Mögen alle Wesen zufrieden und glücklich sein!

Lied: Licht vom Himmel

Was ist Zufriedenheit?

Das, was ich nicht habe...
Nach einem Yoga-Kurs sitzen wir in Frauengespräche vertieft plaudernd noch etwas zusammen. Natürlich bleiben die Männer dabei nicht ungeschoren.

Während eine Frau klagt, wie schwierig es mit ihrem Mann zu Hause sei und dass sie am liebsten allein wäre, jammert ihre Nachbarin, dass sie das Alleinsein nicht mehr aushielte und sich so sehr einen Partner wünschte. Wir schlugen vor zu tauschen!

Der Antrieb nach dem Glück zu suchen, liegt in der zumindest latenten Unzufriedenheit, die wir in uns und an den Dingen um uns herum erkennen. Wir sind mit dem, was wir gerade haben, in der einen oder anderen Art unzufrieden, gerade so wie die beiden Frauen in ihrem Gespräch.

Diese Unzufriedenheit in unserem Inneren kann zwar durch materielle Güter gelindert werden, aber sie meldet sich bereits nach kurzer Zeit, und dann auch stärker, wieder zurück.

Womit genau sind wir eigentlich unzufrieden, was macht uns zu Suchenden?
Woher kommt diese Unzufriedenheit, in welcher Weise manifestiert sie sich und was können wir wirklich tun, um den Weg zur Zufriedenheit zu erreichen?

Das Gegensatzpaar Zufriedenheit und Unzufriedenheit sowie die interessante Verbindung mit dem persönlichen Selbstwertgefühl wird in diesem Kapitel näher betrachtet.

Wahre Zufriedenheit

Wer würde sich selbst schon als zufrieden bezeichnen?
Und was bedeutet es? Das Wort *zufrieden* besagt, dass es sich um etwas handelt, das zum Frieden hin führt, und Frieden wiederum bedeutet keinen Streit; also Ruhe und Stille.

Ist es das, was wir wollen und suchen?
Wir glauben, um uns gänzlich zufrieden fühlen zu können, müssten alle unsere Wünsche umfassend erfüllt sein. Wenn wir gefragt werden, ob wir mit unserem Leben zufrieden wären, fällt die Antwort meist nur bedingt positiv aus. *Eigentlich schon, denn ich habe ja alles zum Leben, was viele nicht haben*, oder: *Ich sollte eigentlich glücklich und zufrieden sein, denn ich kann mir fast alles leisten.* Es folgt aber meist ein schüchternes **aber:** Zu viel Arbeit, die Beziehung ist nicht so, wie man sie sich wünscht, die

Umweltprobleme machen Sorgen, die Eltern werden älter und zunehmend hilfsbedürftig, mit den Kindern hat man seine Schwierigkeiten, die eigene Gesundheit lässt auch schon nach und die Politik stimmt schon gar nicht. Sicher könnten Sie dieser Liste noch eine ganze Reihe von persönlichen Einträgen hinzufügen.

Wann stimmt wirklich alles in unserem Leben? Gibt es das überhaupt - Zufriedenheit?

Wenn sich jemand als zufrieden bezeichnet, wird er oft von seinen Mitmenschen belächelt und als naiv oder geistig etwas beschränkt angesehen. Schließlich, so ist die Meinung unserer Gesellschaft, muss doch jeder intelligente Mensch sehen, was in dieser Welt alles verkehrt und schlecht ist. Bei aller erdenklichen Anstrengung ist dieser Zustand des Nicht-Perfekten nicht auszurotten. Kritisieren und Nörgeln sind somit zwar in gewisser Weise normal, aber agieren ihrerseits als beeinträchtigende Quälgeister.

Stellen Sie sich vor: Sie wären in einem Paradies, wo es diese beschriebenen Probleme nicht mehr gibt. Glauben Sie, damit könnten Sie dann tatsächlich vollauf zufrieden sein?

Basiert die innere Zufriedenheit vielleicht auf anderen Dingen als der Erfüllung der Wünsche, die uns ein angenehmes und problemloses Leben verschaffen sollen? Die Lebensumstände können gut, ja sogar glücklich sein - wir tun ja auch viel dafür, um das Maximum an Glück zu erreichen - aber da meldet sich doch wiederholt ein inneres Gefühl, das trotz des erreichten äußeren Wohlstand sagt: *etwas fehlt mir - ich bin nicht erfüllt!*

Von was aber sollte man erfüllt sein - gibt es darauf eine Antwort?

Kann Ihnen der Intellekt die Antwort auf diese Frage zufriedenstellend geben, oder müssen Sie dazu Ihr Gefühl, das Herz fragen? Was suchen Sie - ist es etwas, das mit Wahrheit oder Echtheit zu tun hat? Sind es Lebenswerte, die Ihnen fehlen oder die Sie nicht erkennen?

Brauchen wir nicht die Zuversicht, dass es möglich ist, aus dieser Unzufriedenheit einmal ganz herauszukommen, um das tägliche Leben mit all seinen Hürden zu meistern? Brauchen wir nicht das Gefühl von Freude, Liebe und Glück, um das Leben zu bewältigen?

Glückliche Momente haben Sie wahrscheinlich alle bereits einmal kennengelernt - aber wie lange haben diese angedauert? Vieles ist bei genauer Betrachtung zweifelsfrei richtig und gut in unserem Leben - aber ist es gut genug, um uns restlos und dauerhaft zufrieden zu machen?

Eine bedeutende Form der Zufriedenheit stellt das Gefühl von Selbstwert dar, also dass man mit sich selbst zufrieden ist. Der Mangel an Selbstwert ist einer der größten Mängel für Menschen unserer Zeit. Aber auch hier gilt wieder die gleiche Problemanalyse wie bereits zuvor – ein Selbstwert, der auf Dingen von außen (beispielsweise Lob oder Anerkennung) aufbaut, ist nicht wirklich dauerhaft und tragfähig, da wir uns dieses immer wieder erarbeiten müssen.

In unserer Erziehung haben wir gelernt, dass wir uns für jede Zugehörigkeit zu einer sozialen Gemeinschaft dieser als würdig erweisen müssen. So stehen wir schon ab frühester Kindheit unter dem Druck, miteinander konkurrieren zu müssen, um auf Basis unserer Intelligenz, unserer Fähigkeiten und unserer Attraktivität von einer Gemeinschaft angenommen zu werden. Eine der frühesten Ängste ist nicht dazu zu gehören, einsam, verlassen oder ausgeschlossen zu sein. Es handelt sich um das Bestreben der sozialen Existenz, das uns treibt und ursächlich mit unserem Selbstwert verbunden ist.

Um einen stabilen und vor allem unabhängigen Selbstwert aufzubauen, ist eine innere Entwicklung, sind innere Werte nötig. Um diese geht es nicht nur im folgenden Kapitel, sondern auch im gesamten Buch.

Echte Zufriedenheit hat nur wenig mit äußeren Umständen zu tun. Es ist vielmehr ein aus vielen Komponenten zusammengesetzter geistig-seelischer Zustand. Der Buddha gibt eine unkonventionelle aber logische Antwort darauf, wie das zu erreichen ist: Es geht nicht um die Befriedigung oder Erfüllung aller Wünsche, da sich diese immer weiter steigern und nie zu einer kompletten Erfüllung kommen. Vollkommene Zufriedenheit kann nur aus einer Umkehr der bisherigen Vorgangsweise entstehen – der **Wunschlosigkeit**. Das heißt, von dem ewigen Haben-Wollen und Festhalten einmal loszulassen und einen Schritt zurückzutreten.

Es hört sich einfach an, ist aber die schwerste Aufgabe im Leben.

Wir wollen viel; etwas besitzen und das festhalten, was uns gehört. Nicht selten kämpfen wir um materiellen und geistigen Besitz, um das Recht-Haben. Es ist das Festhalten, um besser dazustehen oder um Unannehmlichkeiten auszuweichen; schlichtweg um alles, was uns lieb und wert erscheint. Wir glauben auch irrigerweise, wenn wir all das festhalten, den Zustand der völligen Zufriedenheit erreichen zu können. Es ist nicht das Festhalten, es ist das Loslassen, das uns zufrieden macht.

Vielleicht haben wir Angst, ein Leben ohne ständige Wünsche könnte uninteressant sein. Es ist sicher ein Schwimmen gegen den allgemeinen Strom. Wer sagt uns schon, woher die innere Unzufriedenheit wirklich kommt? Der Buddha nennt drei Dinge die man nicht braucht: Habenwollen, Ablehnung und eine unklare Sicht auf unsere Erfahrung der Welt.

Detailliert betrachtet stellen wir fest, dass Habenwollen ein sehr unangenehmes Gefühl sein kann. Wir können nicht einfach in diesem Moment glücklich sein, nein, erst „wenn ich das bekomme". Das zieht und schmerzt innerlich.

Ebenso schaden wir uns in erster Linie selbst mit dem Ablehnen und Zurückweisen von Menschen, Dingen und Situationen. Durch unseren Widerstand verfestigen wir unangenehme Situationen und Gefühle.
Vielleicht haben wir manchmal objektiv Recht, jemanden nicht zu mögen – aber wer erfährt dieses ablehnende Gefühl? Wir selbst, denn es ist in unserem Bewusstsein. Das heißt keinesfalls, dass wir Unrecht befürworten oder bei Schwierigkeiten wegschauen sollen. Wir können klar sehen, was los ist, ohne dass wir selbst in Ablehnung und negative Gefühle fallen. Das zu üben bringt wahre Stärke.

Wenn wir durch Loslassen einiger Wünsche und Vermeidung von Ablehnung mehr Platz in uns geschaffen haben, finden wir in uns vielleicht Gefühle wie Freiheit, Leichtigkeit und Glück – ganz ohne ersichtlichen Grund. Sie kommen wenn wir die anderen Ablenkungen verringern. Dann nehmen wir uns selbst ganz anders wahr, fühlen uns wertvoller und mehr mit allem verbunden.

Die verwirrten Zustände, Habenwollen, Ablehnung und unsere wahre Natur nicht zu sehen werden oft kurz mit Gier, Hass und Verblendung bezeichnet, also seien Sie nicht überrascht, wenn Sie auf diese Begriffe stoßen.

Dhammapada 27

Gib dich nicht der Nachlässigkeit hin
und vertraue nicht den Versprechen der Sinnengier.
Nur durch Meditation und Besinnung,
gewinnt man ein großes Glück.

Dhammapada 334

Beim Menschen, der genusssüchtig wandelt,
wächst der Durst gleich einer Schlingpflanze an;
So bewegt sich Jener von Dasein zu Dasein,
wie der Affe im Wald,
der ständig nach Früchten sucht.

Einsichtsübung: Meine Zufriedenheit

Setzen Sie sich dazu an einen ruhigen, angenehmen Platz und fokussieren Sie Ihre Achtsamkeit auf Ihr bevorzugtes Meditationsobjekt, bis sich Ihr Geist soweit gesetzt hat, dass Sie die folgenden Fragen erwägen können:

Bin ich mit meinem (weltlichen) Leben, meinem Beruf zufrieden?

Wie zufrieden bin ich mit dem heutigen Tag, wie erging es mir privat und im Beruf? Was hätte ich noch tun oder lassen können und sollen? Wie zufrieden kann ich mit dem letzten Jahr sein? Ist alles so geschehen, wie ich wollte, oder bin ich mit den Entwicklungen unzufrieden?

Wie zufrieden bin ich mit meinem bisherigen Leben? Kann ich auf das bisher Gemachte und Erreichte stolz sein? Hätte ich oder jemand Anderer etwas anders machen sollen, um meine jetzige Zufriedenheit zu verändern?

Bin ich mit mir selbst zufrieden?

Wie gut würde ich mich als Außenstehender selbst beurteilen? Wie zufrieden kann ich mit mir selbst sein? Habe ich alles erreicht, was ich mir vorgenommen habe?

Oder erkenne ich die eine oder andere Situation, wo ich besser sein hätte können? Hätte ich etwas anderes tun sollen oder eine andere Entscheidung treffen sollen?

Bin ich mir bewusst, dass die absolute Perfektion, die ideale Erfüllung aller Wünsche und Aufgaben eine Illusion ist und gar nicht passieren kann – dass alle Fehler also gar nicht vermeidbar sind?

Bin ich zufrieden mit den mir nahe stehenden Menschen?

Bin ich mit meinen Eltern und Kindern zufrieden?

Bin ich mit meinen Freunden zufrieden?

Bin ich mir bei der Beantwortung dieser Frage bewusst, dass auch diese Menschen den gleichen Problemen und Unvollkommenheiten unterliegen, die ich bereits an mir selbst festgestellt habe?

Was ist meine tiefste Unzufriedenheit?

Versuchen Sie sich jene Situation hervorzurufen, egal ob privat oder beruflich, welche derzeit die tiefste Unzufriedenheit bei Ihnen hervorruft. Beachten Sie dabei, sich nicht in die Situation selbst hineinsaugen zu lassen, sondern sie möglichst als Beobachter von außen zu betrachten.

Benennen und beschreiben Sie diese Unzufriedenheit, ohne Schuldige oder Opfer zu finden, das ist nicht Ziel der Betrachtung. Beschreiben Sie für sich nur die Unzufriedenheit an sich, wie sie sich darstellt.

Was macht diese Unzufriedenheit mit mir?

Was empfinden Sie bei dieser konkreten Unzufriedenheit? Sind es Aversion, Hass, Rachegelüste ein inneres Brennen oder Enttäuschung, Wut, Trauer, Unruhe oder ganz andere Gefühle?

Betrachten Sie die Situation genau, um herauszufinden, was diese Unzufriedenheit mit Ihnen macht. Es müssen nicht immer große Gefühle sein, achten Sie auf schlechte Stimmungen, Gereiztheit sowie auch Auswirkungen auf den Körper und Ihr Verhalten.

Was ist mein Befinden, wenn mich die Unzufriedenheit berührt?

Wie fühlt es sich an, wenn diese konkrete Unzufriedenheit hochkommt? Ist es angenehm, unzufrieden zu sein, und ein Zustand, den ich gerne habe, oder ist es eher unangenehm und unerwünscht? Welcher Zustand soll mein Leben bestimmen?

Was tue ich dagegen?

Wie kann ich dieser Unzufriedenheit Herr werden? Waren meine bisherigen Mittel gegen die Unzufriedenheit wirksam und erfolgreich oder muss ich mir neue Wege überlegen?

Hilft es mir vielleicht, diese Unzufriedenheit vorerst einmal gar nicht zu bekämpfen, zu verleugnen und weghaben zu wollen, sondern ihre Existenz einmal anzuerkennen? Später kann ich mich mit den Wurzeln und nicht mit den Auswirkungen der Unzufriedenheit beschäftigen.

Nach dieser Betrachtung lassen Sie alles Denken, Erwägen und Betrachten abfließen und auch die Situation ihrer tiefsten Unzufriedenheit verblassen. Bleiben Sie noch ruhig einige Augenblicke sitzen.

Atmen Sie ein paar Mal tief und ruhig ein und aus. Diesmal aber mit offenen Augen, beim Einatmen heben Sie Ihre Arme bis über den Kopf, beim Ausatmen führen Sie Ihre Arme zurück in Ihren Schoß.

Wenn Ihnen während der meditativen Betrachtung eine gute Idee oder eine Entscheidung für Ihren Lebensweg gekommen ist, die Ihnen wichtig ist, sollten Sie diese nun notieren.

Achtsamkeitsübung: Gehmeditation

Die Gehmeditation ist sehr gut geeignet, die Achtsamkeit und Konzentration zu stärken und zu verfeinern. Die Bewegungen der Beine und Füße werden dabei verlangsamt, bis das Gehen eine beinahe unnatürliche Form annimmt. Dadurch beansprucht jeder Schritt viel mehr Aufmerksamkeit, als es beim normalen, automatisierten Gehvorgang der Fall ist. Die einzelnen körperlichen Phasen eines Schrittes werden bei dieser Methode zum betrachteten Meditationsobjekt.

Es gibt unterschiedliche Arten der Gehmeditation, die mit der jeweiligen geistigen Vorgabe verschiedene Betrachtungen anregen können.

Die traditionellste Art ist das **Drei-Phasen-Gehen**.

Leise oder innerlich, unhörbar können die Worte bei der Bewegung des Fußes mitgesprochen werden: *Heben - Schweben – Setzen* oder auch *Heben – Tragen – Senken* ist eine mögliche Wortkombination.

Wenn Sie mit anderen Menschen Gehmeditation üben, werden Sie wahrscheinlich im Kreis gehen. Als individuelle Übung suchen Sie sich eine eigene Gehstrecke von 5-10 Metern, auf der Sie ungestört auf und ab gehen können.

Am besten lässt sich diese Meditation mit nackten Füßen oder in Socken durchführen da die Empfindungsfähigkeit der Füße gesteigert wird.

Um sich auf die Gehmeditation einzustimmen, beginnen Sie im aufrechten Stand mit dem Abrollen Ihrer Fußsohlen. Rollen Sie beide Füße so weit nach vorne ab, bis Sie auf den Zehen stehen - und dann zurück, bis die Zehen sich vom Boden abheben und Sie auf den Fersen stehen. Spüren Sie die Länge Ihrer Füße und den Kontakt zum Boden. Nach einer Weile wechseln Sie zu einer gegenteiligen Fußbewegung. Krallen Sie Ihre Zehen so fest Sie können und verkürzen damit Ihre Fußsohlen - strecken Sie dann wieder aus und heben Sie die Zehen isoliert vom Boden ab und spreizen diese, so gut es geht. Nach diesen einfachen Übungen spüren Sie Ihre Füße besser als vorher und sind bereit zur Gehmeditation.

Nun stellen Sie sich an den Beginn Ihrer Gehstrecke und kommen in Ruhe an diesem Platz an. Fassen Sie Ihre Hände in einer angenehmen Geste vor der Brust, dem

Bauch oder im Rücken und beschließen Sie, langsam achtsam und in kleinen Schritten Ihren Weg zu gehen.

Beginnen Sie, indem Sie den rechten Fuß abheben, ihn langsam nach vorne bewegen und bewusst aufsetzen. Um mit Ihrem Geist ganz dabei zu bleiben, wird empfohlen, beim Abheben innerlich *Heben* zu sagen, beim Vorwärts-Bewegen *Schweben* oder *Tragen* und beim Absetzen *Setzen* oder *Senken*. Die einzelnen Phasen werden Ihnen damit viel bewusster als je zuvor und vermitteln Ihnen deutlich das **Hier**, die Stelle, wo der Fuß gerade den Boden berührt oder verlässt und das **Jetzt**, den Moment, wo Sie es bemerken.

Wenn Sie an das Ende Ihrer Gehstrecke gelangen, bleiben Sie einen Augenblick stehen und bestätigen sich den Stillstand mit der innerlichen Feststellung: Stehen-Stehen. Drehen Sie sich achtsam um, bleiben wieder einen Moment in Ruhe stehen und beginnen von Neuem Ihre achtsamen Schritte auf dem Weg zurück.

Wenn es der verfügbare Platz erlaubt, können Sie auch in einem schmalen Oval ohne anzuhalten Ihre Runden gehen.

Nach der festgelegten Zeit von 5, 10, oder 15 Minuten beenden Sie die Meditation ruhig, und wenn Sie möchten, formell mit einer Verneigung. Strecken Sie sich kräftig durch, machen einige Drehbewegungen, um den Körper zu aktivieren, und gehen dann Ihren weiteren Aktivitäten nach.

Die Gehmeditation ist eine wirksame Methode, um von wiederkehrenden unliebsamen Gedanken abzuschalten. Sie müssen sich naturgemäß stark auf das Gehen konzentrieren, um nicht Schwierigkeiten mit dem Gleichgewicht zu bekommen. Das lässt den zerstreuten Gedanken und negativen Gefühlen kaum Spielraum.

Was vielen Menschen in dieser Meditation besonders schwer fällt, ist das Zeitlupentempo, in dem sie durchgeführt wird. Man ist aus dem täglichen Leben gewohnt, schnell zu gehen, um so bald als möglich ans Ziel zu gelangen. Viel Geduld fordert das meditative Gehen vom Übenden, es ist eine Entschleunigung des Lebens und hat noch dazu das Handicap, dass eigentlich kein definiertes Ziel für diese Bewegung vorhanden ist. Alles scheint auf den Kopf gestellt zu sein.

Innehalten und sich zu besinnen bringt oft mehr, als einem imaginären Glücksziel nachzujagen. So wie in der Gehmeditation nur die jeweils anstehende Bewegung des Schrittes gesteuert und beeinflusst werden kann, so kann auch das Leben selbst nur bei dem jeweiligen Schritt gelebt werden - alles andere ist Illusion.

Dieser Tatsache sollten wir uns immer wieder bewusst werden.

Metta-Übung: Karuna - Der Mantel des Mitgefühls

Mitgefühl (in Pali: *karuna*) ist eine heilsame Eigenschaft, die dem eigenen Herzen gut tut, denn sie beginnt immer damit, das eigene Leid und die eigenen Schwierigkeiten zu sehen und anzuerkennen. Es ist die Einsicht, dass es Dinge gibt, mit denen wir hadern. Aus diesem Grund in Selbstmitleid zu versinken ist eine Variante, die das Unheil nur vermehrt und zusätzliche Probleme heraufbeschwört. Aber gesundes Mitgefühl, das Schwierigkeiten versteht, sich selbst annimmt und sich mit Wohlwollen umgibt, schafft Erleichterung, wenn nicht gar Befreiung.

Die Aufmerksamkeit, die wir uns selbst geben, Verstehen, Akzeptieren und der Mut zur Veränderung, all das schenken wir mit Zuwendung und Hilfsbereitschaft an andere Menschen weiter. Dabei gehen wir schrittweise vor, sodass wir zuerst uns nahe stehenden Menschen unser Mitgefühl zukommen lassen. Danach denken wir an eine Person, die wir nur flüchtig kennen, und schließlich wenden wir uns all jenen zu, die uns Kummer und Ärger bereitet haben und das möglicherweise nach wie vor tun. Am Ende breiten wir unser Mitgefühl über alle Wesen aus.

Alle Gedanken sind Energieträger und bewirken etwas in uns und auch in den Adressaten. Wohltuende Gefühle in uns und in Anderen zu wecken ist eine beglückende Form von Liebe.

Um uns auf diese etwa 15 minütige Meditation einzustimmen sitzen wir zuerst einige Minuten still auf unserem Platz und beobachten den Atem oder ein anderes Meditationsobjekt, ohne etwas zu wollen, bis der Geist zur Ruhe kommt.

Wir können uns einen Mantel oder ein schönes Tuch vorstellen, das wir umhüllend um uns legen. Es wärmt uns, wenn uns kalt ist, schenkt uns Schutz und Geborgenheit. Kurz gesagt, es fühlt sich sehr angenehm an, von diesem Mantel umhüllt zu sein.

Unseren Kummer, unser Leid und unsere Unzufriedenheit hüllen wir behutsam in diesen Mantel des Mitgefühls ein. Liebende Zuwendung gibt diesen immer abgelehnten und unerwünschten Gefühlen Verständnis und Wärme. So löst sich der Widerstand auf und das Wohlwollen durchdringt wärmend alle unheilsamen Gefühle in uns.

Wir fühlen uns in diesem angenehmen Mantel liebend warm und geborgen eingehüllt.
Nun wenden wir uns einem Menschen zu, den wir gerne haben.
Vom Herzen kommend legen wir diesem Menschen unseren wohligen Mantel des Mitgefühls um, denn wir erkennen, dass auch dieser Mensch an

seinen Sorgen leidet. Vor unserem geistigen Auge sehen wir, wie sich dieser Mensch in liebender Fürsorge und mitfühlendem Verständnis geborgen und glücklich fühlt.

Wir gehen nun in unserer Vorstellung zu unserer Mutter. Auf der spirituellen Ebene, auf der wir den Wesen Wünsche und Gedanken zusenden, gibt es keine Schranken. So können wir über alle Widerstände hinweg auf die Frau zugehen, die uns geboren hat. Auch einer bereits verstorbenen Mutter können wir auf diesem Weg noch begegnen.
Dankbar und warmherzig legen wir auch ihr unseren Mantel des Mitgefühls um. Wie viel Sorge sie sich unseretwegen gemacht hat, können wir nur erahnen. Vielleicht wissen wir um ihre Trauer, Verzweiflung aber auch ihre Versäumnisse und Fehler, und schenken ihr mit warmherziger Zuwendung unser volles Verständnis.

Wir wenden unseren Geist nun unserem Vater zu und wir lassen alles, was uns möglicherweise trennt und die Begegnung schwierig macht, weit hinter uns liegen, sodass unsere spirituellen Gedanken wie durchdringende Strahlen über alles hinweg sein Herz berühren. Verstehend und dankbar für all seine Mühe, alle Fehler und Versäumnisse verzeihend legen wir diesem Mann den Mantel des Mitgefühls um.

Wir schauen innerlich jetzt nach einem Menschen, dem wir öfter begegnen, der uns aber fremd ist. Obwohl wir diesen Menschen nicht näher kennen, wissen wir intuitiv, dass auch er oder sie sich mit Ärger, Verletzung und Kränkung herumplagt und an körperlichen Schmerzen leidet. Auch dieser neutralen Unbekannten legen wir im Geist mit einer freundlichen Geste unseren Mantel des Mitgefühls um und lassen das Bild eines glücklichen, akzeptierten Menschen aufkommen.

In dem Maße, wie Liebe und Mitgefühl in uns wachsen, können sich diese Kräfte immer weiter ausbreiten, an Stärke gewinnen und dort Brücken schlagen, wo es uns bisher unmöglich schien.

So eine Brücke versuchen wir nun zu einer Person zu bauen, die uns das Leben schwer machte. Dabei lassen wir alles auf die materielle Ebene herabsinken, was uns Feindschaft und Groll bereitete. Unsere Gedanken bewegen sich auf der spirituellen Ebene zum Herzen dieses Menschen, das in gleicher Weise von Wut, Verwirrung und Schuldgefühlen bedrückt ist wie meins.
Wir vergessen einmal, was geschehen ist, und indem wir sein Leid verstehen, können wir auch Mitgefühl für diesen Menschen aufbringen.

Wenn das Gefühl für Wohlwollen und liebende Güte in uns dafür noch nicht stark genug ist, bitten wir ein höheres Wesen in Vertretung für uns, diesem Menschen den Mantel des Mitgefühls umzulegen.

Nun kehren wir zu uns zurück und erfahren, wie das großzügige Verschenken von Verständnis und Mitgefühl in unserem eigenen Herzen Liebe und Lebensmut zum Wachsen bringt.

Beenden Sie die Meditation mit dem Wunsch:
Möge ich und alle Wesen voll Mitgefühl sein!

Lied: Sabbe Satta

Sab - be sat - ta su - khi - ta hon - tu.

Sab - be sat - ta____ su - khi - ta hon - tu.

Echt sein

Beliebtheitsgrad

Vor Jahren beklagte sich eine Kursteilnehmerin bei Ayya KHEMA, meiner großartigen und verehrten Lehrerin, darüber, dass sie trotz guten Bemühens, mit allen Menschen freundlich umzugehen, den Eindruck hätte, dass manche sie nicht leiden könnten.

Ayya KHEMA fragte sie darauf hin: „Was meinst Du; wieviel Prozent der Leute Dich mögen und wieviel nicht?"

Nach einer Rechnungspause kam die Antwort: „Vielleicht 70 % mögen mich; 30% sind neutral oder gegen mich."

Unbeeindruckt kommentierte Ayya dies damit: „Man kann Dir gratulieren, denn üblich ist 50 % für einen und 50 % gegen einen."

Echt zu sein wird von Menschen in unserer Gesellschaft in vielen Situationen verlangt und als ein großes Ideal angesehen. Auf der anderen Seite wenden wir viel Kraft auf, um möglichst mit allen Mitmenschen gut auszukommen und uns angenommen zu fühlen. Wenn aber vermutet wird, dass eine Person im Leben bewusst oder auch unbewusst eine Rolle spielt – eben nicht echt ist – legt man das ihr oder ihm ungünstig aus.

Das Echte wird als etwas dargestellt, wofür man seine ganze Kraft einsetzen soll.

Wissen wir eigentlich mit Bestimmtheit, was wirklich echt und wahr ist? Woher glauben wir zu erkennen, was echt und unecht ist?

Kann man heute eigentlich noch uneingeschränkt echt sein, oder wird man durch die Umstände zum Unechten gezwungen?

Und was hat echt Sein mit unserer Suche nach der Selbstverwirklichung zu tun?

Die Realität der Selbstverwirklichung

Die Frage nach Wirklichkeit und Wahrheit beschäftigt die Philosophie, Religionen und neuerdings auch die Wissenschaft. Jede Disziplin und Denkschule glaubt dabei, die einzig gültige Wahrheit, die unumstößliche Realität gefunden zu haben und verwirft die Anschauungen anderer Richtungen oder stellt diese zumindest kritisch in Frage.

Muss die Wissenschaft aber erst etwas beweisen und logisch-intellektuell nachvollziehbar darstellen, damit Sie es als wahr akzeptieren können? Wird eine Erfahrung oder Ansicht nur deswegen realer, weil sie mittels wissenschaftlicher Theorien bestätigt werden kann?

Der Buddha sagte in seinen Lehren *nicht: Ich lehre die Dinge wie sie wirklich sind;* vielmehr lehrte er seine Anhänger: *Ich lehre die Dinge zu sehen, wie sie wirklich sind.*

Er geht in seiner Lehre den Dingen auf den Grund; alle weltlichen Ansichten, Wissenschaft und Philosophien lässt er bewusst beiseite. Örtliche und zeitliche Strömungen von Gesellschaft, Staat und Religionen - alles das gilt nichts gegen das Erkennen der Wirklichkeit, wie sie tatsächlich ist; das persönliche Wahrnehmen der letztendlichen Wahrheit – der Soheit (in Pali: *tathata*).

Wie diese letztendliche Wahrheit aussieht, hat der Buddha nicht beschrieben – es handelt sich eben um eine höchst individuelle Erfahrung, die kaum in Sprache ausdrückbar oder kommunizierbar ist.

Was hat die Realität, das Echte[7], das von den Menschen gesucht und idealisiert wird, nun mit dem Selbst und dessen Verwirklichung zu tun?

Etwas selbst machen zu können liegt als ureigenster Wunsch im Menschen. Es gibt kaum etwas, das stärker ist als der Drang zum eigenständigen und uneingeschränkten Handeln. Das ist besonders für alternde Menschen schmerzlich, wenn nach und nach Tätigkeiten, die einmal selbst durchgeführt werden konnten, wieder in die Verantwortung anderer Personen abgegeben werden müssen. Der Anspruch, Dinge selbst machen zu können, setzt eigenes Denken voraus. Auf diesem Weg beweisen wir uns laufend selbst, dass wir etwas ganz allein fertig bringen, aber vor allem, dass wir ein Unikat sind, etwas Besonderes; ein ICH!

---

[7] Der Pali-Begriff, der für dieses Themenfeld verwendet wird, lautet: *saro*. Für diesen Begriff gibt es keine eindeutige Übersetzung sondern eine Reihe an annähernden Beschreibungen wie Essenz, Kern, Substanz, Realität, Hauptpunkt, echte Wahrheit oder auch Reichtum.

Nach der Lehre des Buddha sind wir zwar alle als Person einzigartig, aber in der Zusammensetzung aller unserer Bestandteile (in Pali: *khanda*) gesehen, sind es immer wieder dieselben Teile, aus denen ausnahmslos alle Menschen bestehen. Insofern ist eine Persönlichkeit eigentlich nichts Besonderes! Das Thema des Ichs und Nicht-Ichs (in Pali *anatta*) wird an dieser Stelle nicht weiter diskutiert, da es im Verlauf dieses Buches noch genügend Platz eingeräumt bekommt. Hier ist es nur wichtig, das Ich als Basis jenes Prozesses, bei dem Selbstverwirklichung stattfinden kann, anzusprechen.

Zwei Aspekte der Selbstverwirklichung sind uns wichtig:

- **Illusionärer Aspekt:** Teils ist es Lust, teils Schmerz, sich vorzustellen, wie sich ein vollkommen befriedigtes, selbstverwirklichtes Ich anfühlen könnte. Die Lust liegt in der Hoffnung, irgendwann einmal das hohe Ideal zu erfüllen, aber der Schmerz kommt aus dem Zweifel, ob es überhaupt für einen möglich ist, diesem Ideal nahe zu kommen.

- **Praktikabler Aspekt:** Wenn es um das konkrete Umsetzen geht, werden die zuvor genannten hohen Ziele gewöhnlicher Weise nach einigen Versuchen gestrichen - und es wird das Mögliche umgesetzt, auch das was bisher vielleicht als unmöglich gegolten hat. Also liegen selbst in diesem Aspekt der Anspruch und die Möglichkeit, Grenzen zu überschreiten. Viele geben aber ihre Versuche der Selbstverwirklichung ganz auf, weil es zu viel Kraft und Mut erfordert.

Ist die Selbstverwirklichung eine bestimmte Art der Wunscherfüllung - oder doch mehr?
Was wird denn dabei verwirklicht? Ist es die Reise nach Asien zu einem Guru, der berufliche Auf- oder Ausstieg oder das Haus im Grünen?
Wer nach Selbstverwirklichung strebt, wird sich nicht länger von den Trends der Zeit in Mode, Wissenschaft, Parteien, Familie oder der Gesellschaft beeinflussen lassen. Sehr angepasste Menschen, die sich lange unter Druck gefühlt haben, schlagen förmlich um, wenn sie sich endlich davon befreien. Manche werden dabei zu richtigen Egoisten, was zwar als Übergangsphase verständlich ist, aber keine echte Befreiung von Abhängigkeiten bringt. *Jetzt tue ich endlich einmal, was mir gefällt! oder Ich verwöhne mich* sind typische Ausdrucksformen für dieses Bedürfnis.
Leider handeln sich diese Personen auf dem Weg erneut Konflikte ein, wenn sie in dieser Übergangsphase länger als nötig hängen bleiben.

Erst wenn wir das Selbst als etwas sehen, das tief in uns als Kraft des Guten und Heilsamen angelegt ist, wird die Selbstverwirklichung zu einer geistigen und spirituellen Entwicklung.

Im Buddhismus wird dieses innere Potenzial zur Selbstverwirklichung die Buddhanatur genannt. Wir könnten auch sagen: reine Herzensgüte, Weisheitsgeist, Klarheit des Geistes, Mitgefühl und vollkommene, heitere Ausgeglichenheit. Ob es als göttlicher Kern, als Mitte, Urgrund oder als wahres Ich bezeichnet wird, ist für die Erreichung dieses Zustandes unerheblich, wesentlich ist das Gieren nach etwas Äußerem hat aufgehört, so kommt das Wahre und Echte zutage, und es entfalten sich innerer Frieden und inneres Glück.

Das Streben nach echter Selbstverwirklichung kommt aus der inneren Stimme, die uns auffordert, das bereits erkannte Potenzial in uns zu nutzen und zur Entfaltung zu bringen. Die echte, nicht ego-bezogene Selbstverwirklichung liegt darin, die Wahrheit aller Dinge zu erkennen – einen unverschleierten Blick auf die Realität zu erlangen.

Wie geht das nun ganz praktisch? Der edle achtfache Pfad zeigt uns die Schritte – ab dem Kapitel *Der Weg* in diesem Buch.

Es bleibt an dieser Stelle nur, Sie dazu zu ermutigen und einzuladen, diesen Pfad zu betrachten und seine Eignung für Ihren Lebensweg zu ergründen.

Dhammapada 172

> Wer zuerst seine Zeit (leichten Sinnes) verschwendet hat,
> es aber später sein lässt,
> der leuchtet über der Welt,
> wie der Mond, nachdem sich die Wolken verzogen haben.

Dhammapada 12

> Wer die Realität als echt,
> die Illusion als unecht erkennt
> nähert sich dem Kern,
> da er seine Gedanken aus der
> zur Einheit führenden Quelle nährt

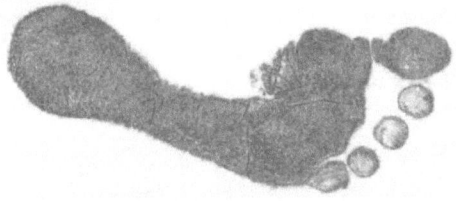

Einsichtsübung: Echt sein – sich selbst verwirklichen

Nachdem Sie sich auf ihrem Platz der meditativen Betrachtung eingefunden haben, konzentrieren Sie sich einige Minuten auf den Atem oder ein anderes Meditationsobjekt, um den Geist zur Ruhe zu bringen und ihn für die Betrachtung einzustimmen.

Im Mittelpunkt steht die Frage, was Sie mit dem Begriff **echt** verbinden und wie Ihr Umgang damit ist. Es drängt sich dabei einleitend die Frage auf, ob Echtes heutzutage unmodern ist, wenn man an Modeschmuck, Kunstblumen oder an die Verführungstaktiken der Werbung denkt, die uns eine Scheinwelt vorspiegeln und diese idealisieren.

Welche Eigenschaften muss etwas haben, damit ich es als echt anerkenne?

Kann ich es mit richtig, wahr oder ursprünglich gleichsetzen?

Ist es etwas Ursprüngliches in meiner Persönlichkeit?

Ist es in meinen körperlichen und geistigen Anlagen vorhanden, oder muss ich es mir erwerben?

Wie empfinde ich es, nicht echt zu sein?

Bereitet es mir Unruhe, Unbehagen, eine Unzufriedenheit oder ein anderes Un-, wenn ich bemerke nicht echt, nicht wahrhaftig zu sein?

Habe ich bisher überhaupt Zeit gefunden, darüber nachzudenken?

Kommen mir manchmal spontan Zweifel, dass es so auf Dauer nicht weiter gehen kann, dass ich am Wesentlichen vorbei lebe?

Wie stelle ich mir echt Sein als Gefühl vor?

Wie kann ich Echtes erkennen? Wo kommt es her?

Sind es tief liegende Bedürfnisse, die nach Verwirklichung drängen?

Habe ich diese Bedürfnisse in der Hektik des weltlichen, materiellen Lebens vergessen oder durch andere Dinge ersetzt? Wenn ja - wie kann ich diese Bedürfnisse aufspüren?

Was halten Sie davon, sich Ihre Todesstunde vorzustellen? Sterben ist so real, so durch und durch echt, dass Verstellung, Ausreden und Schein zu dem Zeitpunkt nichts mehr nützen. Es ist die echte Konfrontation mit dem gelebten Leben. Was hätte ich aus diesem Blickwinkel im Leben wirklich tun sollen? Bleiben mir noch Zeit und Möglichkeiten, es umzusetzen?

Wohin führt mich Echt-Sein?

Was bringt es mir, heißt die nahe liegende Frage.

Ist es etwas, was mir nur kurz vor meinem Tod gut tut, oder kann ich mir vorstellen, dass mein jetziges Leben durch Einbeziehen der Echtheit mehr Tiefgang, Gehalt und Wahrhaftigkeit erfährt, und mir etwas gibt, dem ich ganz und gar zustimmen kann?

Ist es das, was ich wirklich will? Auf was muss ich dann verzichten, sind Freude und Genuss dadurch ausgeschlossen?

Wie kann ich es umsetzen, wenn ich mich für das Echte entscheide?

Muss ich mein gesamtes Leben umkrempeln, oder kann ich mein Leben, meinen Beruf, meine Familie, meine Beziehung (wenn nicht schon zu große Probleme auf diesen Gebieten vorhanden sind) weiterführen?

Muss ich mir Zeit für Ruhe und Besinnung nehmen, um mein Tun und Verhalten immer wieder einer Revision zu unterziehen? Oder glaube ich, dass das Echte automatisch von selbst kommen muss?

Kann ich dem, was ich tue oder vorhabe, mit meinem Verstand und meinem Gefühl wirklich bedingungslos zustimmen? Ist es gut für mich und für andere? Bringt es weder mir noch anderen Schaden[8]?

In der buddhistischen Lehre werden viele Möglichkeiten aufgezeigt, wie der suchende Mensch das Echte finden und verwirklichen kann. Bin ich bereit, mich darauf einzulassen?

Vielleicht ist es das, was wir als Selbstverwirklichung gesucht haben?

Wir beschließen diese Betrachtung mit dem innigen Wunsch:

Möge ich mich dem Echten zuwenden
und mein Leben sinnvoll gestalten!
Möge ich glücklich sein!

---

[8] In der Buddhalehre werden diese Kriterien als heilsam bezeichnet. Es sind Heilmittel für unsere seelischen Verletzungen und Wunden. Heilen bringt etwas in Ordnung, was zerbrochen oder nicht vollständig war; macht ganz und echt. Das Heilsame ist mit Einsicht und gütiger Einstellung verbunden. Es gibt dem Leben echte Substanz und zeigt sich in innerer Freude und wirklichem Genießen ohne Gier und Verblendung.

Achtsamkeitsübung: Ganz bei mir sein

Setzen Sie sich für einen Zeitraum von etwa 20 Minuten so auf Ihr Sitzkissen oder auf den Stuhl, dass Sie sich selbst sagen können: *So sitze ich gut.* Atmen Sie ruhig und tief einige Male ein und aus, bis sich Ihre Gedanken beruhigt haben.

- Richten Sie nun Ihre Aufmerksamkeit auf Ihre **Füße**, stellen Sie fest, wie Ihre Füße den Boden berühren. Schauen Sie innerlich hin, welche Lage Ihre Beine eingenommen haben. Dann nehmen Sie auch wahr, wie Ihr Gesäß auf der Unterlage ruht.
  Betrachten Sie, wie Sie mit Füßen, Beinen, Becken und dem Gesäß die Unterlage und damit auch die Erde berühren und hier eine **sichere und solide Basis** finden.
- Wenn Sie nun Ihren Körper bewusst **aus** dieser sicheren **Basis aufrichten**, spüren Sie, wie sich der Rumpf darauf stützt, um sich nach oben hin aufzubauen. Angekommen an den **Schultern** lassen Sie zu, dass sich diese zu den Seiten hin ausbreiten und entspannt **absinken**. Alles, was belastet, einengt und Sie bedrückt, können Sie in Ihrer Vorstellung über Ihre Arme, die Hände und Finger abfließen lassen.
- Aus der Mitte zwischen Ihren Schultern streben der Hals und der Kopf **nach oben** zur Decke, zum Himmel oder zum Licht.
- Indem Sie sich somit zugleich Ihrer Basis und Ihres Scheitels bewusst sind und die **Verbindung** zur Erde und zum Himmel erfahren, sagen Sie sich: Ich sitze hier zwischen Himmel und Erde.
- Nun wenden Sie sich Ihrem **Rücken** zu. Gehen Sie hinunter zu Ihrem Becken, wo der Rücken beginnt und steigen Sie in Ihrer Achtsamkeit langsam über Lenden, Mitte und die Schulterblätter nach oben bis auf Schulterhöhe. Noch weiter geht es über Nacken und Hinterkopf bis zum höchsten Scheitelpunkt. *„Das ist meine feste Rückseite"* erfährt dabei Ihr Bewusstsein.
- Die vielen Knochen und Muskeln auf der Rückseite Ihres Körpers geben Ihnen das Gefühl von **Stabilität** und **Sicherheit**. Nach hinten grenzt der Rücken Ihren Körper ab und sagt symbolisch Nein, bis hierher und nicht weiter! Die seelische Empfindung von Schutz, Gelassenheit und Geborgenheit kann sich damit verbinden.
- Lenken Sie nun Ihre Achtsamkeit auf die **Vorderseite Ihres Körpers** und gehen Sie im Geist vom tiefsten Punkt, dem Beckenboden über Unterleib zum Bauch, über den Oberbauch und Magen zum Brustbereich bis auf Höhe der Schultern - und weiter

vorne über den Hals zu Ihrem Gesicht. Fahren Sie langsam und sanft die Konturen Ihres Gesichtes ab und beenden Ihre Körperreise auf der Brust. *„Das ist meine weiche Vorderseite"* erfahren Sie jetzt.

- Ihre Vorderseite ist **offen, weit, beweglich,** den Mitmenschen und der Welt **zugewandt.** Mit Ihrem Gesicht, den Händen und dem ganzen Körper gehen Sie auf die Dinge Ihres Lebens zu. Es ist Zuwendung; Ja - sagen.

- Diese beiden **Seiten leben wir täglich**: Stabilität und Flexibilität - das Ja- und das Nein - Sicherheit und Offenheit. Spüren Sie hin, wo Ihre bevorzugte Seite ist, und geben Sie der vernachlässigten mehr Bedeutung und Achtsamkeit. Lassen Sie körperlich die Vorder- und Rückseite in rechte Balance kommen und spüren, wie nur beide gemeinsam Ihnen die Kraft der Mitte verleihen. So wie Sie die Verbindung der universellen Pole Himmel und Erde als Energiezentrum in Ihrer Mittelachse empfinden, so gibt Ihnen die Polarität von vorne und hinten, von rechts und links das Gefühl seelischer Ausgeglichenheit.

- Sie sind **in Ihrer Mitte** - ganz bei sich! Lassen Sie sich in das Gefühl der Mitte ein und sagen Sie innerlich mehrere Male: Ganz bei mir!

Bleiben Sie so lange sitzen, wie es Ihre Zeit erlaubt - und spüren Sie die Wohltat, in der eigenen Mitte zu ruhen, ganz bei sich zu sein.
Zum Aufstehen, strecken Sie Ihre Beine und Arme, atmen tief durch und gehen ruhig, aber auch frisch Ihren weiteren Tätigkeiten nach.

Metta-Übung: Samen im Herzen

Diese Metta-Meditation, die etwa 10 bis 15 Minuten Zeit braucht, arbeitet wie die bereits vorgestellten Meditationen mit einem Bild, einer inneren Vorstellung, zu der wir Sie einladen. Suchen Sie sich einen guten und stillen Platz und lassen Sie sich dort entspannt und friedlich nieder. Atmen Sie ruhig und etwas verlangsamt ein und aus.

Lassen Sie nun vor Ihrem geistigen Auge einen Pflanzensamen entstehen. Man legt solche Samen in die Erde, gibt ihnen Wasser und stellt sie an einen Ort mit genügend Sonne. Danach entwickeln sich diese Samen bei etwas Pflege ganz von allein. Die Wurzeln gehen nach unten in die Erde, wo sie Halt und Nahrung finden, aber die Keime drängen so stark nach oben zum Licht, dass sie selbst den härtesten Boden durchdringen.

Woher in der dunklen Erde das Wissen kommt, in welche Richtung sich die Wurzeln bewegen müssen und wohin die Triebe, das ist wohl eines der Geheimnisse des Lebens. Kaum ans Licht gelangt, entfalten die kleinen Pflanzen Blätter, Knospen und Blüten und gedeihen unter guten Bedingungen zu prachtvollen Blumen, kräftigen Sträuchern oder großen Bäumen. Alle diese Pflanzen verschenken nach einiger Zeit ihre Früchte uneingeschränkt an alle, die sie brauchen, und in der Erde machen sich erneut ihre Samen zu neuem Leben bereit.

In unserem Herzen liegt der lebendige Samen der allumfassenden Liebe. So wie der Pflanzensame wartet auch er auf Zuwendung und Unterstützung, um sich entfalten zu können. Denken Sie voll Vertrauen und Zuversicht an den Samen der liebenden Güte in Ihrem Inneren. Tiefe Einsicht, dass die Kraft der Liebe nur in Ihnen selbst zu finden ist, lässt die Samen aufbrechen.

Begießen Sie diese Keime, die an die Oberfläche gelangen, mit Akzeptanz und Freude. Die jungen Keime der Liebe brauchen sanfte und freundliche Behandlung, damit sie wachsen und sich entfalten können. Täglich, ja sogar stündlich verlangt diese Herzensblume nach Nahrung und Wasser, um nicht zu verdorren. Schenken Sie ihr Freundlichkeit, Zartheit und Geduld - und Sie werden sehen, wie sich Ihre Herzensblume zu einer kraftvollen und wunderbaren Pflanze entwickelt.

Dann kommt die Zeit, da unsere Pflanze der Herzensgüte blüht und so viel Samen hervorbringt, dass wir sie mit Freude verschenken.
Zuerst geben wir die kostbaren Samen unseren liebsten Menschen mit freundlicher und bedingungsloser Zuwendung. Holen Sie Ihre Liebsten in

Ihre Vorstellung und erfahren Sie, wie Ihr wertvolles Geschenk glücklich angenommen wird.

Rufen Sie danach die Gegenwart von Freunden und Bekannten in Ihren Geist und sehen Sie die Sanftheit der Liebe, und wie sie die Samen all dieser Menschen zur Entfaltung von Herzensgüte bringt.

Mit derselben Hinwendung gehen Sie auch auf neutrale Personen zu, die Sie kaum kennen. Aber Sie wissen, dass sich auch diese Herzen nach der Blume der Liebe sehnen und die vorhandenen Samen zum Gedeihen immer wieder Pflege brauchen.

Aus Ihren Herzensblumen entstehen so viele Samen die Sie weit über die Welt streuen können und als ursprüngliche Lebenskraft in die Herzen aller Wesen pflanzen.

Bringen Sie nun Ihren Geist zu Ihrem eigenen Herzen zurück und werden Sie sich gewahr, dass sich Ihre Pflanzen im Akt des Verschenkens weit ausgebreitet und zu voller Blüte entwickelt haben.

Beenden Sie diese Meditation, indem Sie den Wunsch formulieren:

> **Mögen alle Wesen die Samen der Liebe zum Gedeihen bringen!**

Lied: So ja So

So, ja so, ja so so so
jetzt ist es so ich nehm es an
und schau-e dann wie ich's än-dern kann.
Was muss ich tun? Was lass ich sein?
Wie kann ich gut und heil-sam sein?
So, ja so, ja so so so!

Angst

Welche Gefühle sind es, die unser Leben maßgebend beeinflussen und bestimmen? Eines der mächtigsten Gefühle, mit dem wir konfrontiert sind, ist die Angst. Nicht nur die (natürliche) Angst vor Gefährlichem oder Unangenehmem ist in uns vorhanden, selbst vor dem Glück haben wir offensichtlich Furcht und Angst.

Wie erleben Sie selbst körperlich und geistig das Gefühl der Angst?
Wie entsteht, nährt und stärkt sich die Angst in Ihnen?
Ist Angstfreiheit eigentlich tatsächlich möglich und wünschenswert?
Wenn ja, glauben Sie persönlich, dass Sie der Angst mit Ihren derzeitigen Fähigkeiten Herr/Frau werden können, oder ist dazu eine höhere Macht oder eine besondere Gnade nötig?
Konnten Sie schon einen Weg wie der Arzt in der folgenden kleinen Geschichte finden?

Füße - Füße

Ein junger Arzt meditiert schon länger, da er etwas braucht, das ihn beruhigt und ihm Stabilität verleiht. Unser Meditations-Objekt ist der Atem, was allen bekannt und vertraut ist. Doch dieser Arzt richtet seine Aufmerksamkeit gezielt auf seine Füße. Nach dem Grund dafür befragt antwortet er, dass ihn viele Gedanken vor schwierigen Aufgaben beunruhigten, und er für seine Arbeit einen klaren Kopf haben müsste.

Die Füße auf der Erde wären weit weg vom denkenden Hirn, und wenn er vor dem OP stünde, ließe er Unruhe und Ängste vom Hirn hinab zu den Füßen in die Erde gleiten. Dann fühle er sich ruhig und sicher für seine Arbeit.

Ich kann es weiter empfehlen!

In diesem Kapitel können Sie nun der Angst und Ihren bekannten Mechanismen auf den Grund gehen und versuchen, Antworten auf die zuvor gestellten Fragen zu finden.

Das Wesen der Angst

Das Gefühl der Angst finden wir meist in einer Situation, der wir nicht gewachsen sind. Jede persönliche Entwicklung und jeder Reifungsschritt ist vorerst mit Angst und ihrer Überwindung verbunden. Wir wissen in einem Moment nicht, was kommt - es ist neu, unbekannt und unvertraut. Egal ob es sich dabei um eine äußere oder innere Situation handelt, diese unbekannte Situation sorgt immer für Angst. Diese Angst ist aber nicht nur als negativ und hemmend anzusehen, sie erfüllt vielmehr die Funktion eines Schutzmechanismus, stellt sicher, dass bestimmte Entwicklungsschritte erst dann stattfinden können, wenn genug Erfahrung, Kraft und persönliche Stärke vorhanden sind, um nicht nur diese Angst zu überwinden, sondern auch, um den folgenden Lebensabschnitt erfolgreich zu meistern.

Man könnte die Angst mit den in Märchen beschriebenen mystischen Drachen vergleichen, da diese Furcht erregenden Geschöpfe interessante Dinge wie materielle Schätze oder besondere Menschen bewachen und erst überwunden werden müssen, um an die Schätze zu gelangen.

Jedes Alter hat entsprechende Reifungsschritte und damit verbundene Ängste; diese müssen bewältigt werden, wenn der Schritt gelingen soll. Natürliche Übergänge und somit auch Ängste finden wir beispielsweise beim Kleinkind, das, um seine eigenen Schritte zu machen, früher oder später die sichernde Hand der Mutter loslassen muss. Schulanfang, Pubertät, Sexualität, Berufsbeginn, eine Partnerschaft oder die Eheschließung. In einer Gemeinschaft Anerkennung oder Freundschaft zu erringen, die Lebensmitte zu überschreiten und sich dem unausweichlichen Ende zu nähern - alles das ruft in uns ein Gefühl der Unsicherheit und Angst hervor und muss bewältigt werden. Im Bedarf nach der Überwindung dieser Ängste wurzelt auch die Bedeutung von Übergangsritualen und Zeremonien, die es den Menschen erleichtern sollen, mit diesen Herausforderungen umzugehen.

Obwohl unsere technischen und wissenschaftlichen Fortschritte viele der Ängste und Vorstellungen unserer Vorfahren entschärft haben, sind dafür im Gegenzug viele neue Ängste und Phobien entstanden.

Situationen, in denen Bekanntes losgelassen werden muss und Unbekanntes wartet, werden im tibetischen Buddhismus auch als Bardo (sog. Zwischenzustand) bezeichnet. Dabei macht das Loslassen von Bekanntem und Vertrautem genau so viel Angst, wie Unbekanntes und Neues anzugehen. Entwicklung, Erwachsenwerden und Reifen hat also mit Angstüberwindung zu tun - es ist ein wiederholtes Ausloten und

Überschreiten von Grenzen, was die Eltern pubertierender Jugendlicher wohl seufzend bestätigen können.

Das Gefühl der Angst ist aber, wie bereits erwähnt, keine Fehlentwicklung der Evolution, die es zu vernichten gilt. Die Angst gehört untrennbar zum Leben wie Geburt, Altern, Krankheit und Tod. Sie hat ihre nötigen Aufgaben und Funktionen im Leben der Menschen und fühlenden Wesen und ist sogar überlebensnotwendig. Sie warnt uns vor gefährlichen Situationen und Risiken und ist eine Schutzfunktion dafür, dass Entwicklungsschritte nicht zu rasch durchgeführt werden bzw. nur stattfinden, wenn das Individuum dafür bereit ist.

Es geht in der geistigen Schulung und auf dem spirituellen Entwicklungsweg nicht darum, die Existenz(berechtigung) der Angst in Frage zu stellen oder gar zu negieren, vielmehr ist es das Ziel, die unterschiedlichen Grade der Angst und vor allem **ihre Auswirkungen zu beherrschen** und nicht von der Angst selbst beherrscht zu werden. Wird die Angst so stark und mächtig, dass Sie von ihr beherrscht werden, ohne sich dagegen wehren zu können, dann kann man von krankhafter Angst sprechen, die letztendlich selbstzerstörerische Kräfte besitzt und dringend therapeutischer Unterstützung bedarf.

Das Gefühl der Angst nährt sich aus einer Vielzahl von Quellen:
- Erinnerungen, Vorstellungen und Erwartungen
- Vergangenheit und Zukunft
- Erfahrungen und Wünsche (nach angenehmen Erfahrungen)
- Erfahrungen und Ablehnung (unangenehmer Erfahrungen)
- Hoffnung und Sorge

Nicht nur in der buddhistischen Lehre sondern auch in der Angstforschung und der Tiefenpsychologie wird ein Zusammenhang von Wünschen, Erwartungen und dem Gefühl der Angst postuliert. Menschen haben grundlegende Wünsche und die damit verbundenen Ängste kann man überwinden. Diese sind:

- **Selbstverwirklichung (auf der egozentrischen Ebene):** Der im vorherigen Kapitel beschriebene Wunsch, eine einmalige und unverwechselbare Persönlichkeit zu werden und eine Ich-Identität zu finden bzw. diese aufzubauen, zu erhalten führt dazu, dass wir Angst haben, uns selbst aufzugeben und ganz hinzugeben, das Ich zu verlieren. Damit verbunden ist die Furcht, die Kontrolle zu verlieren und starke Gefühle zu erleben. Diese Angst vor dem Verlust der ichbezogenen Selbstverwirklichung kann durch bewusste Ruhe, Ruhemeditation oder Metta – Übungen überwunden werden.

- **Gemeinsamkeit:** Sich mit anderen Menschen zu verbinden, Gemeinsamkeit zu erleben, vertrauen zu können und sich (sozial) hinzugeben sind ein inne liegender Wunsch des Menschen. Wir wollen Freunde finden und in Austausch oder Verbindung mit ihnen leben. Diese Erwartungshaltung führt potentiell zur Angst, sich zu gravierend von anderen Personen zu unterscheiden, nicht dazu gehören zu dürfen und nicht verstanden oder gar abgelehnt zu werden; schlichtweg ein Außenseiter zu sein. Daraus resultieren die Angst vor Einsamkeit und die Furcht, aus dem Rahmen der Gemeinschaft herauszufallen. Gegen diese Furcht hilft, den Selbstwert zu stärken, zum Beispiel durch Ruhemeditation, Meditation auf das Hier & Jetzt und Metta für sich selbst. Später kann diese Angst auch durch ein erlebtes meditatives Verbindungsgefühl gemindert werden; diese Erfahrung kann man nicht machen, sie kann irgendwann geschehen.

- **Heimat und Beständigkeit:** Ein weiteres Grundbedürfnis des Menschen ist, Dauerhaftigkeit und Sicherheit anzustreben; sich häuslich niederlassen, zu planen, vorzusorgen, kurz gesagt möglichst ewig zu leben! Das führt zu einer Angst vor Unbeständigkeit, Vergänglichkeit, vor dem Unberechenbaren und dem Tod. Die einzige Hilfe gegen diese Form der Angst ist es, diese Naturgesetze der Veränderung (in Pali: *anicca*) anzuerkennen und zu erkennen, dass ausnahmslos alle Lebewesen diesen Gesetzen unterworfen sind. Den gerade stattfindenden Moment und auch dessen kontinuierliche Veränderung ganz bewusst zu erleben hilft, diese Angst zu überwinden. Diese Form der Angst erfordert ein gewisses Maß an spiritueller Erfahrung, daher sollte bei der Bearbeitung dieser Angstform kein Soforterfolg erwartet werden.

- **Freiheit und Veränderung** Wir alle streben Erneuerung, Veränderung und Entwicklung an, möchten Freiheiten und Freiräume erleben. Die Endgültigkeit wird als zentrale Bedrohung angesehen, und die daraus resultierende Unfreiheit als Einschränkung und Fessel erlebt. Um diese Angst zu überwinden, müssen Sie das Gesetz von Ursache und Wirkung, also Karma erkennen und verinnerlichen. Zu diesem Thema gibt es Kontemplationen, und es ist auch möglich, Freiheit in der Meditation zu erleben und Mitgefühl (*Karuna*) für alle Wesen zu üben. Auch hier braucht es etwas Geduld und Erfahrung.

- **Daseinssinn:** Menschen sind auf unterschiedliche Art und Weise auf der Suche nach ihrem Lebenssinn und Lebenswerten. Es besteht der Wunsch nach tiefem Vertrauen, nach Glauben und Aufgehobensein. Das ist die Suche nach spiritueller Geborgenheit, die Hoffnung auf Leidfreiheit, auf Nirwana. Dieser Wunsch nährt die Angst, das eigene Leben zu irgendeinem Zeitpunkt als Sinnlosigkeit zu erfahren und das Nicht-Glauben-Können als beängstigenden Mangel zu erleben. Es zeigt die Furcht vor unbekannten Dimensionen, vor göttlicher Strafe oder dem Sterben. Hier ist das Vertrauen durch Einsicht das geeignete Mittel. Dazu ist die Übung der Achtsamkeit da, um die Samen der Erleuchtung in sich zu finden, zu bewachen und zu fördern.

Nur diesen Moment, das Hier und Jetzt können Sie tatsächlich erkennen und aktiv gestalten und sich zu einem bestimmten Tun oder Verhalten entscheiden. Erstaunlicherweise bemerken wir nur selten, wann wir uns entscheiden - es ist ein kontinuierlich und beinahe automatisch ablaufender Prozess des Lebens. Alles Denken, Fühlen und Handeln hat mit dauernden Entscheidungen zu tun.

Jeden Augenblick entscheiden Sie über Ihre Zukunft - aber ganz anders als Sie denken. Wenn Sie grübeln, wie Sie sich perfekt entscheiden und alle negativen Eventualitäten ausschließen könnten, um jegliche Angst zu umgehen, graben Sie sich nur immer tiefer in Unklarheit, Unruhe und Chaos hinein.

> **Nur im Hier und Jetzt zu leben erzeugt keine Angst.**

Dhammapada 317

Wer bei Sicherheit die Gefahr sieht,
und bei Gefahr die Sicherheit.
Wesen die mit solch verdrehter Ansicht handeln,
gehen den unangenehmen Konsequenzen entgegen.

Dhammapada 215

Aus der Sinnengier wird Sorge geboren;
Sinnengier bringt Furcht.
Für den von Sinnengier Befreiten,
gibt es weder Sorge noch Furcht.

Einsichtsübung: Betrachtung über die Angst

Wir laden Sie in dieser Betrachtung dazu ein, sich Ihrer Angst und Ihren Befürchtungen zu stellen. Einmal nicht wegzusehen und sie zu überdecken oder wegzuschieben sondern, der Angst – Ihrer Angst - direkt und kompromisslos auf den Grund zu gehen.

Finden Sie dazu eine angenehme Meditationsposition und fokussieren Sie Ihre Aufmerksamkeit auf Ihr bevorzugtes Meditationsobjekt, bis Ihre Gedanken soweit beruhigt und gesammelt sind, dass Sie mit der meditativen Betrachtung beginnen können.

Widmen Sie sich nun folgenden Fragen:

Wovor haben Sie Angst?

Ist es etwas Konkretes, was Sie befürchten oder ist es eher die generelle Sorge um Familie, Kinder oder Eltern? Macht Ihnen die Instabilität Ihrer Gesundheit zu schaffen oder ist Ihre berufliche Existenz bedroht, vielleicht sogar Ihre Altersversorgung?

Überall dort, wo wir selbst nicht eingreifen und steuern können, wie wir das wollen, kann Angst entstehen. Ruft eine Nicht-Steuerbarkeit von Situationen bei Ihnen Angst hervor?

Die Angst vor der Angst ist heimtückisch. Da sie an kein konkretes Objekt gebunden ist, lässt sie sich nicht leicht fassen und hat die Tendenz, sich am eigenen Faden immer weiter zu einem unlösbaren Knoten aufzuwickeln. Finden Sie diese Art der Angst bei sich?

Was macht die Angst mit Ihnen?

Wie reagiert Ihr Körper auf Angst? Manche bekommen einen heißen Kopf, einen trockenen Mund; anderen schlägt die Angst auf den Magen und die Gedärme. Sogar starr werden kann man vor Angst - aber auch zum Sprung bereit. Welche körperlichen Symptome können Sie bei sich feststellen, wenn Sie sich eine Situation der Angst vor Augen führen?

Angst beengt und erzeugt oftmals ein Gefühl von Ohnmacht. Welche Gefühle treten bei Ihnen in einer Situation der Angst auf?

Während wir versuchen, konkreten Objekten oder Situationen, vor denen wir Angst haben, auszuweichen oder diese zu bekämpfen, indem wir beispielsweise die Situation ändern, erscheint die Angst vor der Angst so ausweglos, dass wir lieber psychiatrische Hilfe in Anspruch nehmen. Wie reagieren Sie, wenn sich Angst zeigt – was machen Sie normalerweise?

Was ist die Ursache der Angst?

Die konkreten Anlässe unserer Ängste kennen wir meistens. Da ist der böse Hund, das Hochwasser, die Dürre, Terroristen u.v.m. Aber auch die täglichen Sorgen um die Kinder, die Beziehung und die Harmonie entstehen aus dem Anhaften an Personen und Vorstellungen. Oder die Furcht, die zu vielen Termine und an uns gestellten Anforderungen nicht zu schaffen; alles Ängste, die uns plagen. Nicht selten sind es Schuldgefühle, die nachhaltige Ängste vor Vergeltung verursachen.

Eine eher versteckte Angst liegt darin, seine Lebensaufgabe, Sinn und echte Werte des Lebens zu verpassen. Betrachten Sie nun Ihre Ängste (nehmen Sie sich ihr letztes nachvollziehbares Angsterlebnis), ohne sich emotional darin verstricken zu lassen, und versuchen Sie den konkreten Anlass Ihres letzten Angsterlebnisses und auch die dahinter liegenden Ursachen festzustellen.

Der Buddha sieht den Grund für Ängste sowie für Probleme und Leid, die daraus erwachsen, im Begehren. Wir wollen etwas haben, von dem wir glauben, dass es uns gut tut - und wollen alles loswerden, was uns ärgert, stört oder belastet. Ängste entstehen in letzter Konsequenz aus Gier und entwickeln Ablehnung und Hass. Können Sie diese Ansicht teilen?

Meinen Sie nicht, dass es berechtigte Ängste gibt, weil es letztlich um die Existenz geht?

Wohin führt Sie die Angst?

Haben Sie es schon einmal erlebt, wie die Angst Sie mehr und mehr einschnürt? Sie kann im weitesten Sinn bewegungslos machen; körperlich, seelisch und geistig. Wir erstarren äußerlich und innerlich, weniger sichtbar für andere Personen, aber umso bedrückender für uns selber. Entweder bricht die Angst irgendwann als Panik oder Aggression hervor oder sie wird bis zur Gefühllosigkeit und Gleichgültigkeit verdrängt. Wo stehen Sie?

Interessant ist auch die gegenteilige Tendenz zu betrachten: die Angstsuche. Gefährliche Abenteuer und Grenzsituationen sollen ein intensiveres Lebensgefühl erzeugen und sicher auch die eigene Macht und Stärke bestätigen. Was mag dahinter stehen? - Die Unerträglichkeit der Regeln und Routine im langweiligen Alltag oder der Drang, bis an und über die äußersten Grenzen der eigenen Kräfte zu gehen?

Schauen Sie genau hin, ob und in welcher Weise das für Sie ein Thema ist.

Wie können Sie mit der Angst umgehen?
Wie schützen und befreien Sie sich?

Das Grübeln und intellektuelle Nachdenken über Ängste ist das sicherste Mittel, sie zu steigern. Das beste Gegenmittel ist der Grübelstopp. Den muss man sich antrainieren, sonst wirkt er im Ernstfall nicht. Können Sie diese Erfahrung teilen?

Angst geschieht im Kopf, wo sie sich im Kreis dreht und zu einer Angstspirale aufbaut. Die schnellste und effektivste Möglichkeit, hier einen Riegel vorzuschieben, ist jene, sofort, wenn Grübelei beginnt, sich der Füße auf dem Boden bewusst zu werden, indem Sie Ihre ganze Konzentration auf die Fußsohlen lenken. Ist das ein mögliches Mittel für Ihre Angst?

Als Alternative bei beginnender Angst schauen Sie abwechselnd in Ihre Handflächen und sagen Sie sich deutlich rechts - links. Von einem bedeutenden Meister werden drei lange und ruhige Atemzüge empfohlen. Diese Umschaltung vom Denken auf etwas Körperliches muss in angstfreien Zeiten geübt werden, es ist ein momentaner Schutz. Sind Sie gewillt, diese Übungen[9] in ruhiger Zeit für den Ernstfall zu trainieren?

Aus spiritueller Sicht geht die Buddhalehre noch einen Schritt weiter. Sie sieht den generellen Ursprung aller Ängste in der Vergänglichkeit aller Dinge, in der Leidhaftigkeit und in der Substanzlosigkeit. Sich mit diesen großen Lebensgesetzen zu befassen, ihnen schließlich die unvermeidliche Zustimmung zu geben und sich vielleicht sogar mit ihnen anzufreunden - das kann die Lösung sein. Sind Sie bereit, die großen Gesetze tiefer zu ergründen?

Nachdem Sie diese Betrachtung abgeschlossen haben ist es an der Zeit sich selbst zu danken. Sie haben sich einer sehr unangenehmen Thematik gestellt, also können Sie sich selbst die Hand auf die Schulter legen und sich sagen: Sie haben es gut gemacht!

Anschließend lassen Sie alles Denken und Erwägen verblassen und fokussieren Ihren Geist wieder auf Ihr bevorzugtes Meditationsobjekt. Bleiben Sie noch einige Momente in Stille sitzen, bevor Sie in die Aktivität zurückkehren und sich ggf. Notizen machen.

---

[9] Tiefer greifen Methoden, bei denen man sich der Angst direkt stellt und sogar hindurchgeht, werden in dieser Kontemplation nicht näher erläutert, da die Betroffenen dafür entweder therapeutische Betreuung in Anspruch nehmen müssen oder selbst bereits auf dem spirituellen Weg fortgeschritten sein müssen und einen kompetenten Lehrer als Sicherheitsnetz benötigen.

Achtsamkeitsübung: **Mein Gesicht**

Diese Meditation können Sie für etwa 15 bis 30 Minuten lang üben. Setzen Sie sich in eine gute und angenehme Position auf Ihr Sitzkissen oder einen Stuhl. Achten Sie darauf, dass Ihre Füße sicher auf dem Boden liegen oder stehen und spüren Sie, wie Ihr Gesäß festen Kontakt mit der Sitzfläche hat. Alle Kontaktstellen mit dem Boden geben Ihnen ein gutes Basisgefühl. Die Hände können Sie entweder ineinander im Schoß oder einzeln auf Ihren Knien ablegen.

- **Richten Sie sich gut auf**, sodass Sie sich entspannt und wach fühlen und Ihr Scheitel hinauf in Richtung Himmel zeigt. So können Sie eine geistige Verbindung mit dem Licht, der Weite und Schönheit des Himmels aufnehmen.

- Lassen Sie Ihre **Schultern zu den Seiten hin weit** werden und nehmen Sie wahr, wie Ihre Arme zu den Händen hin führen und wie Ihre Hände jetzt ruhen.

- Lenken Sie Ihre **Achtsamkeit** nun freundlich zu Ihrem **Gesicht**. Jedes Gesicht ist einzigartig in seiner Form und seinem Ausdruck und zeigt deutlich die menschliche Art der einzelnen Person. Wir wollen nun unserem einmaligen Gesicht Zuwendung, Akzeptanz und **Wertschätzung** schenken.

- Werden Sie sich nun Ihrer **Stirn** bewusst; in der Höhe von den Augenbrauen bis zum Haaransatz und in der Breite von Schläfe zu Schläfe. Gehen Sie weiter zu Ihren Augen und nehmen Sie wahr, dass die äußeren Augenwinkel zu den Ohren zeigen, wie auch Ihre **Wangen** sich zu den Ohren hin ausbreiten. Von den Augen reichen die Wangen bis hinunter zu Mund und Kinn. Die Nase in der Mitte des Gesichtes kann sich mit ihren Nasenflügeln und Nasengängen auch etwas öffnen und weiter werden.

- Nehmen Sie die **Größe** und **Form** Ihres Gesichtes in der ganzen Breite und Länge wahr. Das ist mein Gesicht – damit bestätigen Sie sich Ihre Empfindung.

- Richten Sie Ihre Aufmerksamkeit nun auf das **Atmen**. Die Luft streicht einatmend kühl und ausatmend erwärmt durch Ihre Nase. Widmen Sie sich entspannt diesem Vorgang.

- Obwohl wir die **Atembewegung** nur im Brustkorb, im Bauchbereich oder an der Nase und in der Kehle deutlich spüren, so machen doch alle Zellen in unserem Körper die Bewegung von Weit- und Schmalwerden mit. Das geschieht auch im Gesicht.

- Achten Sie darauf wie einatmend Ihr Gesicht **breiter** und **weiter** wird und ausatmend nach **unten absinkt**. Begleiten Sie Ihren Atemrhythmus mit den Worten: Ein – *Gesicht weit* und Aus – *Gesicht lang*. Bleiben Sie in dieser Weise mit Ihrem Gesicht und Ihrem Atem einige Zeit verbunden, bis Sie sich vertrauend diesem Gefühl des Weitens und Zusammengehens und Sinkens hingeben können. Mit dem Einatmen und Weiterwerden lösen sich viele Dinge, die eng und verklemmt waren; mit dem Ausatmen und Langwerden sinken Verspannung und Bedrängnisse ab.
- Beim ruhigen Atmen in der Meditation wiederholen Sie immer wieder: *Gesicht weit – Gesicht lang*, bis Sie die Worte nicht mehr brauchen und sich nur noch dem Atmen widmen.

Wenn Sie die Meditation beenden, können Sie sich in üblicher Weise verneigen. Öffnen Sie die Augen, strecken Sie Ihre Arme und Ihren Körper und drehen sich nach links und rechts, um wieder ganz frisch und aktiv Ihren Arbeiten nachzugehen.
Im Getriebe des Alltags können Sie sich mit drei Atemzügen in dieser Weise immer wieder eine achtsame Pause der Ruhe schaffen.

Metta – Übung: Lichtwesen

Diese Meditation ist eine liebende Güte-Meditation, die diesmal im Liegen durchgeführt wird und etwa 20 bis 30 Minuten dauert.

Legen Sie sich bequem auf den Rücken. Sie können gern ein Kissen unter den Kopf und eine Rolle unter Ihre Knie legen und sich warm zudecken (um nicht auszukühlen), um sich dann sagen zu können: *so liege ich gut.* Für Personen mit Schlafstörungen empfehlen wir, diese Meditation als Aufnahme abends im Bett zum Einschlafen anzuhören.

Sie liegen in ruhiger Umgebung entspannt auf dem Rücken. Lassen Sie Ihren Körper absinken und breiten Sie sich wohlig aus. Spüren Sie, wie Ihr Körper Kontakt mit der Unterlage aufnimmt. Werden Sie sich gewahr, wie Ihr rechtes Bein mit Ferse, Wade, Knie und Oberschenkel auf der Unterlage liegt und einsinkt.

Wenden Sie dann Ihre Achtsamkeit zum linken Bein hin und spüren die Länge dieses Beines mit Ferse, Wade, Knie und Oberschenkel.
Nehmen Sie danach wahr, wie breit und schwer Ihr Becken mit den Hüften daliegt.

Wenn Sie nun die Achtsamkeit in Ihrem Rücken vom Becken aufwärts zu den Schultern wandern lassen, werden die Stellen der intensiven Berührung deutlich. Lassen Sie Ihre Wahrnehmung bei den Schultern ankommen und gehen nun von der rechten Schulter im Arm abwärts bis zur Hand und den Fingern. Fühlen Sie wie Ihr rechter Arm sich abgelegt hat. Wechseln Sie nach links und gehen von der Schulter im linken Arm bis zur Hand und werden sich auch hier der Strecke des Aufliegens bewusst.

Schenken Sie nun Ihrem Kopf die volle Aufmerksamkeit und lassen Sie auch ihn in die Unterlage hinein sinken. Geben Sie diesem Gefühl nach und bemerken Sie, wie sich der Nacken und die Schultern entspannen.

Ihre gesamte Körper-Unterseite hat nun Kontakt mit dem Boden, mit der Erde. Vertrauen Sie sich der Erde an, die Sie hält und trägt; die sich an Sie schmiegt und Ihnen das Ausruhen und Loslassen ermöglicht. Lassen Sie sich ein in das Getragen - Werden und fühlen Sie sich sicher und geborgen.

Bringen Sie nun die Aufmerksamkeit zur Oberseite Ihres Körpers.

Lassen Sie ein Lichtwesen in Ihrer Phantasie entstehen; es mag ein Engel sein, eine Mariengestalt oder ein erleuchtetes Wesen (Bodhisattva), zu dem Sie eine Beziehung aufnehmen können. Eine solche Vorstellung kann Ihnen helfen, liebevolle Energie besser zu spüren und anzunehmen. Dieses Lichtwesen ist bei Ihnen und legt seine Hände sanft auf Ihr Gesicht, streicht über Stirn und Wangen und berührt zart Nase, Mund und Kinn. Unter der liebevollen Berührung lösen sich die Spannungen in Ihrem Gesicht und im Inneren des Kopfes.

Nun gleiten die Hände dieses Wesens von Ihrer rechten Schulter den langen rechten Arm entlang bis zur Hand. Und Ihr Lichtwesen streicht alles, was Sie belastet und sich angestaut hat, einfach aus Ihren Fingerspitzen heraus. Dann legen sich die imaginären Hände liebevoll auf Ihre linke Schulter, von wo sie den Arm behutsam entlang fahren bis zur Hand und den Fingern. Alles, was Sie im Kopf und Schulterbereich bedrängt und belastet, streichen die Hände dieses Wesens aus Ihren Fingerspitzen heraus.

Mit voller Zuwendung legt Ihr Lichtwesen seine Hände auf Ihre obere Brust und berührt sanft Ihren ganzen Brustraum bis zum Magen und Oberbauch. Gelöst von allem Druck breitet sich Ihr Brustkorb frei aus. Und weiter gehen die Hände über den ganzen Bauch zu den Leisten und zum Schambein. Magen, Gedärme und alle Organe im Unterleib empfangen die wohltuende Energie der Zuwendung.

Nun gelangen die Hände zum Beckenboden und schenken den Geschlechtsorganen dieselbe Sanftheit und Beachtung wie allen anderen Körperteilen.

Beide Hände dieses Wesens umfassen darauf die rechte Hüfte und streichen über das ganze rechte Bein abwärts zum Fuß. Mit einer Bewegung über die Fußspitze werden alle blockierenden Energien vom unteren Körperbereich über die Zehenspitzen ausgeleitet. Dann wenden sich die Hände der linken Hüfte zu, umfassen sie und gleiten freundlich zugewendet am linken Bein entlang zum Fuß und den Zehen. Auch hier lassen die Hände mit einer Geste alles Bedrückende aus den Fußspitzen abfließen.

Ihr ganzer Körper liegt völlig frei und gelöst da mit dem Vertrauen zur Erde unter Ihnen und der liebevollen Zuwendung über Ihnen. Geben Sie sich diesen Gefühlen ganz hin.

Die Wohltat der unermesslichen Güte Ihres Lichtwesens lässt Ihr Herz weit werden, und es kommt der Wunsch auf, dass alle Wesen diese Geborgenheit und Herzensgüte erfahren mögen.

Beschließen Sie nun diese Meditation mit dem innerlichen Wunsch:

Mögen Ich und alle Wesen glücklich sein!

Anschließend kommen Sie entweder langsam hoch (Vorsicht auf den Kreislauf!) oder gehen in den Nachtschlaf über.

Lied: Maha Mangalam (Großer Segen)

Was ist Realität?

Der Buddha hat sich schon vor etwa 2500 Jahren aus seiner geschützten und behüteten Umgebung aufgemacht, um Antworten auf die Fragen des Lebens zu finden. Er wurde genauso ein Suchender, wie Sie es heute sind. Er fand keine wirkliche Befriedigung in seinem Leben, so angenehm und luxuriös es auch war. Er ahnte, dass es etwas darüber Hinausgehendes geben könnte.

Seine Suche auf verschiedenen Wegen führte ihn schließlich zu den Vier Edlen Wahrheiten.

Sind Sie bereit, so wie die junge Frau in der folgenden Geschichte, der oftmals unangenehmen Realität ins Auge zu sehen?

Ich habe die Wahl

Ferienseminare sind dafür da, um morgens und abends Yoga und Meditation zu üben, aber auch um miteinander die freie Zeit zu gestalten. Es kommen Leute mit ähnlichen Interessen zusammen, die sich aber nicht kennen. Als ich eine besonders hübsche Frau begrüße, bemerke ich erschrocken, dass ihre Hände an den Oberarmen ansetzten.

Sie war "Contergan geschädigt". Die aufgeschlossene fröhliche Frau erzählte uns, die wir über so viel Lebensfreude staunten, wieviel Kummer sie besonders als Kind und in der Schule erleiden musste, weil sie viele Spiele und das übliche Händegeben nicht mitmachen konnte.

Nach ihrem erfolgreich absolvierten Studium hat sie geheiratet und drei gesunde Buben zur Welt gebracht und aufgezogen.

Natürlich hat sie mit ihrem schweren Schicksal gehadert - aber als Erwachsene hat sie eines Tages deutlich erkannt und es formuliert:

"Ich habe die Wahl!" Ich kann mich weiter beklagen und mich als Opfer fühlen, oder ich kann das Leben so annehmen wie es ist und was daraus machen!"

Für das Zweitere hat sie sich entschieden. Ihre Einsicht und ihre tatkräftige Frische hat uns alle beeindruckt.

Ich weiß nicht, wo Du bist - aber mein Dank möge Dich erreichen!

Der suchende Prinz Siddharta

Siddharta Gautama wurde etwa 563 v.Chr. außerhalb des Ortes Lumpini im Norden Indiens nicht weit des Himalayagebirges geboren. Seine Mutter, Maya war die Frau von König Shuddhodhana aus dem Adelsgeschlecht der Shakya. Mit 40 Jahren gebar sie ihren ersten Sohn auf dem Weg von Sarvati in ihre Heimatstadt bei dem Dorf Lumpini unter freiem Himmel. Sie starb sieben Tage nach der Geburt, und das Baby, das den Namen Siddharta (in Pali: der das Ziel erreicht hat) erhielt, wurde von ihrer Schwester, der zweiten Frau des Königs, Pajapati aufgezogen.

Man prophezeite dem König, dass sein Kind entweder ein großer Weltenherrscher oder ein großer Heiliger werden würde. Da dem Vater an einem fähigen Nachfolger als Herrscher für sein Fürstentum gelegen war, ließ er den Jungen wie einen Fürsten erziehen. Siddharta war intellektuell gebildet und wusste in allen Fächern der Staatskunst Bescheid. Ihm wurden alle Wünsche erfüllt und alles potenziell Unangenehme wurde von ihm ferngehalten, so dass er in Luxus mit allen erdenklichen weltlichen Vergnügungen aufwuchs. Als er 16 Jahren alt war, wurde er mit seiner Kusine, der klugen und schönen Yashodara verheiratet, um ihn noch stärker an das weltliche Leben zu binden.

Der Prinz Siddharta hatte alles erdenklich weltliche Glück und fühlte sich trotzdem beengt und unzufrieden. Ihm widerfuhren vor etwa 2500 Jahren die gleichen Erfahrungen, wie auch wir sie heute in unserem Leben machen. Bei jedem Glück bleibt ein schaler Nachgeschmack und die Frage, ob das, was man bisher erreicht hat, alles sein kann? Aus diesem Gedankengang heraus unternahm der Prinz mehrere Ausfahrten aus der heilen, perfekten und behüteten Scheinwelt des Palastes, die sein Vater für ihn arrangiert hatte.

Er sah zum ersten Mal in seinem Leben alte, gebrechliche Menschen, Kranke und Tote. Die Erkenntnis vom leidvollen Dasein aller Menschen deprimierte ihn zutiefst. Es war unfassbar für ihn, dass auch er der Krankheit und dem Tod unterworfen wäre. Er suchte nach einem Ausweg. Auf seiner letzten Ausfahrt aus dem Palast sah er einen weisen Mönch. Dessen friedliche Ausstrahlung beeindruckte ihn so sehr, dass er beschloss, sich selbst auf den Weg zu machen. Mit 29 Jahren verließ er den Palast, seine Frau und seinen Sohn Rahula, um yogischer Asket zu werden, was zu seiner Zeit nicht ungewöhnlich war. Bei großen Yogis (Alamo Kalamo, Udakko Ramputto) suchte er die Wahrheit über das Leid und dessen Aufhebung, indem er die meditativen Versenkungsstufen erlernte. Schon bald hatte er diese Yogis in ihrem Können übertrumpft, und sie boten ihm sogar die gemeinsame Leitung ihrer Schulen an. Die Erfahrung friedvoller und glückseliger Zustände in der Meditation konnten ihm seine entscheidende Frage aber noch nicht beantworten. Er erlebte, wie auch sie entstanden und wieder vergingen. Doch was er suchte, war die endgültige Befreiung vom Leiden!

Im nächsten Schritt versuchte er es mit strengster Askese, um seine Triebe, das Wollen und Festhalten am Leben, auf diese rigorose Art zu überwinden. Er hungerte sich fast zu Tode, aber auch dies brachte ihn nicht weiter. So erkannte er, dass der Weg zur Befreiung kein Weg der Extreme sein kann, und nannte seine Lehre später den mittleren Weg (in Pali: *majjhima patipada*). Er nahm daher wieder Nahrung zu sich und suchte als Bettelmönch einen eigenen Weg zur Befreiung von allem Leidvollen.

Im Alter von 35 Jahren meditierte Siddharta in einer Vollmondnacht unter einer Pappelfeige (dem Bodhibaum) und erlangte die Erleuchtung, also die klare Sicht auf die Wahrheit aller Dinge. Das Mittel dieser Meditation war die Achtsamkeit, eine Wachheit des Geistes in der Meditation und außerhalb. Er war offen für die Dinge, offen für Einsicht und Erkenntnis. Gier, Hass und Verblendung waren vollständig von ihm abgefallen. Er war der Buddha, der Erwachte geworden.

Er konnte im meditativen Zustand in unendlich viele seiner früheren Leben schauen und fand schließlich eine Kausalkette, welche die Bedingungen von Leiden immer wieder neu hervorbringt (in Pali: *paticca samuppada*). Und vor allem erkannte er, wie man aus dieser leidvollen Bedingungskette aussteigt und glücklich und zufrieden werden kann.

Nach der Erleuchtung blieb der Buddha über einige Zeit in voller Glückseligkeit unter dem Bodhibaum. Zunächst glaubte er nicht, dass andere Menschen seine Erkenntnisse verstehen könnten, und hatte nicht vor zu lehren. Der Legende nach wurde er aber von einer hohen Gottheit (Brahma Sahampati) umgestimmt. Diese überzeugte den Buddha, dass es unter den Menschen viele gäbe, die nur wenig Staub auf den Augen hätten und seiner Lehre zur Befreiung vom Leid folgen könnten.

Der Buddha dachte zuerst an seine ersten beiden Lehrer, die aber schon gestorben waren. Unterwegs traf er seine fünf Mit-Asketen, die ihn eigentlich verurteilten, weil er die Askese aufgegeben hatte. Doch da seine Ausstrahlung so klar und stark war, konnten sie sich nicht entziehen und baten ihn darum, seine Erfahrung mit ihnen zu teilen. So hielt er seine erste Lehrrede und legte den fünf Asketen die vier edlen Wahrheiten dar.

Damit war das Rad der Lehre so schwungvoll in Gang gesetzt, dass es sich auch heute noch zum Vorteil aller Wesen dreht.

Drehung des Rads der Lehre (Dhammacakkappavattana-Sutta)

In den Vier edlen Wahrheiten geht der Buddha wie ein guter, gründlicher Arzt vor: Als erstes stellt er die Diagnose. An welcher Krankheit leiden wir? Er untersucht alle Auswirkungen des Leidens und die damit verbundenen Schwierigkeiten. Er bleibt nicht bei den Symptomen stehen, sondern geht bis zu den Wurzeln der Krankheit. In seiner Prognose verspricht er, dass die Krankheit heilbar ist, da ihre Ursache beseitigt werden kann. Und als letztes gibt er die Therapie an, mit dem Edlen Achtfachen Pfad, der uns Heilung bringt.

Die Krankheit steht hier für den menschlichen Geist und seine Schwierigkeiten. Die erste edle Wahrheit, die Wahrheit vom Leiden, beschreibt, was für uns leidvoll ist: Einsamkeit, Unsicherheit, Sinn- und Wertlosigkeit sind heute für uns die größten Herausforderungen.

Die zweite edle Wahrheit, die Wurzeln des Leides sieht der Buddha in Habenwollen, Ablehnen, Überheblichkeit und Arroganz, und nicht zu wissen, was einen wirklich glücklich macht.

Gibt es hier einen Ausweg? Der Buddha sagt in der dritten edlen Wahrheit, dass wir diese grundlegenden Schwierigkeiten, die klassisch als Gier, Hass und Wahn bezeichnet werden, überwinden können.

Die vierte edle Wahrheit gibt uns ganz konkrete Schritte an, wie man ein glücklicher freier Mensch werden kann. Das ist der edle achtfache Pfad.

Wenn im folgenden Text die Begriffe Gier, Hass und Verblendung genannt werden, klingt das für heutige LeserInnen sicher antiquiert. Sie sind in buddhistischen Texten mit einer bestimmten Bedeutung gefüllt. So

bedeutet Gier nicht einfach, dass ich immer das größte Kuchenstück will, oder dass der Top-Manager eine noch höhere Abfindung einkassiert. Gier bezieht sich auf den Antrieb in uns, immer etwas zu wollen, und nicht zufrieden zu sein mit dem, was ist. Gier ist in dem Sinn nicht unmoralisch, sondern wir leiden darunter. Steven LEVINE sagt dazu. „Wir werden nicht **für** unsere Gier bestraft, sondern **von** unserer Gier."

Genauso mit dem Begriff Hass: Wenn ich zum Beispiel in der unaufgeräumten Küche stehe, würde ich nicht sagen, „Ich hasse meine Unordnung." Aber das Gefühl der Ablehnung, an allen Situationen etwas zu finden, was man nicht mag, regt uns auf und nimmt uns stückchenweise unsere Kraft und Zuversicht.

Verblendung oder Unwissenheit heißt nicht, dass wir dumm wären oder Dinge intellektuell nicht erfassen könnten, sondern dass wir uns oft etwas vormachen, ohne es zu merken, oft aus vorprogrammierten Mustern heraus. Ich habe vielleicht den Anspruch, alles hundertprozentig zu machen, und meine, wenn ich das schaffe, bin ich glücklich. Aber genau das führt mir immer wieder die Unvollkommenheit vor Augen, die ich nicht sehen und annehmen möchte.

Dhammapada 354

Alle Gaben übertrifft die Wahrheitsgabe,
die Genüsse alle übertrifft der Genuss der Wahrheit,
alle Freuden überwältigt die Freude an der Wahrheit,
die Gierversiegung überwältigt alles Leid.

Sutta Nipata – Rafft euch auf!

Das Sutta Nipata stellt eine Sammlung frühbuddhistischer Lehrdichtungen dar und gehört zur Sammlung der kurzen Lehrtexte (*Khuddaka Nikaya*). Das in dieser Sammlung enthaltene Lehrgedicht *Rafft euch auf!* legt eindringlich dar, wie bedeutend es ist, sich dem geistigen Streben zu widmen.

Rafft euch auf! Setzt euch nieder zum Werk!
Welch Heil kann euch durch Träumen kommen?
Wie kann es für Sieche,
die pfeilgetroffen Qual erdulden, Schlaf geben?

Rafft euch auf! Setzt euch nieder zum Werk!
Und strebt kraftvoll nach dem inneren Frieden!
Lasst nicht, wenn er als Nachlässige euch weiß,
den Todesfürsten euch betören und meistern!

Wonach verlangend Götter und Menschen gefangen bleiben,
Begehren hiernach überwindet!
Versäumt nicht den rechten Augenblick!
Jene, die diesen Augenblick versäumt,
klagen, wenn sie der Hölle verfallen!

Lässigkeit ist Schmutz und Schmutz auch,
was aus Lässigkeit erwächst!
Durch wache Achtsamkeit und Wissen
entferne man den Pfeil im eigenen Herzen!

Einsichtsübung: Wirklichkeit

Wann bin ich nicht mehr jung?
Als ich etwa 45 Jahre alt war, mich immer noch sehr frisch und beweglich fühlte, hielt mir eine wenig jüngere Frau die Tür auf, wie man das für Ältere gern tut. Ich war bestürzt. Bin ich wirklich schon so alt? Gehöre ich nicht mehr zu den Jungen? Ich konnte mir einen gewissen Ärger auf diese zu eifrige Person kaum verkneifen. Nicht wahrhaben wollen, ist wohl auch ein Versuch, der Realität zu entkommen...

In dieser meditativen Betrachtung wollen wir der Realität auf die Schliche kommen. Suchen Sie sich einen ruhigen und angenehmen Platz für die nun folgende meditative Betrachtung. Sitzen Sie dabei aufrecht, schließen Sie die Augen und atmen Sie für einige Augenblicke ruhig aus und ein.

Was hält mich davon ab, der Realität ins Auge zu sehen?

Ist es die Angst, dass diese Realität nicht sehr angenehm sein könnte? Befürchte ich, mit vielen Dingen im Irrtum zu sein, alte Positionen aufgeben zu müssen?

Werden dadurch eventuell meine bisherigen Werte und Positionen in Frage gestellt, habe ich die Sorge, mich ändern zu müssen?

Ahne ich bereits, dass die Realität anders sein könnte, als ich sie wahrnehme? Versuche ich, meine Träume und Vorurteile zu behalten?

Will ich mein Ich-Bild schützen?

Warum suche ich nach der Wahrheit?

Kann mir das Routineleben mit all seinen Bequemlichkeiten richtige Befriedigung geben? Sehne ich mich nach etwas, was mich geistig und seelisch anspricht und mir einen sinnvollen Lebensweg aufzeigt? Fehlt mir etwas Wesentliches im Leben?

Vielleicht finde ich das in der Lehre des Buddha?

Kann ich mit der ersten edlen Wahrheit etwas anfangen, die nur vom Leiden spricht?

Alt und gebrechlich zu werden, Krankheit und Tod empfindet sicher jeder Mensch als leidhaft. Aber betrifft das auch Verletzung, Schuld, Groll und üble Laune?

Nehme ich all das als schmerzhaft wahr? Sehe ich die vielen anderen Wesen, die alle an äußeren oder inneren Schwierigkeiten leiden?

Wiegen nicht die Freuden und glücklichen Momente das Leid auf? Beim genauen Hinsehen kann ich erkennen, dass ich beispielsweise eine glückliche Beziehung unbedingt behalten möchte und Angst vor einem möglichen Verlust habe.

Wie bewältige ich das, was ich als grundsätzlich leidhaft ansehe?

Was habe ich schon alles versucht, um mir das Leben zu erleichtern?

Wie viel Energie, Fähigkeiten und Zeit habe ich für kurze Zeiten des Glückes eingesetzt? Bin ich damit dauerhaft zufrieden? Oder will ich endlich etwas Grundlegendes verändern?

Betrifft mich die Aussage, dass Leid aus Gier, Hass und Verblendung entsteht?

Möchte ich das bei mir selbst überprüfen oder bei Anderen?

Ist diese Aussage nicht zu negativ gesehen?

Gibt es andere Ursachen meines Leids, die ich nicht auf diese drei Quellen zurückführen kann? Welche?

Gibt mir Buddhas Versprechen, dass das Leid überwunden werden kann, Zuversicht?

Der Erleuchtete spricht darüber, WIE man sich vom Leid befreien kann: durch die Überwindung von Gier, Hass und Verblendung, den üblen Leid-Verursachern.

Was mache ich mit dieser Herausforderung - nehme ich sie an - oder lehne ich sie ab?

Ist mir bewusst, dass niemand diese Entwicklungsarbeit für mich übernehmen kann?

Die Befreiungsmethode ist der edle achtfache Pfad.

Er ist ein Plan mit acht Schritten, auf dem alle Lebensbereiche abgedeckt werden. Das bedeutet nicht, dass ein Schritt nach dem anderen gegangen werden muss.

Die Arbeit, auf diesem Pfad vorwärts zu kommen, könnte man mit dem Graben eines Tunnels durch einen Berg vergleichen. Stück für Stück gräbt man sich weiter und weiter und schafft sich Freiraum im gewonnenen Gangabschnitt. Am Ende kommt man aus dem Berg heraus in das Licht und in Freiheit.

Warum tue ich mir das an?

Vielleicht weil ich keine bessere Alternative kenne!

Ist es der Einsatz für mich wert, den Empfehlungen in den acht Schritten zu folgen?

Abschließend lassen Sie alles Denken wieder los und verbleiben Sie noch ein wenig in stiller Meditation, bevor Sie in die Aktivität zurückkehren. Es ist günstig, sich danach die gewonnenen Erkenntnisse oder Erfahrungen zu notieren.

Achtsamkeitsübung: Atembetrachtung

Eine bedeutende Grundlage der Ruhemeditation (Pali: *samadhi*) ist die sogenannte Achtsamkeitsmeditation. Diese Übung soll zu Ruhe und Entspannung führen. Es gilt, vom aktiven Tun im Alltag umzuschalten auf Nicht-Tun und Stille. Das hört sich zwar sehr leicht an, ist aber in der Praxis nicht einfach zu verwirklichen und verlangt viel Motivation und Ausdauer.

Das Prinzip der Achtsamkeitsmeditation liegt darin, die normalerweise schnell umher springenden Gedanken auf ein konkretes Objekt zu lenken. Wenn sich die Gedanken bei einem Meditationsobjekt sammeln, können sie nicht irgendwo anders sein. Andere Denkmöglichkeiten sind ausgeschaltet. Besonders günstig ist ein körperliches Meditationsobjekt, zum Beispiel der Atem. Er ist immer vorhanden, etwas von uns selbst, und hat nicht nur mit Denken (Intellekt) sondern auch mit Empfinden (Gefühl) zu tun.

Eine häufig gelehrte und geübte Methode der Ruhemeditation in der Theravada–Tradition ist die Atembetrachtung. Das Ein- und Ausatmen ist durch den ständigen Wechsel einerseits etwas Lebendiges, andererseits beruhigt es uns durch den Rhythmus und das intensive Beobachten.

Versuchen Sie es gleich einmal!

Diese Meditation kann man kurz oder länger üben. Man kann mit zehn Minuten anfangen und die Übung dann auf 45 Minuten oder mehr erweitern.

Die Praxis der Atem–Achtsamkeitsmeditation

Setzen Sie sich aufrecht auf ein Sitzkissen - oder auf einen Stuhl, dann sind die Beine parallel und die Fußsohlen auf dem Boden. Richten Sie sich gut auf, breiten Sie Ihre Schultern zur Seite hin aus und lehnen Sie sich möglichst nicht an. Ihre Hände legen Sie in Form einer Schale auf den Schoß oder einzeln auf den Oberschenkeln ab. Sie können bei dieser Meditation Ihre Augen schließen oder den Blick vor sich auf einen Punkt richten.

Wenn Sie ein Sitzkissen oder ein Meditationsbänkchen verwenden, setzen Sie sich im Fersensitz oder im Schneidersitz bzw. Lotussitz so darauf, dass Ihr Rücken aufgerichtet und gut gestützt wird. Versuchen Sie, es sich in einer aufrechten und wachen Haltung einzurichten. Eine weiche Unterlage verhindert das Einschlafen der Füße.

- **Fünf kontrollierte ruhige Atemzüge:**
  Wenn Sie in dieser Meditationstechnik noch nicht geübt sind, ist dieser erste Schritt hilfreich, um gut in die Meditation einzusteigen.

Atmen Sie dazu fünf Mal möglichst langsam und tief ein und aus. Wiederholen Sie diese bewussten und ruhigen Atemzüge noch zwei weitere Male.

- **Den Atem ohne Führung beobachten:**
  Nun nehmen Sie Ihre Kontrolle zurück und regulieren Ihren Atem nicht mehr. Lassen Sie ihn so kommen und gehen, wie Ihr Körper es von sich aus macht. Versuchen Sie den Atem zu beobachten, ohne ihn bewusst zu verändern oder steuern zu wollen. Beim Einatmen denken Sie „Ein" und beim Ausatmen „Aus". In dieser Meditation gibt es keinen „guten" oder „schlechten" Atem, Ihre Aufgabe ist lediglich, zu beobachten, was der Atem macht.

- **Den Atem spüren:**
  Schauen Sie nun genau hin, wo Sie den Atem am besten spüren! Ist es der Luftzug, der beim Einatmen kühl durch Ihre Nase streicht und beim Ausatmen warm die Nasenlöcher und die Oberlippe berührt?
  Wenn Sie die Atembewegung besser an Bauch und Brust fühlen, die sich beim Einatmen weiten und bei der Ausatmung wieder zurücksinken, dann nehmen Sie diesen Körperbereich für Ihre Atembetrachtung, und sagen Sie innerlich dazu *heben* und *sinken*.
  Als optisch orientierter Typ können Sie sich auch eine Wolke aus Licht vorstellen, die Sie einatmen und ausatmen.
  Bleiben Sie, so gut es geht, für drei Atemzüge dabei. Machen Sie dann eine kleine Pause und fangen Sie wieder neu an.

- **Wacher Beobachter**
  Wenn Sie diese Meditation ausprobieren, werden Sie schnell feststellen, dass Ihr Geist immer wieder abschweift. Passen Sie auf, wie ein Kind bei einem Spiel! Gerade eben haben Sie noch *heben* und *sinken* gesagt, sind aber plötzlich beim Einkaufszettel von morgen gelandet – großartig, wenn Sie das bemerken! Das geht allen so. Entspannen Sie Ihr Gesicht einen Moment, lassen es lang und weit werden und gehen dann wieder zur Übung der Achtsamkeit zurück.
  Falls zu viele Gedanken in Ihrem Kopf herumschwirren, und Sie verzweifelt nach einem Stopp suchen, dann ist es möglicherweise sogar besser, Sie lassen sich diesen Wirrwarr erst einmal austoben und schauen diesem Treiben zu, wie Eltern ihren wild spielenden Kindern zuschauen[10].

---

[10] Techniken, wie Sie mit störenden und ablenkenden Gedanken umgehen können, sind in den folgenden Kapiteln dieses Buches zu finden.

- **Was macht der Atem:**

Wenn Sie nun die Beobachtung Ihres Atems erfolgreich ausprobiert haben, bleiben Sie dabei! Ein weiteres interessantes Hilfsobjekt ist das Zählen. Zählen Sie die Atemzüge, und sagen Sie innerlich „eins" beim Einatmen und „eins" beim Ausatmen. Wenn Ihre Gedanken abschweifen, gehen Sie mit dem Zählen wieder an den Anfang zurück. Es wird empfohlen, bis zehn zu zählen und dann wieder mit „eins" zu beginnen. Wenn wenige Gedanken dazwischen kommen, klopfen Sie sich nach der Meditation geistig auf die Schulter: Sie haben es gut gemacht!

Wie gehe ich damit um, wenn die Gedanken abschweifen? Bin ich ärgerlich oder kritisiere ich mich? Oder kann ich einfach meinem Geist freundlich zureden, zum Atem zurückzugehen?

Im Kloster in Sri Lanka hat mir folgendes Bild geholfen, das mir ein sehr liebenswerter Mönch gab: „Schau deine Gedanken an wie junge Hunde, „puppies". Sie springen lebhaft herum. Wenn du zu streng mit ihnen umgehst, sind sie bockig und tun gar nicht, was du willst. Wenn du aber zu nachlässig bist, laufen sie herum, und du findest sie kaum wieder. Du musst sie freundlich, aber bestimmt zu dir heranholen."

Sehen Sie es als gute Achtsamkeit an, wenn Sie die Ablenkungen bemerken. Bei unseren täglichen Aufgaben bekommen wir Abschweifungen kaum mit. Sie in der Meditation zu entdecken, ist überraschend. Aber die Entwicklung der Achtsamkeit hilft uns dann auch im Alltag.

Am Ende der Meditation blicken Sie kurz zurück, was Sie bemerkt und erlebt haben, und nehmen ein wenig von der gewonnenen Ruhe in den Alltag mit.

Metta: Vertrauen

Die schwarze Spinne

Das Meditation Center Kanduboda liegt schön in einem Palmenhain. Die Einrichtung war zweckmäßig einfach, als ich 1984 dort Aufnahme fand. Der einzige Luxus bestand in einem Bett mit einem Moskitonetz, sonst passte nur noch eine kurze Sitzmatte in die Zelle. Wir "westerners" saßen meistens vor unseren Zellen im langen Gang, oder beim Gruppensitzen mit den Singhalesinnen zusammen in der Halle. Für uns gab es eine Betreuerin, Sama, die englisch sprach.

Als ich nach einer Gruppenmeditation in meine Zelle zurückkehrte, saß da eine große schwarze Spinne an der Wand. Voller Angst suchte ich Sama auf und bat sie um einen Besen. Auf meine Erklärung wofür: "there is a big black spider in my room", schaut mich Sama lächelnd an und sagt: "give her loving kindness!"

Das reichte mir dann doch nicht und ich drängte Sama, bis sie bereit war, mit mir die Spinne aus dem Luftschacht herauszutreiben. Zum Schlafen sorgte ich dafür, dass das Moskitonetz dicht um die Kokoshaarmatratze herumspannte und so die Spinne sicher ausschloss.

Ich schlief gut bis zur Morgenglocke um 3 Uhr.

Später, als es hell wurde und ich das Bett herrichtete, kam aus dem Betttuch die schwarze Spinne hervor.

Staunen und Lachen!

Als meine amerikanische Nachbarin am nächsten Tag mir trotz Schweigen leise zuflüsterte: "there is a big black spider in my room", gab ich ihr den Rat: "give her loving kindness". So wanderte die Spinne von einem Raum zum anderen und wir nannten sie schließlich Elisabeth. Heimlich hieß es dann: "where is Elisabeth today?"

Selbst zum Abschied saß Elisabeth liebevoll anhänglich auf dem Koffer.

Was Metta an- und ausrichten kann!

Lassen Sie diese Geschichte ein wenig auf sich wirken und richten Sie sich in Ihrer bevorzugten Meditationshaltung so ein, dass Sie sagen können: So sitze ich gut! Einige Minuten lang achten Sie nun geduldig auf Ihr Ein- und Ausatmen, bis Ihr Geist ruhig und gefasst ist.

Werden Sie sich bewusst, dass Vertrauen eine große und mächtige Kraft darstellt. Ein blindes Vertrauen kann schnell in Enttäuschung umschlagen;

ein weises Vertrauen dagegen, bei dem das Objekt des Vertrauens geprüft und als wertvoll erkannt wird, ist eine heilsame und gesunde Stütze.

Der Erwachte legt größten Wert auf das Erkennen und fordert uns auf, seiner Lehre nicht blind zu glauben, sondern selbst zu prüfen. Ist sie verständlich? Können wir sie für unser Leben einsetzen? Und daraus schöpfen wir dann Vertrauen in die Lehre und in uns selbst.[11]

Wenn wir anfangen, achtsamer zu werden und uns selbst und das Leben um uns herum weniger voreingenommen betrachten, machen wir uns weniger vor und sehen das Leben mehr, wie es wirklich ist – und das ist nicht immer nur angenehm. Wir merken alles stärker, Angenehmes und Unangenehmes, und es sollte uns nicht davon abhalten, genau hinzuschauen.

Vertrauen Sie der tragenden Kraft Ihrer eigenen Erfahrung!

Es ist wie das Schwimmen in tiefem Wasser. Wenn wir uns mit den Schwimmbewegungen in seichtem Wasser vertraut gemacht haben, verlieren wir die Angst vor dem Untergehen - und spüren, dass das Wasser uns trägt und uns sogar vorwärts kommen lässt.

Öffnen Sie sich für die Möglichkeiten, die Ihnen der Buddha anbietet, als Verwirklicher wahrer Liebe, Weisheit und Herzensreinheit!

Der Erleuchtete zeigt auf, dass ausnahmslos jedem Menschen die Befreiung vom Leid möglich ist. In uns selbst, sagt er, liegt das Potenzial zur Befreiung von Bedrückung, Angst, Ärger und Unzufriedenheit - das Potenzial für die Erleuchtung.

Nehmen Sie dankbar Ihre wertvolle innere Fähigkeit zur Leidbefreiung wahr! Die wahre Natur des Geistes in Ihnen ist bereit, sich zu entfalten - geben Sie Ihrer Buddhanatur Entfaltungsraum!

Lassen Sie sich in das tiefe Vertrauen zu sich selbst ein und Sie spüren voll Dankbarkeit Ihren Selbstwert!

---

[11]   So wie in der in der Einleitung dieses Buches angeführten Kalamasutta beschrieben.

Je weiter Sie im Üben und Erkennen fortschreiten, umso sicherer wird Ihr Vertrauen zu diesem edlen Lebensweg. Sich auf etwas verlassen zu können, ist ein großer Wert und tut dem Geist und dem Herzen gut.

Menschen, die wie Sie auch einen heilsamen Weg beschreiten, helfen Ihnen, in rechter Weise beharrlich weiter zu gehen. Vertrauen Sie den Weggefährten mit dem Wissen, dass auch diese wie Sie selbst unvollkommen sind. Vertrauen gibt der Gemeinschaft den nötigen Halt. Lassen Sie sich von Vertrauen ganz durchdringen und spüren Sie die wunderbare reinigende Kraft.

> **Mögen alle Wesen Vertrauen zu einem heilsamen Weg,**
> **zu sich selbst, und zu den anderen fühlenden Wesen haben!**
>
> **Mögen wir und alle Wesen glücklich sein!**

Lied: Hier und Jetzt

Veränderung – Welche Wege gehen?

Alle bisherigen Überlegungen münden schließlich in den Wunsch nach einer Veränderung. Wir beginnen einen anderen Lebensweg zu suchen und diesen auch zu gehen.

Aber welchen Weg soll man einschlagen?
Was kann ich mir als Ergebnis erwarten?
Darf ich mir überhaupt etwas erwarten, oder sollte ich besser ohne konkrete Vorstellungen an den Pfad des Buddha herangehen?

Sri Lanka, "Do not expect anything"

Als ich wegen einer Ehekrise nach Sri Lanka flüchtete, fand ich nach längerem Suchen ein Kloster, wo ich bleiben konnte. Ich war glücklich, bis ich in meiner 2x2m großen grauen Zelle ohne Fenster an der Wand einen Zettel angeklebt fand, auf dem die Worte wie eine letzte Botschaft gekritzelt waren: "do not expect anything".
Das fehlt mir gerade noch, dachte ich erschrocken mit dem Blick auf den Luftschacht, aus dem zwei dicke Seile hingen.
Es brauchte einige Zeit bis mir die Worte zu einem guten Leitsatz wurden, und sich die Seile als Yogahilfen der Vorgängerin herausstellten.

Der Suche nach einem geeigneten Weg wollen wir uns nun in diesem Kapitel widmen.

Drei Pfade und doch ein Weg

Wir sind alle, ob wir es wollen oder nicht, auf einem Weg - unserem Lebensweg. Diesen Weg gehen wir ständig, egal ob wir uns dessen bewusst sind oder nicht. In jedem Moment unseres Lebens bewegen wir uns kraft unserer Gedanken, Worte und Handlungen. Es ist so gesehen gar nicht möglich, **keinen Weg** zu gehen.

Was ist der Unterschied zwischen einem spirituellen und einem weltlichen Weg?

Der weltliche Weg befasst sich mit materiellen Umständen und Wünschen. Wie der Mann in der Werbung, der dem anderen stolz die Fotos zeigt: „*Das ist mein Haus – meine Yacht – mein Pferd – meine Frau – mein Auto…*". Schöne und wertvolle Dinge, die aber als äußere Schale eine innere Leere zurücklassen.

Der spirituelle Weg führt zu unseren inneren Werten und gibt ihnen Kraft. Liebe, Vertrauen, inneres Wissen. Daraus entwickeln sich Mitgefühl, Ruhe und Sicherheit, Selbstwert und wahres Glück.

Wir fragen in diesem Kapitel, wie wir ein weltliches, ganz gewöhnliches Leben führen und gleichzeitig spirituelle Werte verwirklichen können. Wir können nicht alle ins Kloster gehen, aber der edle achtfache Pfad steht allen offen, und durch ihn können wir unser Leben von innen heraus verwandeln.

Bei einer näheren Beschäftigung mit dem edlen achtfachen Pfad des Buddha zeigt sich, dass es ein universeller Weg ist, der sich an die konkrete Lebenssituation aller Geschöpfe aller Zeiten wendet. Dieser Weg war nicht nur für die Menschen Indiens vor 2500 Jahren gut geeignet, sondern ist auch noch heute in der modernen Welt des Westens aktuell und zutreffend.

- **Der buddhistische Pfad für Laien (weltlicher Pfad):**
  Zu Zeiten des Buddha kamen viele Menschen zu ihm, um sich als Mönche oder Nonnen ganz dem spirituellen Weg hingeben zu können. Wer aber arbeiten und eine Familie ernähren musste, hatte nicht die Möglichkeit für eine weitere Schulung. Ihnen hat der Buddha ans Herz gelegt, die ethischen Regeln (die fünf Silas) einzuhalten und sich in Freigiebigkeit zu üben und damit das Loslassen zu praktizieren. Damit schafften sich die Laien ein gutes momentanes Dasein und gutes Karma.

- **Der buddhistische Pfad für Mönche und Nonnen (monastischer Pfad):** Dieser Pfad war für Personen, die sich aus dem weltlichen Leben zurückziehen wollten. Sie befassten sich mit den Lehren des Buddha und verbreiteten seine Lehre. Dafür wurden und werden sie auch heute noch von den Laien mit Essen und allem Lebensnotwendigen versorgt. Dieser Pfad besteht aus den Bereichen Ethik (*sila*), Meditation (*samadhi*) und Weisheit (*panna*). Das Ziel ist, Nirvana zu erreichen, die geistige Befreiung von aller Abhängigkeit. Ob ein Mönch oder eine Nonne das umsetzt, entspricht ihrem eigenen spirituellen Fortschritt.

- **Westlicher Pfad:** Mit der Verbreitung des Buddhismus im Westen, wo die Übenden über andere Rahmenbedingungen verfügen, entsteht ein ganz neuer Weg, der die monastische und die Laienübung verbindet. Dieser Pfad kombiniert Freigiebigkeit und Ethik des weltlichen Weges mit der Schulung in Meditation und Weisheit des monastischen Weges. Viele wollen einen vertieft spirituellen Weg gehen, ohne aber in ein Kloster einzutreten. Der

Übungspfad für diese Menschen hat seine eigenen Herausforderungen, da die spirituellen Werte mitten ins Alltagsleben hineingetragen werden.

Alle diese Wege haben eins gemeinsam: Sie sind zwar in Büchern aufgeschrieben und werden schon lange gelehrt, aber sie müssen tatsächlich gegangen werden, um wirksam zu sein. Tsültrim ALLIONE bringt das Beispiel, dass jemand viele Kochbücher hat und gerne darin liest, aber wenn man nie etwas kocht, wird man nicht wissen, wie es schmeckt, und wird auch nicht satt. Der Buddha hat uns in allen Beschreibungen des Weges lediglich eine Landkarte zur Orientierung gegeben, damit wir uns nicht verlaufen, aber gehen muss jeder und jede diesen Weg selbst.

Es ist also spätestens jetzt an der Zeit, nicht nur zu lesen, sondern auch zu üben.

Wege entstehen dadurch, dass sie gegangen werden!

Einsichtsübung: Lebenswege

Für diese meditative Betrachtung suchen Sie sich bitte wieder einen ruhigen, angenehmen und ungestörten Platz und kommen Sie im Hier und Jetzt an. Und nun betrachten Sie das Thema der **Lebenswege**.

Welche Wege bin ich bisher gegangen?

Gehen Sie in Ihrer Vorstellung zurück in die Schulzeit, die Zeit der Ausbildung. Lassen Sie die Erinnerung hochkommen, ohne sich aber emotional in der Vergangenheit zu verstricken. Wie ging es Ihnen damals, wie waren Sie unterwegs? Was waren Ihre Ziele im Leben, wie haben Sie sich verhalten?

Wie sieht dieser Weg heute aus, ist er noch aktuell, verfolgen Sie noch die gleichen Ziele, oder haben sich neue Wege gezeigt?

Erinnern Sie sich an eine Situation, wo Ihr geplanter Weg ungewollt zu Ende war? Auch hier holen Sie das Bild der Vergangenheit hoch, ohne sich darin zu verstricken. Was haben Sie in dem Moment gemacht? Wie hat sich das angefühlt? Haben Sie einen anderen Weg für sich gefunden, oder doch eine Möglichkeit, den scheinbar unmöglichen Weg weiterzugehen?

Welche Wege stehen mir im Moment zur Verfügung?

Auf welchem Lebensweg befinde ich mich jetzt gerade? Was ist das Ziel oder die Richtung, wohin bewege ich mich?

Was wäre, wenn mein jetziger Lebensweg sich ändern würde? Welche Alternativen habe ich, doch noch mein Ziel zu erreichen?

Wie würde ich diese Wege bei neutraler Betrachtung bewerten, haben sie Aussicht auf Erfolg, sind sie gangbar, ist eine Richtung heilsamer als die andere?

Brauche ich ein Ziel, oder genügt eine Richtung?

Muss ich ein detailliertes Ziel kennen, um einen Weg gehen zu können? Brauche ich die klare Beschreibung und Vorstellung des zu erreichenden Zieles, um mich dauerhaft weiterzuentwickeln?

Ein buddhistischer Lehrer sagte, das einzige, was man bräuchte, um auf einen Berg zu steigen, wäre ein Gefühl dafür, wo oben ist.

Wie reagiere ich, wenn sich mein gesetztes Ziel verändert oder trotz meines Gehens nicht und nicht näher kommen will – also sich unerreichbar zeigt? Der Buddha sagt dazu, es geht um die weise heilsame Bemühung, in dem Wissen, dass man nicht alles erreichen kann, aber dennoch geht die Entwicklung dadurch weiter.

Was setze ich ein?

Wenn ich den Weg, den ich gehen möchte, genau betrachte – was erfordert er von mir? Was muss ich geben, was muss ich lassen, was ist nötig, um den Weg voll zu gehen?

Was sind meine Prioritäten, und wie zeigen sie sich in meinem Leben? Nehmen wir gleich diesen heutigen Tag. Was habe ich heute bereits für meinen Lebensweg gemacht?

In welcher Weise gehe ich den Weg?

Wenn ich gehe, will ich dann gleich ankommen? Sehe ich die ganze Strecke, oder kann ich den Weg in Schritten gehen?

Welches Muster zeigt sich da in alltäglichen Dingen? Schaue ich hauptsächlich auf das Resultat?

Bin ich von der Menge der Arbeit überfordert? Oder bearbeite ich die Aufgaben eine nach der anderen, und verrichte sie im erforderlichen Moment, ohne gedanklich schon beim nächsten Schritt zu sein?

Wie sicher und vertrauensvoll kann ich meinen gewählten Weg gehen? Brauche ich Kontrollstellen oder Messpunkte, um sicherzustellen, dass ich auf dem richtigen Weg bin? Was sagt mir, wenn ich vom Weg abweiche?

Als Abschluss dieser meditativen Betrachtung laden wir Sie nun ein, sich selbst für Ihre Anstrengung und Konsequenz zu danken. Stehen Sie dann auf und gehen Sie ganz für sich einige Schritte, Ihren Weg. Dann nehmen Sie sich einen Moment, um sich über Ihre Erkenntnisse aus der Übung klar zu werden.

Achtsamkeitsübung: Vier Gebiete der Achtsamkeit

Eine zentrale Lehrrede für die Meditationsübungen ist die Satipatthana Sutta (MN 10), da sie uns die Anweisungen für die Achtsamkeitspraxis gibt. Sie beginnt so:

> *Ihr Bhikkhus, dies ist der einzige Pfad, den jeder selbst gehen muss, der zur Läuterung der Wesen führt, zur Überwindung von Kummer und Klagen, zum Verschwinden von Schmerz und Trauer, zum Erlangen des wahren Weges, zur Verwirklichung von Nibbana – nämlich die vier Grundlagen der Achtsamkeit.*

Das sind die vier großen Gebiete, auf denen man Achtsamkeit üben kann:

- die Achtsamkeit auf den Körper
- die Achtsamkeit auf die Gefühle
- die Achtsamkeit auf den Geist
- die Achtsamkeit auf die Geistobjekte.

Wir gehen an der Stelle auf die Achtsamkeit auf den Körper[12] ein, die der Buddha für besonders wichtig hielt. Er sagte dazu: *Die Achtsamkeit auf den Körper ist ein Heilmittel für alles.* Und zwar auch für den Geist. Wir haben die Tendenz, den Geist vom Körper abzuspalten, und wenn wir zum Beispiel eine Körperübung machen, denken wir, es hätte keine Auswirkung auf den Geist, es ist ja „bloß der Körper". Der Buddha belehrt uns in der angereihten Sammlung (A1, 36) eines Besseren:

> *Es gibt eine Betrachtung, ihr Menschen, durch die, wenn sie entfaltet und häufig geübt wird, der Körper ruhig wird, der Geist ruhig wird, die weises Nachdenken fördert, durch die sämtliche, zur Erkenntnis hinführenden Dinge zur vollen Entfaltung gelangen. Welches ist diese Betrachtung? Es ist die Betrachtung über den Körper.*

Verfeinerte Gehmeditation

Auch die Gehmeditation gehört zu den Körperbetrachtungen. Die Grundform der Gehmeditation haben Sie bereits in einem früheren Kapitel dieses Buches kennen gelernt. Nun möchten wir Ihnen eine erweiterte Variante dieser Meditation vorstellen, die die Gehbewegung als Meditationsobjekt aufgreift, aber einen Schritt weiter geht als die bisher beschriebene Form. Sehen Sie einen Zeitraum von 15 bis 20 Minuten für diese Meditationsform vor.

---

[12] Die weiteren Gebiete der Achtsamkeit folgen im Kapitel über rechte Achtsamkeit.

- **Beginnen Sie die Gehmeditation,** indem Sie eine Strecke von etwa 20 kleinen Schritten festlegen. Das kann man überall machen, in einem Zimmer, auf dem Flur, oder im Freien, auf einer Wiese. Sie stehen da, fassen die Hände vor dem Bauch oder im Rücken und beginnen mit dem rechten Fuß Ihre Schritte. Führen Sie die ersten Schritte wie bisher mit den Phasen *heben – tragen - senken* durch.

- Wenn Sie das eine Weile gemacht haben und in den Rhythmus gekommen sind, verlagern Sie Ihre Achtsamkeit von den einzelnen Phasen zu der **Gesamtheit des Gehens**: Gehen Sie nicht wie gewöhnlich, sondern langsamer. So haben Sie Zeit, zu beobachten, wie ein Schritt auf den anderen folgt. Seien Sie neugierig auf bestimmte Bewegungsmuster: Rolle ich den Fuß ab, oder setze ich den ganzen Fuß auf? Wie verlagere ich mein Gewicht von einem Fuß auf den anderen? Wie drücke ich den Fuß hinten ab? Habe ich einen bestimmten Stil des Gehens, fest oder zögerlich, Sicherheit suchend oder frei beweglich, bewusst elegant oder wie ein Trampeltier? Erkennen Sie bestimmte Muster, die Sie mit Ihrer Art, durchs Leben zu gehen, verbinden können?

- Wenn Sie am Ende der 20 Schritte ankommen, bleiben Sie stehen, und betrachten Sie die Art und Weise und das Gefühl des Stehens. Warten Sie ein wenig ab, wann Sie sich zum Umdrehen und Weitergehen entscheiden. Setzen Sie beim Weitergehen die Betrachtung fort.

- Wenn Sie möchten, können Sie diese Abfolge noch genauer betrachten. Jeder Schritt ist ein **Entstehen** und ein **Vergehen**. Ob Sie nun das Abheben als Entstehen und das Aufsetzen als Vergehen betrachten oder umgekehrt, ist völlig egal. Wichtig ist nur, zu sehen, dass etwas vergehen muss, damit etwas anderes entstehen kann. Aber auch dass das, was entstanden ist, auch wieder vergehen muss. Und all das passiert in einem einzigen Schritt; Schritt für Schritt.

Zum Abschluss dieser Meditation kommen Sie zu einem ruhigen Stand. Erinnern Sie sich an den Beginn der Meditation – da war kein Weg.
Nur durch Ihr Gehen ist dieser Pfad entstanden.
Wie wirkt das auf Sie?

Metta–Übung: die Hand des Buddha

Setzen Sie sich vor der eigentlichen Übung für 10 bis 15 Minuten an einen ruhigen Platz, bis Ihr Geist ruhig und gesetzt wird. Lassen Sie vor Ihrem geistigen Auge eine Buddhastatue entstehen oder betrachten Sie die Statue bzw. das Bild vor sich.

Die meisten Statuen zeigen den Buddha in sitzender Meditation mit den Händen im Schoß. Doch gibt es auch viele Abbildungen, wo er eine segnende oder lehrende Geste macht. Er weist auf die Erde, auf das Ziel, oder er gibt uns seine Lehre mit schenkenden, offenen Händen. Liebevoll und freigiebig hat er alle seine Lehren gegeben, nicht wie in seiner Zeit üblich, nur stückweise. Er gibt sein Wissen und seine Kräfte allen ohne Ausnahme. Wir müssen nur annehmen, was er uns anbietet. Es ist das größte Geschenk für die Menschheit, um Angst, Leid und Gewalt in der Welt zu vermindern und eine vollständige Erlösung erlangen zu können.

Der Buddha ist kein Erlöser, der im Handauflegen oder Berühren den Menschen ohne eigenes Zutun vom Leid befreit. Seine Hand schenkte aber Weisheit, Führung, Herzensgüte sowie Mitgefühl und weist uns den Weg, den wir zur Befreiung vom Leid gehen müssen.

Schließen Sie die Augen und stellen Sie sich vor, dass der Buddha vor Ihnen sitzt. Nun sehen Sie, dass er in seinen Händen ein Geschenk für Sie persönlich hält.
Was ist es? Es könnte etwas aus der Natur oder von den Elementen sein, oder ein Symbol aus Licht. Lassen Sie es von Ihrer Vorstellung gestalten. Nehmen Sie das Geschenk voll Freude an und legen Sie es in Ihr Herz. Dort ist ein guter Platz, wo es ausstrahlen kann, Sie als Ganzes berührt und Ihnen das Gefühl von Liebe und Zuwendung schenkt.

Genießen Sie dieses Gefühl, und bleiben Sie darin, solange Sie mögen.

Wir können uns glücklich schätzen, an der Hand Buddhas noch 2500 Jahre nach seinem Tod kontinuierlich geführt zu werden. In allen Lebenslagen helfen uns seine weisen Richtlinien und zeigen uns, wie wir den Wert und das Ziel unseres Daseins finden können. Unser spiritueller Weg mag manchmal haarscharf an Abgründen vorbei gehen oder sich in Abzweigungen und Wirrnis verlieren - da hilft uns immer wieder das Leitseil seiner Lehre, das er in Händen hält. Es ist ein geistiger Schutz, der uns in der materiellen, problemhaften Welt Geborgenheit gibt.

Im vertrauensvollen Weiterschreiten an seiner schützenden und stützenden Hand wachsen die edlen, heilsamen Kräfte in uns an, die wir zum Segen für uns selbst und die Welt anwenden.

Lassen wir einmal alles los, was wir glauben, tun zu müssen - und werden still und ruhig. Nehmen wir in unserer Vorstellung die dargebotene offene Hand Buddhas vorbehaltlos an und lassen uns führen, ohne dabei den eigenen Willen und die eigene Kraft zu verlieren.
Gehen wir im Geist unseren Weg beharrlich und sicher geleitet an der Hand des großen Lehrers in Dankbarkeit und Liebe weiter.

Wir beenden diese Meditation mit dem Wunsch, dass die geistige Buddha-Hand allen Wesen Vertrauen und Wissen, Willenskraft und Sammlung schenken möge, und diese wunderbaren Fähigkeiten in allen mit Achtsamkeit und Liebe zum Blühen gebracht werden! Mögen sie unerschütterliche Kräfte werden und uns zum erlösenden Heil führen.
Wenn Sie aufstehen, wissen Sie, dass Sie das Geschenk Buddhas mit sich tragen und sich auf seine helfende Hand verlassen können.

**Lied:
Buddha
deine Hand**

80

Der Weg – der edle achtfache Pfad

Wie gehen wir den Weg des Buddha? Er hat uns den achtfachen Pfad als „Landkarte" auf unserer Lebensreise mitgegeben. Dabei handelt es sich nicht um acht Schritte, die nacheinander gegangen werden, der Buddha hat es als acht Speichen eines Rades dargestellt. Wenn alle acht Speichen in ausgeglichener Weise vorhanden sind, kann sich unser Rad zur Befreiung drehen.

Hier noch eine kurze Erklärung dazu, wie der Weg und die Speichen vom Buddha benannt werden.

Warum heißt es edler achtfacher Pfad?

Mit dem Wort edel (in Pali *ariya*) weist uns der Buddha darauf hin, dass es noch etwas gibt, das über unsere gewohnheitsmäßige Sicht des Lebens hinausgeht. Passiv-mechanisch zu leben, das Leben automatisch ablaufen zu lassen, bezeichnet der Buddha als unheilsam, weil es uns nie wirklich Zufriedenheit bringt. Auch was wir an Glück erleben, können wir nicht halten. Der edle achtfache Pfad führt uns zum inneren Heilwerden und wirklichem Frieden. Wir bekommen immer mehr Zugang zu einer Form des Glücks, die nicht vergeht. Vielleicht können wir uns vorstellen, dass unser Leben durch den edlen achtfachen Pfad wie eine Rose oder ein Obstbaum „veredelt" wird, so dass wir blühen, Früchte tragen, und unser angelegtes Potenzial voll ausschöpfen.

Ein wichtiger Hinweis ist im Namen des Weges enthalten: Es geht nicht nur um das Ergebnis, um Erwachen. Schon der Pfad dahin ist edel, das heißt wertvoll, und wir können jeden Schritt schätzen. Jeder einzelne Schritt bringt uns mehr Freiheit und Glück.

Vor jedem der acht Schritte dieses Pfades steht in Pali das Wort *samma*. Häufig wird das auf Deutsch mit dem Wort recht (zum Beispiel rechte Achtsamkeit) wiedergegeben. Bitte denken Sie aber nicht, dass es darum geht, auf diesem Weg ganz lieb und brav zu werden, vielmehr steht der Begriff dafür, die Dualität zu überwinden oder zur Einheit zu führen.

Was ist es für eine Erfahrung, diesen Weg zu gehen?

Bei dem Begriff Weg oder Pfad denken wir eher an etwas Lineares. Ich gehe los, mache alle notwendigen Schritte und erreiche mein Ziel. In anderen als der buddhistischen Tradition werden Heilungswege manchmal als Spirale beschrieben. Das ist ein hilfreiches Bild, um zu verstehen, wie die Entwicklung verläuft, und um motiviert zu bleiben. Das Besondere an einer Spirale ist: Ich gehe sie nach oben und komme immer wieder an den gleichen Punkten vorbei, aber auf einer höheren Ebene.

Im Alltag sprechen wir von negativen Spiralen oder einem Teufelskreis, wenn eins zum andern führt: Ich bin mit dem linken Fuß aufgestanden, mein Mann oder meine Kinder raunzen mich an, dann verbrennt mir der Toast... schon habe ich das Gefühl, der Tag ist gelaufen. Wenn dann noch eine dicke Rechnung ins Haus geflattert kommt, kann ich richtig in Verzweiflung stürzen. Ebenso kennen wir vielleicht auch eine positive Spirale: Ich fühle mich gerade gut, dann macht mir jemand ein Kompliment, ich gehe beschwingt an die nächste Aufgabe, die mir prompt auch gelingt...

Das gilt für meine Schwierigkeiten wie auch für die Themen des Pfades: Bestimmte Probleme und Muster werden mir für eine Zeit oder auch bis zum Ende immer wieder begegnen. Die Gefahr ist, zu denken: *„Jetzt stecke ich schon wieder hier. Da komme ich nie raus. Hat alles nichts gebracht."* Alternativ können wir bemerken, dass wir schneller hindurch kommen als früher, dass uns die bisher gegangenen Schritte größeren Halt verleihen, dass es doch einen Teil in uns gibt, der schon eine Ahnung vom heil Sein hat, der vorher nicht da war.

Ebenso gehen wir immer wieder durch die Bereiche des achtfachen Pfades hindurch. Wir beschäftigen uns nicht nur **einmal** damit, sondern immer aufs Neue. Viele machen die Erfahrung, dass sich im Buddhismus immer alles wiederholt. Wir möchten lieber immer etwas Neues hören.
Und dann geschieht etwas Interessantes auf dem Pfad: Ich höre dasselbe wieder und bemerke: es fühlt sich frisch und neu an, eben weil ich ein anderer Mensch als beim letzten Mal bin. Meine Erfahrung hat sich vertieft, die Worte kommen mehr bei mir an und lösen größeres Verstehen aus. Dadurch fühle ich mich gestärkt und gewinne Sicherheit und wachsende Freude an diesem Weg, der mich immer mehr trägt.

Es ist die Eigenschaft einer Spirale, nicht nur nach oben zu gehen, sondern sich immer mehr auf einen Mittelpunkt hin zu bewegen, in dem die Weisheit der einzelnen Pfadglieder zu einem Erkennen verschmilzt, das uns in die Freiheit führt.

Die Speichen oder Pfadglieder besprechen wir im Folgenden:

1. Rechte Ansicht
2. Rechte Gesinnung
3. Rechte Rede
4. Rechtes Handeln

5. Rechter Lebenserwerb
6. Rechte Anstrengung
7. Rechte Achtsamkeit
8. Rechte Sammlung

Zuflucht als Vorbereitung

In den Betrachtungen dieses Buches wird davon gesprochen, den Weg des Buddha, den edlen achtfachen Pfad zu gehen. In dem Zusammenhang wird der Begriff der Zuflucht verwendet.

Was bedeutet Zuflucht?

Dem Wort nach ist Zuflucht eine Stätte, zu der wir vor Gefahren fliehen. Wir suchen Schutz, Halt und Sicherheit an diesem Ort der Gewissheit und des Friedens.

Die buddhistische Zuflucht ist ein geistiges Hinwenden zu einer weisen und gütigen Führung, bei der wir uns sicher und gut aufgehoben fühlen. Dabei vertrauen wir dem Buddha, seiner Lehre und den Menschen, die diese Lehre verbindet. Es ist kein blindes Vertrauen, sondern mit Nachprüfen und Einsicht verbunden, dass der Buddha mit seiner Lehre etwas Echtes verkündet, etwas, auf das man sich auch in Notsituationen verlassen kann. Das löst Freude und Dankbarkeit in uns aus, und wir fühlen uns in einer geistigen Heimat geborgen.

Braucht der Mensch eine Zuflucht?

In der Welt erleben wir so viel Unglück, Feindschaft, Gewalt und Unrecht, dass wir instinktiv nach etwas suchen, das uns Sicherheit gibt. Versicherungen sind ein gutes Geschäft, uns eine solche Sicherheit anzubieten – aber reicht uns das aus? Welche Personen, Orte, Kräfte bieten uns Sicherheit und Zugehörigkeit? Religionen, Parteien, Philosophien, Vorbilder oder Idole, Partner, Eltern, Kinder? Vieles davon scheint wie ein Anker, der uns Halt gibt. Wenn dann dieser Halt bröckelt, fühlen wir uns betrogen und im Stich gelassen, und wir sind orientierungslos und oft auch verzweifelt. Gibt es überhaupt einen Anker, der wirklich hält? Was könnte das sein? Oder müssen wir immer wieder diese Erfahrung machen?

Ich befasste mich schon einige Jahre mit der buddhistischen Lehre, und übte die Meditationen. Das fand ich alles wunderbar und einzigartig. Nur eins lag mir nicht: mich in der traditionellen Weise mit zusammengelegten Händen vor dem Buddha zu verneigen. Ich sah ihn nur als eine äußere Figur an, eine Statue, die mich nicht weiter ansprach – warum sich davor verbeugen?

Nach einiger Zeit geriet ich in eine Krise und konnte nicht einmal mehr meditieren. Ich fühlte mich orientierungslos und suchte nach etwas Echtem, Haltbarem, das mich in dieser Situation tragen würde. Was konnte das sein, wenn nicht einmal mehr die Praxis funktionierte? In dieser inneren Not ging mir auf: In Buddhas Lehre und in seinem Vorbild liegen Wahrhaftigkeit und Echtheit. Das ist das Einzige, an das ich mich halten kann. Alles andere unterliegt der Vergänglichkeit und Fehlerhaftigkeit und trägt im Ernstfall nicht.

Das ergriff mich so sehr, dass ich mich vor den Buddha stellte, die Hände zusammenlegte und mich tief verneigte. Seitdem hat Verneigen und Zuflucht nehmen für mich eine große Bedeutung, denn es hat mich nicht im Stich gelassen, es war da, als ich wirklich Hilfe brauchte.

Welche Kriterien stellen wir an eine Zuflucht?

Von einer richtigen Zuflucht erwarten wir, dass sie uns unabhängig von Zeit und anderen Umständen zur Verfügung steht. Eine echte Zuflucht bietet in jedem Alter und trotz äußerer Schwierigkeiten oder innerer schlechter Verfassung Kraft und Zuversicht. Der Glaube an das Heil bringende Gute erfährt unterstützende Energie.

Zu wem nehmen wir Zuflucht?

Was veranlasst den Menschen (als Buddhist), zum Buddha, zur Lehre (*dhamma*) und zur Gemeinschaft (*sangha*) Zuflucht zu nehmen?

Nach einem ersten Kontakt mit dem Buddhismus interessiert sich ein Mensch für diese Lehre. Er möchte wissen, ob diese Lehre in seinem Leben von Nutzen sein kann, und ob er den Aussagen Buddhas zustimmen kann. Er oder sie wird sich wahrscheinlich durch Bücher (wie dieses), Vorträge und aus dem Internet einen Überblick verschaffen - oder schließt sich ohne Verpflichtung und Druck einer Meditationsgruppe an.

Wenn ein solcher Mensch nach einiger Zeit feststellt, dass diese Lehre und die Gemeinschaft für sein Leben hilfreich sind, und sein geistiges Bedürfnis nach Entwicklung die richtige Nahrung erhält, mag er eine engere Bindung an den Buddhismus anstreben. Er möchte sich dazu bekennen und Zuflucht nehmen.

Welche Voraussetzungen und Verpflichtungen sind mit einer Zufluchtnahme verbunden?

Eine vollkommen freie Entscheidung ist der erste und wichtigste Faktor für eine Zufluchtnahme. Weder finanziell noch psychisch oder arbeitsmäßig werden Ansprüche an denjenigen gestellt, der sich zum Buddhismus bekennen will. Niemand missioniert, wir gehen als Suchende aus eigenem Antrieb hin.

In erster Linie geht es um das eigene Heil, um die innere Entwicklung zu einem guten Menschen, der sich mit Einsicht, eigener Erfahrung und Mitgefühl für ein friedliches Zusammenleben einsetzt. Das höhere Ziel ist die vollkommene

Befreiung vom Leid - das Nirwana. Wie viel ein Mensch für sein inneres Glück und das Wohl seiner Mitmenschen tun kann und will, das liegt in seinem eigenen Ermessen und seiner eigenen Verantwortung.

Jedem Menschen steht es offen, ob er einmal oder mehrmals Zuflucht nimmt oder nicht. Da im Buddhismus keine hierarchischen Strukturen vorhanden sind, gibt es dafür kaum allgemein gültige Vorschriften. Es sind vielmehr die innere Zustimmung und äußere Bereitschaft, die einen Menschen Zuflucht nehmen lassen.

Wie kann die Zuflucht wirksam werden?

Viele Millionen Menschen in buddhistischen Ländern nehmen täglich Zuflucht zum Buddha, zur Lehre und zur Gemeinschaft.

Wenn man zum ersten Mal Zuflucht nimmt, ist das noch sehr ungewohnt und man ist auch wohl etwas unsicher. Man kniet nieder, verneigt sich vor dem Buddha (eine Figur oder einem Symbol), dem großen Lehrer, mit Dankbarkeit und verehrenden Worten und spricht dann dreimal die Zufluchtsformel. Bevor man aufsteht, verneigt man sich noch einmal.

Durch eine tägliche Wiederholung wächst das Vertrauen. Man hält sich an die ethischen Regeln (fünf *sila*) und sieht zu, dass man sich eine Zeit für Meditation reserviert, weil man merkt, dass es eine wirksame Stütze für das Leben ist.

In Gemeinschaft mit Gleichgesinnten übt man die Meditation, hört und bespricht Inhalte der Lehre und macht sie sich zu Eigen. Mit der Zeit wächst die Wertschätzung für die Lehre und das gemeinsame Bemühen.

So werden Verehrung und Zufluchtnahme nach und nach zu einem festen Lebensbestandteil, der eine Kraftquelle von innen und ein Schutz gegen äußere üble Einflüsse darstellt.

In Krisen, wo nichts mehr laufen will, kann die Zuflucht das Einzige sein, was Licht ins Dunkel bringt und Vertrauen neu keimen lässt.

Die Zufluchtnahme hilft auf dem spirituellen Weg, denn zu leicht gibt man auf, wenn es mühsam wird. Das echte Ziel wird angesprochen und damit die Motivation neu angeregt.

Die Zufluchtnahme im Einzelnen

Die dreifache Zuflucht (in Pali: *tisarana*) begleiten die Verehrungsworte.

Darin bestärken wir unser Erkennen und Glauben, dass der Buddha als Mensch sich über die weltlichen Bindungen erhoben hat, rein von jeglichem Begehren heilig geworden ist und im vollkommenen Erwachen die Leidbefreiung erlangt hat.

Das heißt, sich mit Verehrung und Dank vor dem höchsten Prinzip der Wahrheit und Erlösung, das uns Vertrauen und Würde schenkt, zu verneigen.

In einfachen Worten hat es jemand so ausgedrückt:

Ich verehre den Buddha, den Beschützer der Welt;

der den Weg gezeigt hat, frei von Leid glücklich zu sein,

der zur Nachfolge in guter Gemeinschaft anregt.

Die Worte werden in Pali, der Sprache, in der Buddhas Lehre überliefert wurde, dreimal gesprochen:

Verehrungsformel (3 mal)

Namo tassa bhagavato arato samma sambuddhasa	Verehrung ihm, dem Erhabenen, Heiligen, vollkommen Erwachten.

Zufluchtsformel

Buddham saranam gacchami	Zum Buddha nehme ich meine Zuflucht.
Dhammam saranam gacchami	Zur Lehre nehme ich meine Zuflucht.
Sangham saranam gacchami	Zur Gemeinschaft nehme ich meine Zuflucht.
Dutiyampi buddham saranam gacchami	Zum zweiten Mal - zum Buddha nehme ich meine Zuflucht.
Dutiyampi dhammam saranam gacchami	Zum zweiten Mal - zur Lehre nehme ich meine Zuflucht.
Dutiyampi sangham saranam gacchami	Zum zweiten Mal - zur Gemeinschaft nehme ich meine Zuflucht.
Tatiyampi buddham saranam gacchami	Zum dritten Mal - zum Buddha nehme ich meine Zuflucht.
Tatiyampi dhammam saranam gacchami	Zum dritten Mal - zur Lehre nehme ich meine Zuflucht.
Tatiyampi sangham saranam gacchami	Zum dritten Mal - zur Gemeinschaft nehme ich meine Zuflucht.

Wir können es auch so ausdrücken:

Ich nehme meine Zuflucht zum Buddha als meinem Lehrer.

Ich nehme meine Zuflucht zur Lehre als meinem Weg.

Ich nehme meine Zuflucht zur Gemeinschaft derer, die diesen Weg gehen.

Warum werden diese Formeln dreimal wiederholt?

Damit betonen wir unser ernsthaftes Bestreben, dass es nicht nur eine momentane Laune ist, die schnell verfliegt. Wir wollen für unsere eigene Entwicklung zur Befreiung vom Leid das tun, was wir als wertvoll und edel erkannt haben. Das möchten wir auch für unsere Mitmenschen und alle Wesen hilfreich einsetzen.

Wir sehen die buddhistische Lehre als das beste Mittel an, unseren Lebensweg zum inneren Glück zu gehen.

Wir erkennen dankbar die Unterstützung und Bereicherung von Gleichgesinnten.

> ## Es bedeutet: Vertrauen – Erkennen – Handeln

Die Praxis der täglichen Zuflucht

Das Rezitieren der Verehrungs- und Zufluchtsformeln ist ein ständiger Begleiter eines Buddhisten, einer Buddhistin. In buddhistischen Klöstern wird es morgens und abends, zu allen Feiern und vor jeder Meditation durchgeführt.

Man kann diese Worte mit anderen in der Gruppe oder allein in Pali oder Deutsch sprechen. Am besten ist es, diese Worte auswendig zu lernen.

Die erste Zufluchtnahme

Wenn sich jemand nach einiger Zeit und reiflicher Überlegung dazu entschlossen hat, den Buddhismus als seine Religion oder Lebensausrichtung anzunehmen, und sich für die Zufluchtnahme bereit fühlt, sollte dieses erste Mal in einem feierlichen Rahmen stattfinden.

An Vollmondtagen (*uposata*) wird der Buddha traditionell in einer Feier (*puja*) geehrt und mit Dankesgaben bedacht, da er vor 2.500 Jahren bei Vollmond geboren und gestorben ist, und vor allem bei Vollmond im Mai die Erleuchtung erlangt hat.

An diesem besonderen Vollmond-Abend sind alle Anhänger des Buddhismus eingeladen, zu überdenken, was der Buddha gelehrt hat, wie man damit im Leben umgehen kann und ob man sich weiterhin diesem Weg hingeben möchte.

Das Rezitieren der fünf ethischen Regeln, der Sila, ist ein grundlegender Bestandteil der Feier als ein persönliches Bekenntnis zu einem heilsamen Verhalten.

Ob Mönche, Nonnen oder Laien die Feier leiten, ist hier im Westen nicht Ausschlag gebend. Wichtig allein ist das ernsthafte Bestreben, der buddhistischen Lehre zu folgen.

Von manchen Lehrern und Lehrerinnen werden im Rahmen von Meditationsseminaren (Retreat) feierliche Zufluchtnahmen angeboten.

In der Gemeinschaft sprechen alle zusammen die Verehrungs- und Zufluchtsformeln. Die neuen Zufluchtnehmer gehen anschließend einer nach dem andern zum Altar, knien nieder und verneigen sich dreimal vor dem Buddha. Je nach dem konkreten Ritual kann es auch sein, dass die Person nochmals selbst die Zufluchtsformel spricht. Häufig wird als äußeres Symbol ein Räucherstäbchen angezündet und dem Buddha dargebracht. Anschließend grüßen sie den Leiter oder die Leiterin der Zeremonie, die Ihnen mit einem Spruch oder einem Segensband Glück und Segen für den gewählten Weg mitgeben.

Gern bringen diese Menschen eine Gabe dar, z.B. eine Kerze, Blumen oder Räucherwerk und auch Essenswaren, die anschließend bei Tee und Kuchen verzehrt werden. Das Ritual erfährt besondere Feierlichkeit, wenn die ZufluchtnehmerInnen sich weiß kleiden oder einen weißen Schal umlegen, was beispielsweise in asiatischen Klöstern so üblich ist, um der Bemühung zum reinen Lebenswandel auch äußerlich Ausdruck zu geben.

In Einzelfällen (im Theravada selten, in anderen Traditionen häufiger) wird um einen buddhistischen Namen gebeten, den der Mönch oder die Leiterin für die Zuflucht nehmende Person aussucht.

Da im Buddhismus keine Kirchensteuer eingezogen wird, ist es üblich, bei einer solchen Gelegenheit die Institutionen mit den Räumen und die Leiter der Zeremonie mit einer freiwilligen Spende (*dana*) zu unterstützen.

Rechte Ansicht - nicht blind den Weg gehen

Also, einfach losgehen – oder wie?

Bevor wir uns blindlings ins Abenteuer stürzen, rät uns der Buddha, erst einmal innezuhalten und den Weg zu prüfen. Das ist der erste Schritt, die rechte Erkenntnis (*samma ditthi*).

Worauf soll man bei diesem spirituellen Weg achten, welche Fallen und Stolpersteine gibt es?

Wen kann ich fragen, um nützliche Tipps zu bekommen und um festzustellen, ob ich mich nicht verirrt habe?

Brauche ich einen Lehrer oder Guru?

Oder berührt mich das alles nicht, und ich weiß schon selbst am besten, wo es langgeht?

Darum geht es in diesem Kapitel.

Erkennen, was heilsam und unheilsam ist

Rechte Erkenntnis (*samma ditthi*) bedeutet, ein physisches oder geistiges Objekt der Wirklichkeit entsprechend zu sehen (*ditthi* = sehen), im Gegensatz zu Irrglauben oder Verwirrung.

Doch hier geht es nicht um intellektuelles Faktenwissen. Die rechte Erkenntnis kommt aus dem Herzen und ist mit dem Gefühl verbunden. Sie zeigt uns, wie sich unsere Handlungen auf unser Leben auswirken. Intellektuelles Denken erscheint uns zwar angenehm und bestechend logisch, verändert aber unser Leben nicht entscheidend – diese Erfahrung haben wir wohl alle gemacht. In Verbindung mit dem Herzen gelangen wir zu Einsichten, die uns öffnen und Veränderung möglich machen. Wie in der folgenden Geschichte erfahren wir, dass wir eine Handlungsalternative haben – was für eine schöne Gelegenheit!

Aber gern doch ....

Im Supermarkt habe ich mir angewöhnt, mit nur zwei Teilen in der Hand, die Leute mit Wagen vor mir anzusprechen, ob ich nicht an ihnen vorbei zur Kasse gehen dürfte. Die meisten nicken kurz. Einmal hat eine Frau energisch NEIN gesagt, was ich erschrocken als herzlose Abweisung quittiert habe.

Ein späteres Mal antwortet eine Frau mittleren Alters auf meine Bitte mit einem Lächeln: "Aber gern doch, ich habe es nicht eilig". Ich war so erstaunt über so viel echte Freundlichkeit, dass ich beschämt hinter ihr blieb und ihr zum Abschied freundliche Wünsche mitgab.

Seitdem muss ich mich nicht mehr vordrängen.

Die rechte Erkenntnis oder rechte Ansicht steht deshalb am Anfang, weil sie auch der Anfang jedes Heilungsweges ist. Sie sagt uns: „*Was du bisher ausprobiert hast, hat dich nicht wirklich glücklich gemacht. Es gibt noch etwas anderes, das dein Leben von Grund auf verändert und dich zu dem Echten in dir selbst führt.*" Diese Qualität macht die rechte Erkenntnis unverzichtbar. Sie begleitet uns auf unserem ganzen Weg, weist uns die Richtung und hilft uns, unsere Fortschritte wahrzunehmen und anzuerkennen.

Ein Blick auf die Landkarte ist wichtig, um zu sehen, wo es hingeht. Aber gehen kann ich nur selber. Da liegen meine Selbstverantwortung und mein persönlicher Einsatz, ohne die nichts geschieht. Bücher lesen und Vorträge hören ist zwar hilfreich, kann aber nie die eigene Erfahrung ersetzen, die hier im Mittelpunkt steht. Ein Abschluss in Buddhologie bringt keine Erleuchtung!

Im Buddhismus geht man davon aus, dass einem auch ein allwissender Guru den Weg nicht abnehmen kann. Lehrer und Lehrerinnen werden in der Theravada-Tradition als edle Freunde (in Pali: *kalyana mitta*) angesehen, die uns auf dem Weg begleiten, bei Schwierigkeiten mit Rat helfen und uns ermutigen, in unserer eigenen Kraft zu gehen.

Was tut gut, was nicht?

Alles, was gut tut und zum Glück führt, wird im Buddhismus heilsam genannt. Alles was schadet und unglücklich macht, heißt unheilsam.

Wenn Sie die rechte Ansicht üben, ist es ein zentraler Punkt, zwischen heilsam und unheilsam zu unterscheiden, denn dadurch bestimmen Sie, wohin Ihr Weg Sie führt.

Die Unterscheidung kann knifflig sein. Wir unterscheiden in unserer Kultur eher zwischen Gut und Böse. Das kann auch einen moralischen Touch haben, und uns dazu verleiten, äußere Normen zu erfüllen, ohne uns selber Gedanken zu machen oder wirklich dahinter zu stehen.

Heilsam und unheilsam sind nicht vordefiniert, sie verlangen von uns, selber nachzuforschen und eine Handlung vor allem auf Grund ihrer Folgen einzuschätzen.

Wie geht das? Alles, was niemandem Schaden zufügt, weder uns selbst noch anderen, ist heilsam. Alles, was irgendeinem Beteiligten Schaden zufügt, ist unheilsam.

Wichtig ist hier: Auch wenn eine Handlung für andere förderlich ist, mir selbst aber Schaden zufügt, ist sie nach dieser Definition eindeutig unheilsam, das heißt, sie führt nicht zu mehr Glück! Diese Sichtweise klärt die Problematik, sich für Andere zu opfern. Aufopferung ist ein

Teufelskreis, weil man denkt, man tut etwas Gutes, und sich dann wundert, dass es nie wirklich besser wird.

Heilsam oder unheilsam kann man gut an den Auswirkungen erkennen: Führt es zu mehr Glück oder zu mehr Leid? Eine heilsame Handlung hat aufbauende, förderliche Wirkung, eine unheilsame Handlung wirkt schädlich und destruktiv.

Im Alltag entscheiden wir unsere Handlungen eher unwillkürlich danach, ob etwas angenehm oder unangenehm ist. Ein Essen, das uns schmeckt – angenehm. Hinaus ins kalte Regenwetter – unangenehm. Da steht das momentane Empfinden im Vordergrund. Das ist natürlich auch ganz schön, doch wichtig ist: Wie sieht die längerfristige Wirkung aus? Ein kurzfristiges angenehmes Gefühl hat nicht die Kraft, unser Glück wirklich aufzubauen. Wir müssen immer schnell das nächste nachschieben und haben außerdem mit den Folgen zu tun, wenn etwas nicht heilsam war.

Wenn wir die beiden Begriffspaare kombinieren, kommen wir auf vier Grundsituationen:

1. Etwas ist **angenehm** und **heilsam**. Ich esse einen Teller gut schmeckender Nahrung, um Energie zur Meditation zu haben.
2. Etwas ist **angenehm** und **unheilsam**: Ich esse den dritten Teller gut schmeckender Nahrung und bekomme dadurch Bauchweh.
3. Etwas ist **unangenehm** und **heilsam**: Ich gehe bei Regenwetter joggen, erst mal ist es scheußlich, aber ich werde warm und fühle mich nachher gut.
4. Etwas ist **unangenehm** und **unheilsam**. Ich bin ohne Jacke im Regenwetter unterwegs, werde nass und hole mir einen Schnupfen.

Am einfachsten haben wir es mit Situation 1 und 4: Angenehm und heilsam, da gibt es kein Problem!

Unangenehm und unheilsam: Lässt sich vermeiden, wir haben ja in dem Sinn nichts davon.

Herausfordernd für uns sind: Nr. 2 - mitbekommen, dass mir etwas Angenehmes schadet, und es deshalb auch sein lasse.

Ebenso Nr.3. - sich überwinden, etwas Unangenehmes zu tun, in dem Wissen, dass es gute Folgen hat.

Das Faszinierende an der Unterscheidung von heilsam und unheilsam ist: Sie ist ganz pragmatisch, lässt sich wunderbar auf den Alltag anwenden. Und sie hat auch eine große Tiefe: Wir können nach und nach unsere Gedanken und Muster überprüfen, die uns zu mehr Glück oder mehr Leid führen. Und auf der tiefsten Ebene zeigt es uns, was tatsächlich wahr ist, und welche Sichtweise uns frei macht.

Das Gleichnis vom Tuch (MJ 7)

Der Buddha hat den Mönchen, Nonnen und Laien seine Lehrinhalte nicht nur in theoretisch-philosophischen Konzepten dargelegt, sondern zum besseren Verständnis und für mehr Klarheit häufig in Gleichnissen gelehrt. Eines dieser Gleichnisse, hinsichtlich der *Befleckungen* des Geistes als Grundlage und Motivation für die spirituelle Entwicklung, befindet sich in der unten genannten Lehrrede der mittleren Sammlung. Ein Auszug:

> Ihr Bhikkhus[13], angenommen ein Stück Tuch wäre befleckt und beschmutzt, und ein Färber tauchte es in die eine oder andere Farbe ein, in blaue, gelbe, rote oder rosa; es würde schlecht gefärbt, fleckig und farblich unrein aussehen. Warum ist das so? Wegen der Unreinheit des Tuches. Ebenso kann ein unglücklicher Bestimmungsort erwartet werden, wenn der Geist befleckt ist.
>
> Ihr Bhikkhus, angenommen ein Stück Tuch wäre rein und sauber, und ein Färber tauchte es in die eine oder andere Farbe ein, in blaue, gelbe, rote oder rosafarbene; es würde gut gefärbt und farblich rein aussehen. Warum ist das so? Wegen der Reinheit des Tuches. Ebenso kann ein glücklicher Bestimmungsort erwartet werden, wenn der Geist unbefleckt ist.

---

[13] Bikkhu ist ein Begriff für einen buddhistischen Mönch und die von Buddha verwendete Anredeform innerhalb seiner Lehrreden.

Rat an Rahula (MJ 61)

In dieser Lehrrede aus der mittleren Sammlung weist der Buddha seinen Sohn Rahula mit einer Analogie auf die große Bedeutung der Selbstreflexion hin, um seine Handlungen an der Erkenntnis von heilsam und unheilsam auszurichten. Dieser Teil der Lehrrede, welcher in der Form eines Berichtes über das Gespräch von Vater und Sohn diese Thematik betrifft, ist hier auszugsweise wiedergegeben.

> *Buddha:* Was meinst du Rahula; wozu ist ein Spiegel da?
>
> *Rahula:* Man kann sich darin selbst betrachten, ehrwürdiger Herr.
>
> *Buddha:* Ebenso, Rahula, sollte eine Handlung mit dem Körper erst nach wiederholtem Reflektieren ausgeführt werden; eine Handlung mit der Sprache sollte erst nach wiederholtem Reflektieren ausgeführt werden; eine Handlung des Geistes sollte erst nach wiederholtem Reflektieren ausgeführt werden. Rahula, wenn du eine Handlung mit dem Körper ausführen willst, sollte eben diese körperliche Handlung von dir so reflektiert werden: Würde diese Handlung, die ich mit dem Körper ausführen will, zu meinem eigenen Leid führen, oder zum Leid anderer oder zum Leid Beider? Ist es eine unheilsame Handlung mit schmerzhaften Folgen, mit schmerzhaften Ergebnissen? Wenn das der Fall ist, so sollst du diese Handlung nicht ausführen.

Das ist natürlich der Idealfall – ich merke vorher, ob eine Handlung heilsam oder unheilsam ist, und mache es im Zweifelsfall nicht.

Der Buddha fügt aber noch hinzu: Auch wenn ich erst während der Handlung merke, dass sie Leid bringt, kann ich noch etwas tun – einfach damit aufhören. Und wenn ich es erst danach merke? Auch das kann ich nutzen: Ich lerne daraus.

Das Gleiche gilt natürlich nicht nur für das, was wir tun, sondern auch, was wir sagen und denken. Wie wäre es, einen schmerzlichen, verurteilenden Gedanken einfach einmal loszulassen, und unsere Selbstliebe zu stärken? Durch die nachhaltigen Folgen von heilsamen oder unheilsamen Entscheidungen und Handlungen kommen wir zum Begriff Karma; Ursache und Wirkung.

Einsichtsübung: Was ist Karma?

Karma ist ein komplexer und häufig auch missverstandener Begriff. Wir schaffen – ohne Anspruch auf Vollständigkeit – hier einleitend etwas mehr Klarheit und möchten Ihnen den praktischen Nutzen des Begriffs näher bringen.

Karma (in Pali *kamma;* wörtlich übersetzt als Tat oder auch Absichten) ist das kosmische Prinzip von Ursache und Wirkung. Jede Ursache führt zu einer Wirkung, jede Wirkung beruht wiederum auf einer Ursache. Jeder karmische Wille (dabei handelt es sich um Taten, Worte oder auch Gedanken) setzt sowohl in positiver (heilsamer) als auch negativer (unheilsamer) Hinsicht Ursachen. Generell spricht man in diesem Zusammenhang davon, dass gutes oder schlechtes Karma produziert wird.

Die Früchte dieser von uns selbst gesetzten Ursachen ernten wir zu unterschiedlichen Zeitpunkten. Manchmal reift das Karma ganz schnell. Zum Beispiel machen Sie etwas Gutes im Beruf und werden kurz darauf befördert.

Im Buddhismus denken wir über ein einzelnes Leben hinaus und stellen uns vor, dass die Summe all unserer Handlungen eine Wirkung hat und die Umstände und die Welt bestimmt, in der jemand wiedergeboren wird. Es heißt, es könne auch länger dauern, bis die Folgen einer Handlung spürbar werden, gerade bei größeren Handlungen.

Wie auch immer man das sehen will, ganz falsch verstanden wäre es, zu sagen: „Dann kann ich ja eh nichts verändern!" Es stimmt zwar, dass alle Handlungen Auswirkungen haben, und wir ihnen auch nicht entgehen können. Doch wie und auf welche Weise die Wirkung geschieht, das können wir beeinflussen. Es ist leicht vorstellbar, dass mich zum Beispiel eine Krankheit viel weniger trifft, wenn ich vorher gesund lebe, ein Netzwerk von guten Freunden habe, mir angewöhnt habe, in allem auch eine Lernchance zu sehen und so weiter.

Und wenn jemand anders gerade in Schwierigkeiten steckt? Dann zu sagen: „Du, ich bin jetzt Buddhist, das ist halt dein Karma, da musst du durch!" wäre nicht gerade mitfühlend, und wir würden für uns selbst damit wieder eine negative Ursache setzen...
Es geht darum, Verantwortung zu übernehmen für das eigene Leben. Wir dürfen alles verändern, was uns und andere nicht glücklich macht. Dazu müssen wir merken, dass wir unsere Umstände gestalten!

In der buddhistischen Sichtweise gibt es keinen göttlichen Richter oder ausgleichende Gerechtigkeit. Es gibt einfach nur Menschen, die die Folgen ihrer Handlungen nicht überschauen. Sie folgen den Umständen und Bedingungen von Gesellschaft und Natur und verhalten sich so, dass es zu mehr Leid führt. Alle Menschen können aber lernen, ihrem Leben eine Richtung zu geben, die uns nach und nach glücklicher und freier werden lässt.

Karma ist ein Wirkungsprinzip, ein Prozess der abläuft – völlig ohne eine beurteilende oder verurteilende Instanz, einfach die Auswirkung einer früher gesetzten Ursache.

Meditative Betrachtung

Ich bin der Eigentümer, die Eigentümerin meines Karma.

Ich selbst trage die volle Verantwortung für mein Leben. Niemand anderer hat Schuld daran, wie mein Leben verlaufen ist, und wie meine momentane Situation aussieht.

Ausnahmslos alles, was ich denke, spreche und wie ich handle, sind meine eigenen Entscheidungen und wirken sich auf mich und meine Umgebung aus.

Kann ich das unterschreiben? Oder wehre ich mich gegen diese Ansicht - wenn ja, gegen was genau?

Ich bin der Erbe, die Erbin meines früheren Karma.

Alles, was ich früher getan, gesagt oder gedacht habe, wirkt sich auf mein jetziges Leben aus. Das mag von gestern, von vor einem Jahr, aus der Kindheit oder aus einem früheren Leben sein. Es ist das Ursache-Wirkungs-Prinzip. Kann ich dieses Faktum anerkennen und annehmen? Bin ich mir bewusst, dass niemand das Opfer seines Karmas ist? Karma ist nicht eine Art göttlicher Strafe oder eine ausgleichende Gerechtigkeit.

Erkenne ich, dass ich und andere Menschen der Erbe/die Erbin ihres eigenen Karmas sind – aber nicht das hilflose Opfer?

Ich bin mit meinem Karma eng verbunden.

Alle Versuche, den karmischen Wirkungen auszuweichen, sind vergebens. Es haftet sich an meine Fersen, so wie mein Schatten, der immer da ist. Das Selbst-Geschaffene muss ich hinnehmen. Ich kann früher Gesagtes, Getanes oder Gedachtes nicht mehr ungeschehen machen. Ist mir diese Verbindung bewusst?

Ich kann durch meine jetzigen Entscheidungen und mein Tun die Auswirkungen dieses aufgespeicherten Karmas verändern. Kann ich das anerkennen und annehmen?
Welche Aufgaben leite ich daraus für mich ab?

Ich werde durch mein Karma gestützt.
Meine Gewohnheiten und wiederholten Tätigkeiten und Gedanken bilden ein sich aufbauendes Karma. Alles, was ich einmal mache, hat meistens noch wenig Kraft. Je öfter ich es wiederhole, umso stärkeren Einfluss hat es auf meine innere Struktur, das Denken und Fühlen mit den entsprechenden Einstellungen, und auf mein Leben. Dies kann sowohl eine heilsame, förderliche oder eine unheilsame, herabziehende Wirkung sein.
Bin ich mir dieser Zusammenhänge und ihrer Konsequenzen bewusst?

Mit allem was ich jetzt denke, spreche und tue, bestimme ich mein weiteres Leben, erzeuge ich mein zukünftiges Karma.
Meine augenblickliche Situation habe ich mir aus früherem Karma geschaffen und muss sie als gegeben annehmen. Diesen Anteil des Karmas kann ich nicht verändern, lediglich auf die Schwere der Auswirkungen kann ich Einfluss nehmen.
Aber jetzt, in jedem neuen Moment kann ich entscheiden, was ich daraus machen will. Ob ich handle und ändere, ob ich etwas loslasse und akzeptiere oder ob ich mich fremden Bestimmungen unterwerfe; immer ist es meine eigene Entscheidung, mein Karma, das ich damit aktiv beeinflusse. Damit gestalte ich mein jetziges und auch mein zukünftiges Leben, mein Schicksal. Kann ich diese Aussage anerkennen und annehmen?

Lassen Sie die entstandenen Erfahrungen, Gedanken und Erkenntnisse noch ein wenig nachwirken. Anschließend lassen Sie diese Dinge aus Ihrem Geist sanft abgleiten und sammeln Ihren Geist wieder beim Meditationsobjekt, um dort ein wenig zu ruhen.
Kehren Sie anschließend in die Aktivität zurück. Wenn Sie möchten, ist jetzt der Zeitpunkt, sich Gedanken, Ideen oder andere Geistesblitze zu notieren und die Konsequenzen dieses bedeutenden Themas in sich reifen zu lassen.

Achtsamkeitsübung: Der klare Himmel

Nehmen Sie sich 20 bis 30 Minuten Zeit, setzen Sie sich für diese Meditation in einer guten Meditationshaltung auf Ihr Sitzkissen oder einen Stuhl nieder und betrachten Sie in Ruhe, wie Sie ein- und ausatmen.

- Werden Sie sich bewusst, ob Ihre **Einatmung** lang oder kurz ist – und werden Sie sich bewusst, ob Ihre **Ausatmung** lang oder kurz ist. Lassen Sie den Atem dabei unbeeinflusst strömen, wie er natürlich geht, aber beachten Sie ihn sorgfältig, wie er gerade ist. Traditionell wird folgendermaßen geübt:

  Wenn ich lang einatme, weiß ich – ich atme lang ein
  Wenn ich kurz einatme, weiß ich – ich atme kurz ein
  Wenn ich lang ausatme, weiß ich – ich atme lang aus
  Wenn ich kurz ausatme, weiß ich – ich atme kurz aus

Üben Sie einige Minuten lang diese Betrachtung ohne dabei den Atem zu verändern. Dann gehen Sie weiter zur nächsten Form.

- **Den ganzen Atem spürend atme ich ein und aus**
  Versuchen Sie zu fühlen, wie sich Ihr Körper einatmend ausdehnt und wie er ausatmend wieder leicht zusammengeht. Vielleicht hilft Ihnen die Vorstellung, dass sich Ihr Körper wie ein pulsierender Einzeller bewegt, um besser mit diesem Gefühl in Berührung zu kommen.

Üben Sie nun einige Minuten lang diese Form.
Dann gehen Sie weiter zur nächsten Form.

- **Meinen Geist betrachtend atme ich ein und aus – meinen Geist befreiend atme ich ein und aus.**
  Meine Gedanken sehe ich wie Wolken am Himmel aufkommen und weiter ziehen; dazwischen scheint immer wieder der klare Himmel auf. Unheilsame Emotionen legen sich manchmal als dunkle Gewitterwolken vor den strahlenden geistigen Himmelsraum. Mir ist bewusst, dass sich hinter der Dunkelheit immer der freie weite Raum befindet, der unverändert rein bleibt, egal was vor ihm vorbeizieht.

Während Sie ein- und ausatmen, achten Sie darauf, wie in Ihrem Geist Gedanken und Emotionen kommen und gehen und spüren das befreiende Gefühl, wenn im Geist einmal klarer Raum ist.

> **Schauen Sie in den tiefen, weiten Himmelsraum!**
> **Schauen Sie Ihren wahren Geist!**

Metta-Übung: Das Gute in meinem Leben

Es gibt viel in unserem Leben, was gut, schön und richtig ist, was wir aber im täglichen Leben nicht als gut oder gut genug wahrnehmen, da unser kritischer Geist bei allem nach Fehlern und Schwächen sucht.

Mit dieser Meditation wollen wir nun dem Guten und Beglückenden in unserem Leben den Platz geben, der ihm der Wirklichkeit gemäß gebührt.

Was ist gut?

Alles was mir Freude macht, was mir hilft, selbstverantwortlich zu werden; was mich auf einen heilsamen Weg bringt, was meinen Selbstwert stützt; was mir ein mitmenschliches Gefühl und Verhalten verschafft – alles, was mich zufrieden und glücklich macht, ist gut!

Wir laden Sie ein, alles was gut war und ist, in fünf Bereichen Ihres Lebens meditativ zu betrachten: Im Materiellen (in Ihrer Umwelt), auf dem emotionalen und sozialen Gebiet, im geistigen Bereich, im Spirituellen und im Bereich der Transzendenz.

Setzen Sie sich für 20 bis 25 Minuten aufrecht hin und fühlen Sie die Basis Ihres Körpers, indem Sie Ihre Füße und Ihr Gesäß sicher auf der Sitzunterlage und dem Boden ruhen lassen. Richten Sie ihren Rücken und den Kopf in angenehmer Weise auf und spüren Sie, wie sich dabei auch Ihre Vorderseite hebt und öffnet. Legen Sie Ihre Hände im Schoß oder auf Ihren Beinen ab, geben Sie in Ihren Schultern nach - und schließen Sie Ihre Augen. Sagen Sie sich: So sitze ich gut.

Nun bedenken Sie, was Sie an **materiellen Dingen** besitzen, die Ihr Leben verschönern und angenehmer machen. Sehen Sie die vielen Möglichkeiten des Lernens, der Entspannung und des Vergnügens, die Ihnen offen stehen.

- Was mache ich alles für meinen Körper und die Gesundheit?
- Was sind meine Fähigkeiten und positiven Eigenschaften im Beruf, in der Familie, in der Partnerschaft und im Freundeskreis? Was tue ich gerne im Haus, Garten oder bei meinen Hobbys?
- Kann ich meine Kompetenzen, Erfolge und Freuden gebührend anerkennen, ohne ihnen immer mit skeptischem Zweifel zu begegnen?
- Kann ich mir selber für all das aufrichtig danken, was ich erreicht habe?
- Schauen Sie einmal gründlich nach, wie viele Menschen Ihnen auf Ihrem Weg von der Geburt bis zu Ihrem jetzigen Leben geholfen haben. Ist das nicht dankenswert?

Nun betrachten Sie sich selbst als Ihren besten Freund, Ihre beste Freundin und sehen Sie die wertvollen **Gefühle** und **Eigenschaften** in dieser Person, die Sie ICH nennen.

- Da sind vielleicht Ehrlichkeit, Freude, Humor, Zuverlässigkeit, Verständnis, Hilfsbereitschaft, Liebe und vieles mehr.
- Sind Sie nicht überrascht, was Sie bei genauerem Hinsehen finden?
- Werden Sie sich bewusst, wo Sie überall schon geholfen haben. Vielleicht war es notwendig, jemanden zu unterstützen, zu trösten, einfach zuzuhören oder da zu sein - und Sie waren dazu bereit! Vielleicht haben Sie sich für Menschen in Not, für Tiere und die Umwelt eingesetzt?
- Was immer es war; betrachten Sie es als Ihren ganz eigenen Wert!
- Auch Sie haben Hilfe und Unterstützung gebraucht und erfahren. Wenn Sie es recht bedenken, können Sie sich selbst und vielen anderen dafür herzlich danken!

Suchen Sie nun Ihre **geistigen Fähigkeiten** auf; Ihre Ausbildung, Ihre Kenntnisse und Ihre Interessen. Vieles haben Sie entwickelt und dabei Ihre Kreativität eingesetzt.

- Konnten Sie mit Ihrem Wissen bei sich oder anderen Wesen Gutes bewirken?
- Sie konnten viel erlernen und Wissen erlangen – können Sie das schätzen?
- Vergessen Sie nicht die vielen Menschen, Bücher und andere Mittel, die zu Ihren geistigen Fähigkeiten und Ihrem Wissensschatz beigetragen haben.
- Bedanken Sie sich bei all jenen und bei Ihrem eigenen Bemühen!

Nun wenden Sie sich allem zu, was Sie in Ihrem Innern, im **spirituellen** und **religiösen Bereich** berührt und fragen Sie sich:

- Habe ich einen Glauben? Habe ich eine geistige Ausrichtung?
- Habe ich etwas gefunden, was mir Sinn und Wert verleiht?
- Kann ich meine innersten Überzeugungen verwirklichen, sind sie zu meiner Lebensaufgabe geworden?
- Wie stehe ich zu Krankheit, Tod und Sterben? Wie gehe ich mit meinen Ängsten um?
- Habe ich Vertrauen zum Leben - zu mir?
- Was ist meine Vorstellung vom Glücklichsein?
- Schenken Sie auch Ihren spirituellen Lehrern Ehrerbietung und Dank und sich selbst Anerkennung für Ihr Bemühen.

Um den Bereich der **Transzendenz** zu beobachten, horchen Sie nun ganz ruhig und entspannt in sich hinein und werden Sie sich der Erlebnisse von Gipfelgefühlen bewusst. Vielleicht war es ein überwältigendes Naturerlebnis, das Aufgehen in einer größeren Einheit; oder eine starke Hingabe an einen Menschen oder an eine Sache, an eine Aufgabe?

Es kann das Gefühl sein, dass es etwas Größeres und Tieferes in und über Ihnen gibt, das Sie mit etwas Absolutem verbindet. Es sind Momente Ihres Lebens, wo Sie wirklich tief glücklich waren, wo Sie die Größe und Schönheit des Daseins erfahren haben.

- Erinnern Sie sich an eine dieser tiefen Empfindungen und lassen Sie sich noch einmal ganz in dieses Gefühl ein. Erleben Sie diesen Moment in seiner umfassenden und befreienden Weite.
- Nehmen Sie sich genug Zeit dafür! Erfahren Sie für Augenblicke den großen Zusammenhang des Lebens - erfahren Sie das Sein jenseits Ihres kontrollierenden Geistes!

Danken Sie sich für die Aufgabe, die Sie geleistet haben und kommen Sie ruhig und klar im Geist in Ihr aktives Leben zurück. Werden Sie sich bewusst, wie viel Gutes, Heilsames, in Ihrem Leben vorhanden ist.

Mögen Sie und alle Wesen glücklich sein!

Lied: Unheilsames Lassen..

Rechte Gesinnung - Sich selbst gestalten

Der nächste Schritt auf dem edlen achtfachen Pfad ist die rechte Gesinnung (*samma sankappa*). Was versteht man unter einer Gesinnung, könnte man das mit fixierten Ansichten und geistigen Mustern umschreiben?

Ist Gesinnung nur etwas, das in der politischen Auseinandersetzung oder in Verbindung mit spirituellen Handlungen bemüht wird, oder tragen wir tagtäglich unsere Gesinnung zur Schau?
Welche Art von Gesinnung ist samma im Sinne der buddhistischen Lehre? Wie baut sich Gesinnung auf, und wem oder was gegenüber kann man eigentlich eine Gesinnung haben?
Muss Gesinnung immer etwas Großartiges oder Fundamentales sein, oder kann Sie auch in den kleinen Dingen liegen, gerade so wie in der folgenden kleinen Episode?

Gute Gedanken

Als meine blauäugigen Enkel noch sehr klein waren, habe ich ihnen einen goldenen Buddha geschenkt, den wir mit Segenssprüchen füllten. "So muss man sich davor verneigen" sagte ich und legte die Hände in Grußform aneinander vor die Stirn mit den Worten: "Gute Gedanken" - vor den Mund mit den Worten "gute Worte", - und vor das Herz mit den Worten "gutes Herz". Es gefiel ihnen.

Als ich wieder in Wien war, rief mich die dreijährige Christiane an und erklärte stolz, dass sie noch wüsste, wie man sich vor dem Buddha verneigt:

Ich hörte sie den Hörer ablegen und deutlich sagen: "liebe Gedanken, liebe Worte, liebes Herz"- und dann "Hast Du das gesehen, Oma?" Was ich ihr freudig bestätigen konnte.

Wir laden Sie ein, in diesem Kapitel Ihre eigenen fixierten Muster, Verhaltensweisen und deren Einfluss auf Ihr Leben näher kennenzulernen.

Fixierte Ansichten und gespeicherte Erfahrungen

Sankappa heißt „Gedanke", erweitert sind es die Denkweisen, inneren Überzeugungen, Lebenseinstellungen oder auch Vorurteile von Menschen. Daraus kann im Extremfall auch Fatalismus, Kontrollsucht, Dogmatik, Fanatismus und geistiges Festgefahrensein werden.
Oder man hat gar keine Gesinnung, ist gleichgültig, gefühlsarm, ohne Orientierung und ohne Werte.

Die Gesinnung entsteht aus unseren Erfahrungen, auch aus jenen, die uns nicht mehr bewusst sind, weil wir zu klein waren oder sie verdrängt haben. Angenehme Erfahrungen speichern wir als wünschenswert, unangenehme als zu vermeiden. Daraus entsteht mit der Zeit ein ganzes Netz an gespeicherter Erfahrung.
Spannend ist, wie wir Dinge einüben und darauf zurückgreifen können. Die Gehirnforschung macht anschaulich, warum wir Menschen solche Gewohnheitstiere sind. Vielleicht kann uns das auch helfen, mehr Geduld mit uns selbst zu entwickeln, vor allem beim Ändern von Mustern?
Unsere Gesinnung, das heißt also, die geistigen Muster, werden nicht nur gedanklich fixiert! Was wir sehr oft wiederholen, wird tatsächlich in das Gehirn geschrieben, Nervenverbindungen werden auf- und umgebaut. Sind wir gestresst, krank oder in Angst, dann sind diese Muster für uns viel leichter abrufbar als die Verhaltensweisen, die wir noch nicht so oft wiederholt haben, weil sie noch nicht physisch verankert sind.

Ich komme beispielsweise inspiriert aus einem buddhistischen Vortrag – eine ganz neue Möglichkeit hat sich mir eröffnet, mit meinem Partner umzugehen! Ich mache die Tür auf, und sehe: Er hat den Müll schon wieder nicht runter getragen, oder sie telefoniert schon wieder stundenlang mit ihrer Freundin! Meine guten Vorsätze sind vergessen, ich fange an zu meckern wie eh und je, und denke mir danach: aber du wolltest doch ganz anders reagieren. Du bist doch ein hoffnungsloser Fall!

Das kann übrigens auch passieren, wenn Sie schon längere Zeit üben… Das neue Muster ist zwar auf der geistig-intellektuellen Ebene vorhanden, aber noch nicht wirklich verankert, und in Stress-Situationen daher nur schwer abrufbar.
Selbst wenn man bereits mit dem Kopf begriffen hat, dass ein Verhalten ungünstig oder nicht mehr adäquat ist, verschwindet es nicht sofort. Dazu braucht es eine längere Übung alternativer Muster, bis diese auch auf der physischen Ebene angekommen sind, und eine Vernachlässigung des alten, unheilsamen Musters. Jeder Rückfall in das alte Verhaltensmuster stärkt

dieses erneut. Die Veränderung von fixierten Mustern verlangt von uns viel Ausdauer und Geduld und vor allem Achtsamkeit, um dem Ablauf des Reaktionsmusters Einhalt zu gebieten – es einmal anzuhalten!

Wir alle haben uns einen ganzen Satz an Mustern zugelegt, eine Art innerer Landkarte unserer Einstellungen, Vorurteile und Erwartungen, mit denen wir an unsere Umwelt herangehen.

Was empfiehlt nun der Buddha als rechte Gesinnung?

Die Art der rechten Gesinnung, die der Buddha in seinen Lehrreden (beispielsweise in der längeren Sammlung, der Digha Nikaya) empfohlen hat, wird wie folgt beschrieben:

- Eine **entsagende Gesinnung**: Darunter stellen wir uns vielleicht vor, dass man auf alles Schöne verzichten und in Sack und Asche gehen soll. Da kann ich ja gleich ins Kloster gehen und der Welt entsagen, könnte man meinen. Viele dieser Ausdrücke, wie „Entsagung", kommen aus den frühen deutschen Übersetzungen der buddhistischen Lehre, und wir empfinden sie heute nur zum Teil als hilfreich. Manchmal muss man etwas archäologische Arbeit leisten, das Wort von Staub befreien, so dass seine eigentliche und zeitgemäße Ausdruckskraft freigesetzt werden kann.

  Um einer Sache zu entsagen oder auf etwas zu verzichten, braucht es eine Motivation. Hier ist die Motivation: Wenn ich anders handle als mir die eingeschliffene Gewohnheit vorgibt, ist das heilsam und führt zu mehr Glück als mein bisheriges Denken und Verhalten!

Also eine entsagende Gesinnung, frei von Sinnengier. Da sind schon die nächsten Reizwörter: Sinne und Gier.

Wir leben in einer Welt, in der die Befriedigung der Sinne eine große Rolle spielt. Und warum sollte man sich auch nicht an Schönem freuen? Manchmal ahnen wir, dass uns das neue Auto oder die neue Frühjahrsmode zwar momentan freut, aber nicht dauerhafte Zufriedenheit geben kann. Hier gibt es nun eine Gelegenheit, zu hinterfragen und einen Umgang mit den Sinnen auszuprobieren, der uns weniger darin gefangen hält, weniger von bestimmten Dingen abhängig macht und durch diese Leichtigkeit die Freude an den Dingen sogar vertieft.

Im Leben eines Menschen scheinen die Dinge sich ganz natürlich in ihrer Bedeutung zu wandeln. Für ein Kind kann ein Spielzeug die ganze Welt sein, auch als Jugendliche und junge Erwachsene sind wir mehr nach außen orientiert und schaffen uns einen Platz in der Welt.

Beim Älterwerden merken wir, dass wir gar nicht mehr so viel im Außen brauchen, um zufrieden zu sein.

Auch jetzt, ganz gleich in welcher Entwicklungsphase wir sind, können wir unsere Pläne hinterfragen. Wenn wir großen Aufwand betreiben, um uns etwas Bestimmtes leisten zu können, kann die Frage: *„Brauche ich es wirklich?"* helfen, uns über unsere Bedürfnisse klarer zu werden.

Ein leichter und spielerischer Umgang mit den Sinnen macht uns weniger zu Sklaven der neuesten Werbung und unserer vermeintlichen Wünsche. Selten nehmen wir uns die Zeit oder erlernen Übungen, einen Sinneskontakt überhaupt erst wahrzunehmen. Einfach sehen, ohne über das Gesehene nachzudenken, einfach hören oder spüren, erst einmal ohne Bewertung.

Wozu soll das gut sein? Es entspannt, bringt uns in den gegenwärtigen Moment hinein und heraus aus unseren Gedankenkreisläufen, die uns unseren Ideen hinterher rennen lassen wie ein Esel hinter einer Karotte. Wir können beispielsweise ein schönes Bild einfach anschauen, ohne sofort zu denken: "So was will ich auch zu Hause hängen haben – aber das kann ich mir ja gar nicht leisten, so ein Mist, ich muss mehr arbeiten, so wird das nie was..." und so weiter! Wir können lernen, den gegenwärtigen Moment einfach so zu lassen, wie er ist, und ihn wirklich viel mehr genießen.

Was außerdem hilft, um diese entsagende Gesinnung, frei von Sinnengier zu entwickeln, ist: mit Freude geben (*dana*). In Asien konnten und können buddhistische Klöster nur existieren, weil sie von Laien mit Essen und Spenden unterstützt werden. Hier ist die Großzügigkeit und Gebefreudigkeit immer noch die Hauptübung für viele Menschen und kann als eigener Übungsweg gegangen werden – überraschend für westliche Vorstellungen, wo das Sitzen auf dem Kissen oft als einzige Form des Übens gesehen wird.

Bei *dana* geht es darum, so zu geben, dass es uns öffnet. Im Alltag haben wir oft einen engen Geist, eine innere Armutshaltung und richten unsere Aufmerksamkeit auf das, was wir nicht haben. Von Herzen geben und sich daran freuen, lockert und weitet diese Haltung, wir fühlen uns selbst reicher und offener für alles, was zu uns kommen mag.

Auch in unserer Kultur gibt es die Haltung des *dana*. Es ist schon bemerkenswert, wie viele Menschen freigiebig für Hilfs-organisationen und Menschen in Not spenden. Möge es immer mit Freude geschehen, so dass unser Geist sich öffnet!

- Eine **freundliche Gesinnung,** frei von Hass und Ablehnung: Hier geht es darum, wie wir mit uns selbst und der Welt umgehen. Nett und freundlich sein ist ein Gemeinplatz. Erst recht als Buddhist! Konflikte friedlich lösen und auf gute Weise zusammen leben ist wunderbar. Wenn wir freundlich und wohlwollend sind, tut das den anderen gut. Was wir meist außer Acht lassen, ist die Frage: Wie wirkt unsere Gesinnung denn auf uns selber? Ist es egoistisch, Freundlichkeit und Wohlwollen auch deshalb zu üben, damit es mir selber besser geht? Wir erinnern uns an die Definition von heilsam: etwas, das allen Beteiligten gut tut.

  Umgekehrt haben wir vielleicht das Gefühl, es wirke erleichternd auf uns, den Ärger oder die Wut gewohnheitsmäßig an anderen auszulassen. Dabei übersehen wir aber, dass wir auf diese Weise selbst ein Muster schaffen, uns unwohl und angespannt zu fühlen. Es belastet unsere Kontakte, andere ziehen sich zurück, und wir wenden die Angriffe dann noch mehr gegen uns selbst. Mit wem muss ich ein ganzes Leben verbringen? Diese Person bin auf jeden Fall ich selbst, und meine Gesinnung bestimmt so mein Lebensgefühl.

  Eine freundliche Gesinnung zu üben fängt uns auf, wenn es uns einmal nicht so gut geht. Denken Sie an die Muster, die wir abrufen können, wenn wir unter Stress sind. Je mehr wir die Freundlichkeit mit uns und anderen üben, desto leichter steht uns diese Haltung auch in schwierigen Phasen zur Verfügung.

- Eine **gütige Gesinnung**: Auch das Wort gütig verwenden wir kaum mehr. Vielleicht können wir es neu beleben und sagen: Es geht dabei darum, das Gute in sich und anderen zu sehen und sich nicht länger als nötig bei dem aufzuhalten, was uns stört oder verletzt hat.

  Das heißt keinesfalls, dass man alles von anderen Menschen annehmen und hinnehmen muss. Und es wäre gefährlich, die eigenen Gefühle zu ignorieren, wenn man verletzt oder gekränkt wurde, bleibt man sonst auch darin stecken, ohne es zu merken.

  Wir sehen die Dinge, wie sie sind oder uns erscheinen. Wenn Ihnen Unrecht angetan wurde, so bleibt es Unrecht, da gibt es nichts zu beschönigen. Welche Wirkung hat es aber auf Ihr Leben, sich die Vergangenheit immer wieder in Erinnerung zu rufen?

  Kommen Gedanken und Gefühle, die mit vergangenem Schmerz verbunden sind, dann können wir sie einfach da sein lassen und in der heilenden Atmosphäre unserer Übung annehmen, so gut es geht. Darin liegt eine Vergebung, die nicht an der Oberfläche bleibt und uns ermöglicht, im Hier und Jetzt anzukommen, wo unser Leben immer wieder neu beginnt.

Die genannten drei Aspekte der Gesinnung, wie der Buddha sie lehrt, haben eins gemeinsam: das Loslassen. Diese heilsame Gesinnung entwickelt sich dann, wenn wir üben, immer wieder loszulassen, seien es materielle Dinge, Gedanken und Gefühle oder alte Vorwürfe und schmerzhafte Erlebnisse.

> **Alle Erfolge, alle guten Erfahrungen auf diesem spirituellen Pfad sind nicht durch ein Ergreifen oder Wollen zu erlangen sondern nur durch Loslassen!**

Dhammapada 1 & 2

Der Geist geht den Dingen voran, sie sind ihm untergeordnet.
Kommen aus getrübtem Geist deine Worte und deine Taten,
so folgt dir das Unheil nach, wie das Wagenrad dem Zugtier.

Der Geist geht den Dingen voran, sie sind ihm untergeordnet.
Entspringen einem klaren Geist deine Worte und Taten,
so folgt dir das Glück nach, untrennbar wie dein Schatten.

Dhammapada 290

Wenn jemand durch Verzicht auf kleines Glück
ein erhabenes Glück erlangen kann,
so gibt der weise Mensch das kleine Glück auf,
im Anblick eines solch erhabenen Glücks.

Einsichtsübung: Loslassen

Suchen Sie sich einen ruhigen und angenehmen Platz, um diese meditative Betrachtung durchzuführen. Nehmen Sie sich dafür etwa 20 Minuten Zeit, setzen Sie sich, und fokussieren Sie Ihre Achtsamkeit auf Ihr bevorzugtes Meditationsobjekt, um den Geist zu beruhigen. Sobald Sie ruhig genug sind, beginnen Sie mit der Betrachtung der vier Grundlagen für eine richtige Gesinnung:

Habe ich wirklich vor, meine Einstellung zum Leben umzustellen?

Finde ich meine jetzige Lebensart wertvoll oder eher oberflächlich und leer?

Sind mir innere Werte, Lebenssinn und das Gefühl der Lebendigkeit so wichtig, dass ich mein Empfinden und Denken bewusst verändern möchte?

Bin ich überzeugt, dass mein Leben dadurch gehaltvoller, authentischer und interessanter werden könnte?

Kenne ich die Gefühle des Wohlwollens und der Akzeptanz?

In welcher Form erlebe ich Akzeptanz und Wohlwollen im Alltag, in meinen Beziehungen und im Beruf?

Habe ich die Allgüte (Metta) schon als Friedensstifter erlebt?

Glaube ich, dass auch ich diese Qualitäten erlernen kann und selbst üben muss, damit sie zur rechten Gesinnung werden?

Was bringt mir Loslassen?

Sehe ich den Gedanken des Loslassens als erstrebenswert oder als eine Zumutung an?

Kann ich mich gut von Dingen trennen, die mir zwar vertraut, aber veraltet und belastend sind?

Gebe ich gerne von meinem Besitz ab, macht mir Teilen Freude?

Bin ich bereit meine Redeweise zu revidieren: Abwertung, Ironie und Rechthaberei daraus zu verbannen? Kann ich harte und verletzende Rede loslassen?

Habe ich mit Grübeln und Intellektualisieren meine Last? Merke ich, wie es mich in eine energielose, depressive Stimmung herunterzieht? Wie kann ich es stoppen?

Diese Loslass-Sätze können Ihnen helfen loszulassen:
- o Möge ich alle Gedanken als vorübergehend erkennen.
- o Möge ich alle Gefühle als vorübergehend empfinden.
- o Möge ich mich selbst als Vorübergehende(n) wahrnehmen.
- o Möge ich frei sein!

Die Kunst des Loslassens heißt Verzichten lernen

Kann und will ich auf Dinge, Menschen, Gefühle oder Gedanken, die meinem Inneren nicht gut tun, verzichten?

Wie kann ich auseinander halten, was mir gut oder schlecht tut?

Es geht darum, dass der Geist und das Herz miteinander kommunizieren. Der Intellekt soll sich vom inneren Gefühl Zustimmung holen, um gut und schlecht auseinander zu halten. Wie geht es mir mit dieser Aussage?

Sitzen Sie nach dieser Betrachtung noch einige Minuten in Stille, bevor Sie wieder in die Aktivität zurückkehren. Lassen Sie dabei alles Nachdenken und Grübeln los, fürchten Sie nicht, etwas zu vergessen. Jene Gedanken und Erkenntnisse, die wirklich bedeutend und wichtig sind, werden Ihnen auch nach dieser Betrachtung noch einfallen.

Achtsamkeitsübung: Loslassen

Sehen Sie für diese Meditation zumindest 30 Minuten ungestörter Zeit vor. Setzen Sie sich zum Meditieren bequem, aber aufrecht auf Ihr Kissen oder einen Stuhl. Fühlen Sie die Basis Ihres Körpers, indem Sie wahrnehmen, wie ihre Füße und Beine den Boden berühren, und wie Ihr Gesäß sicher auf der Unterlage ruht. Kopf, Schultern und Rumpf können sich damit entspannt in der Basis niederlassen. So lassen Sie alle Verspannungen des Körpers und Bedrückungen des Geistes nach unten abfließen.

- **Betrachten Sie nun Ihre Atmung.** Fühlen Sie, wie sich Ihr Rumpf beim Einatmen etwas aufrichtet und beim Ausatmen wiederum entspannt nieder lässt. Bleiben Sie eine Weile bei diesen beiden Empfindungen!

- Nehmen Sie innerlich die Worte **aufrichten** und **loslassen** zu Hilfe, um den Atemvorgang zu begleiten: Aufrichten zum Einatmen, Loslassen zum Ausatmen. Üben Sie so einige Minuten und spüren Sie die beiden Pole Ihres Körpers.

- Nehmen Sie wahr, dass mit jedem Einatmen ein **neues Aufrichten** von der Basis bis zum Kopf hin entsteht und mit jedem Ausatmen ein **neues Loslassen** vom Kopf zur Basis hin. Jeder Atemzug ist einmalig und daher immer wieder neu, und nach dem Ausatmen ist er unwiederbringlich vorbei.

- Üben Sie nun einige Zeit mit den Worten: **Neu werden** beim Einatmen mit der Aufrichtung verbunden und **Niederlassen** durch den Körper zur Basis beim Ausatmen. Lassen Sie sich mit dem Atem in das Geschehen ein!

- Wenn die bisherigen Schritte gut funktioniert haben, können Sie den Ausatmen noch feiner benennen. Versuchen Sie dazu, das Atmen mit der Worten zu begleiten
  - **Loslassen** in Kopf, Hals und Schultern
  - **Niederlassen** durch den ganzen Rumpf
  - **Sich einlassen** im tiefsten Grund
  - Einatmen mit **neu werden**

- Sie lassen sich ein in das Entstehen und das Vergehen, in den Atem des Lebens! Geben Sie sich Ihren Empfindungen hin!

Wenn Sie die Meditation beenden, strecken Sie Ihre Arme in die Höhe, bewegen Ihre Beine und schauen sich im Raum um. Gehen Sie anschließend klar und frisch an Ihre Tätigkeiten.

Metta-Übung: Ein guter Freund

Mitgefühl (in Pali *karuna*) ist einer der vier „göttlichen Verweilzustände" (in Pali: Brahmavihara), göttlicher Zustände in der Meditation und im Leben.

Setzen Sie sich dazu auf einen ruhigen und Ihnen angenehmen Platz und schließen Sie die Augen. Lassen Sie sich auf Ihr bevorzugtes Meditationsobjekt so weit ein, bis Ihr Geist in Ruhe im Hier und Jetzt angekommen ist. Folgen Sie anschließend dieser Vorstellung:

Wir gehen diesen edlen achtfachen Pfad, um einen Weg zu finden, der vom Leid (in Pali: *dukkha*) wegführt. Wir bemühen uns aufrichtig um eine mehr oder weniger regelmäßige Praxis der Meditation. Wir glauben und hoffen, dort Ruhe und Frieden zu finden, vor der hektischen Welt und vor den bedrückenden Dingen flüchten zu können. Aber welche alten und unerwünschten Bekannten besuchen uns auch in der Meditation? Wir haben Schmerzen, Frust, Langeweile, Unruhe, Ungeduld und Zweifel. Wir sind traurig, schläfrig und womöglich enttäuscht.

Wir sehen zu unserer großen Ernüchterung, dass auch in der Meditation alle unangenehmen Begleiterscheinungen des Lebens wieder zum Vorschein kommen. Ob es uns passt oder nicht, auch die Meditation schützt uns nicht vor den unerwünschten Gefühlen. Und unser intuitiver Versuch, sich dagegen zu stellen, führt unmittelbar nochmals zu Leid, also zu doppeltem dukkha. So sitzen wir nun - realisierend, dass auch die Meditation nicht frei von Leid ist. Unser Wunsch nach einer leidfreien Zone hat sich auch hier wieder nicht erfüllt. Da könnte sich doch leicht Schwermut und Enttäuschung breit machen?

Vor unserem geistigen Auge erscheint ein Lichtwesen, ein Engel oder ein Bodhisattva, ein Wesen, das, wie der Buddha selbst durch die gleichen unangenehmen Erfahrungen gegangen ist, bis er erwachte.
Dieses Wesen legt uns freundlich und milde lächelnd, voller aufrechter Güte und Mitgefühl ganz sanft eine Hand auf die Schulter.
Wir fühlen ein tiefes und ehrliches Verständnis für unsere Situation.
Dieses Wesen sagt uns: Glaube mir, auch du kommst da durch!
Wir fühlen uns durch diese angenehme Berührung gestärkt und verstanden.
Dieses Wesen hat das Gleiche durchgemacht wie ich und zeigt mir, dass alles überwunden werden kann.
Diese angenehme Hand auf unserer Schulter verströmt Ruhe, Geduld und Gelassenheit in uns.

Wir erkennen anhand der Erfahrung dieses Wesens, dass es ein guter Weg ist, den wir gehen. Auch wenn er oftmals unangenehm und beschwerlich ist. Aber dieser Weg hat ein gutes und erreichbares Ziel.

Wir lassen nun dieses Wesen in unserer Vorstellung verblassen, bis es ganz verschwunden ist, bemerken aber, dass die heilsame Energie dieses Wesens in uns erhalten geblieben ist. So beschließen wir die Meditation mit dem Wunsch:

Mögen alle Wesen glücklich sein!

Lied: Loslassen

Rechte Rede - Worte werden Wirklichkeit

Worte sind unscheinbar, kommen rasch über unsere Lippen und haben doch eine enorme Macht. Manchmal werden Worte sogar mit Waffen verglichen, sie können lang dauernde Auswirkungen haben, geradeso wie in der folgenden Geschichte:

Die Stimme nicht halten, dafür den Mund

Susanna, meine größere Tochter, beschwert sich als Erwachsene noch, dass sie als Kind nicht mitsingen durfte. Wir Frauen sangen gern und viel miteinander. Nur wenn es darum ging, eine zweite Stimme zu halten, rutschte Susanna einfach ab. "Das sing mal lieber nicht mit" hieß es dann - und das hat sich als Ablehnung eingeprägt. Gestaunt habe ich, dass Susanna jetzt in einem Gospelchor eifrig und anerkannt singt. "Da muss ich ja nicht alleine eine Stimme halten; Ich durfte ja als Kind nicht mitsingen" - erklärt sie.

Das tut mir im Herzen weh.

Was zählt es schon, wenn jemand ein paar Töne verkehrt singt - gegen den Schmerz, wenn etwas im Herzen verkehrt klingt?

Was versteht der Buddha unter Rechter Rede (samma vaca)? Wie wirkt das auf Sie?

Versprechen Sie sich etwas von diesem Abschnitt, oder haben Sie den Eindruck, hier soll man diszipliniert und eingeengt werden?

Wie empfinden Sie es, wenn Sie Zielscheibe von unrechter Rede sind? Bleiben Ihnen verletzende Worte noch lange in Erinnerung? Oder können Sie Worte und Gespräche einfach abschütteln?

Lassen Sie uns mehr darüber herausfinden.

Reden, Zuhören und Schweigen

Ein ganzer Teil des achtfachen Pfades heißt rechte Rede?

Was ist daran so wichtig?

Wir leben in einer Zeit, wo viel Sprache ausgetauscht wird, schriftlich und mündlich. Unsere Worte, ins Internet gestellt, können in kurzer Zeit viele Menschen erreichen. Worte sind ein zentraler Bestandteil unseres Alltags.

Dem Buddha war es wichtig, sich genau anzuschauen, wie wir sprechen, uns austauschen und zuhören. Offensichtlich sah er, dass dieser Bereich eine große Wirkung auf unser Leben hat, denn er stellt uns hier vor hohe Anforderungen!

- **Nicht die Unwahrheit sagen:**

  Nicht direkt zu lügen ist hier noch der einfachste Aspekt: *„Ich habe den letzten Keks nicht gegessen!"*

  Auch Dinge zu beschönigen gehört dazu, Halbwahrheiten und einseitige Darstellung, die uns in ein besseres Licht rücken oder sonst wie unserem Interesse dienen. *„Der Keks war schon alt! Ich dachte, du wolltest ihn nicht mehr!"*

  In den Medien und in der Politik, aber auch im Alltag finden wir sicher viele Beispiele.

  Scheinbar geht es hier nur um die andere Person, der wir die Lüge oder Halbwahrheit auftischen.

  Im zweiten Schritt geht es aber dann darum, zu erkennen, was wir uns selbst antun (Vipassana). In Gedanken können wir, schneller als es uns bewusst wird, Dinge beschönigen, vor uns selbst rechtfertigen und so zurechtrücken, dass das Unangenehme daran unterdrückt wird. Am Ende glauben wir uns unsere eigenen Geschichten selbst. *„Der Keks war wirklich schon alt, gut für die anderen, dass ich ihn gegessen habe!"*

  Genaues Hinsehen ist unbequem und bringt Unschönes zu Tage, aber genau das hilft uns weiter. Echte Entwicklung geschieht auf dieser Grundlage. Die Dinge so wahrzunehmen, wie sie sind, ist in sich schon etwas Echtes, das befreiend wirkt und die abgestandene Atmosphäre im Geist reinigt.

- **Die Wahrheit eingestehen:** Etwas, das wir wissen, weil wir es erfahren, gesehen oder gehört haben, bewusst zu verschweigen, ist unheilsam. Wenn uns jemand danach fragt. *„Sind noch Kekse da? – Jaja"* (obwohl wir gesehen haben, dass die Dose leer ist). Bei allen Aspekten der rechten Rede geht es darum, dass es anderen nützen bzw. nicht schaden soll. Eine Information zurückzuhalten könnte helfen oder schaden. Deshalb müssen wir im Einzelfall abwägen.

Auch hier gibt es einen zweiten Schritt: Sich selber die Wahrheit eingestehen! Wir bemerken kaum, dass wir Unangenehmes schnell abwehren und es nicht in unser Bewusstsein lassen. Das ist zum Beispiel bei einer Suchtkrankheit entscheidend. Der erste Schritt zur Heilung ist, sich die Sucht einzugestehen. Es ist klar, dass wir grundlegende Schritte oft am liebsten vermeiden, weil sie Konsequenzen für unser Leben haben. Das gilt nicht nur für Süchte, sondern für alle physischen, psychischen und spirituellen Probleme, in die wir verstrickt sind.

- **Nicht hinter dem Rücken über andere reden:** *„Sie isst immer alle Kekse und ist eh schon zu dick."* Der Buddha hat einige Zeit allein auf seiner Suche verbracht, aber die meiste Zeit lebte er zusammen mit anderen: in der weltlichen Umgebung des Palastes und in den spirituellen Gruppen, denen er zeitweise angehörte, und schließlich mehrere Jahrzehnte in der von ihm gegründeten Gemeinschaft. Er hat großen Wert darauf gelegt, Konflikte und Kontroversen möglichst direkt unter den Beteiligten zu klären. Aus Erfahrung wusste er: Das Sprechen über andere hinter deren Rücken erzeugt eine ungünstige Gruppendynamik und löst die Probleme nicht. Auch hier gibt es bestimmte Grenzsituationen. Manchmal muss man zum Beispiel in beruflichen Situationen auch kritische Informationen über andere weitergeben, zum Beispiel bei der Personalbeurteilung. Hier kann man sich fragen: Wem helfe und wem schade ich. Muss ich mich vielleicht im beruflichen Umfeld entscheiden (sage ich nichts über den Mitarbeiter, helfe ich ihm, schade aber dem Vorgesetzten und umgekehrt).

- **Mit Sprache verbinden, nicht trennen:** Der Buddha legt uns nahe, in unseren Äußerungen eher das zu suchen, was uns verbindet und was wir gemeinsam haben, und nicht auf Konfrontation und Trennung hinzuarbeiten. *„Danke, dass du für alle Kekse mitgebracht hast. Sie schmecken toll!"*

Verbindende Sprache führt zu mehr Frieden, und außerdem nähern wir uns mit ihr unserem natürlichen Zustand der Verbundenheit aller Wesen an. Der buddhistische Meister THICH NHAT HANH beschreibt es mit dem Begriff *interconnectedness* oder *inter-being*. Das abgetrennte Ich ist eine Illusion. Mit unserer Sprache können wir diese Einsicht stärken.

- **Keine groben und ordinären Worte benutzen** *„Wo hast du die v... Sch...- kekse wieder hingeräumt?"* Wir denken vielleicht, was soll's, so ein Schimpfwort tut doch mal gut, F-Wörter sind cool, und wir wollen nicht brav sein, auch nicht sprachlich. Doch wie groß ist die Macht der Worte wirklich? Physisch gesehen sind sie zwar nur ein paar Schallwellen, doch ihre Wirkung kann Waffengewalt haben. Ajahn BRAHM sprach in einem Vortrag treffend von Words of mass destruction (Massen-vernichtungsworten). Es ist bei näherem Hinsehen überraschend –wenn jemand gar keine negative Absicht hat und niemanden angreifen will, können grobe, harte, zynische oder ironische Worte im Sprechenden und im Zuhörenden Gefühle von Angst, Aggression, Wut oder Einsamkeit wecken.

  In einem Streit harte Worte zu vermeiden, ist sicher eine sehr schwierige Übung – aber wir können ausprobieren, wie wir uns damit fühlen und wie die Situation dann aussieht.

  Wie es ist, wenn man mit Sprache nicht angreift, kann man mit Menschen erleben, die aufgrund ihrer Gelübde ganz auf Schimpfwörter verzichten. Das können Mönche, Nonnen oder auch spirituelle Führer der amerikanischen Ureinwohner sein - in deren Kultur ist das Vermeiden von Schimpfworten ein zentraler Punkt. Intuitiv spürt man, dass sie die Sprache nicht aggressiv verwenden, und man kann sich im Gespräch entspannen.

- **Nicht zu plappern:** Wir sparen uns an dieser Stelle eine Seite Geplapper über Kekse. Leeres Geschwätz zu vermeiden, ist sicher von allen Punkten der rechten Rede am schwersten einzuhalten. Wie schnell füllen wir alles mit Worten, ganz automatisch, vielleicht weil wir die Stille gar nicht mehr gewohnt sind. Es könnte uns auch zu denken geben, wenn wir uns selbst lieber reden hören als andere. Oder wenn wir uns nie mitteilen und das, was wir zu sagen hätten, lieber zurückhalten.

  Geplapper führt uns weg vom Gefühl des gegenwärtigen Augenblicks. Der Buddha möchte uns hier den Wert und die Einzigartigkeit von jedem Moment unseres Lebens zeigen.

  In unserer Kultur ist es anerkannt, in geschliffener Sprache intellektuell Hochstehendes von sich zu geben und damit natürlich das eigene Ich zu stärken. Für viele ist es selbstverständlich, dass zu Hause oder im Auto das Radio oder der Fernseher an ist, ein Strom von Worten, denen wir oft gar nicht zuhören. Es hilft uns, Einsamkeit und Unruhe zu überdecken. Was würden wir eigentlich fühlen, wenn es still wäre?

Geplapper führt auch leicht zu den schon beschriebenen nicht heilsamen Redeformen.

Habe ich mich für eine Weile darin geübt, leere Worte zu vermeiden, dann kann ich auch bemerken, dass im Smalltalk zwar kein großer Inhalt rüber kommt, *„Gut, diese Kekse, nicht?"*. Doch Smalltalk hat auch eine verbindende und damit heilsame Funktion. Das kann man bewusst unterscheiden. Andere (und mich selber) einfach voll zu quasseln und „zuzutexten" ist ermüdend, ein wenig übers Wetter zu reden und dabei Verbindung zu spüren, tut gut.

Bei allen Punkten hilft uns die Übung der Achtsamkeit: Bemerken, was wir sagen, und wie wir es sagen. Nach und nach wird es leichter, und wir gehen weniger automatisch mit unseren Worten um. Das ist auch nützlich, weil wir etwas Gesagtes nur schwer wieder zurücknehmen können.

Sprechen und Zuhören gehören zusammen. Was ist für beides hilfreich?

Die Lehrreden des Buddha machen vor allem Aussagen darüber, wie man den Lehren richtig zuhört. Wie ein Alltagsgespräch zur spirituellen Übung wird, dazu haben wir im *insight dialogue* (Einsichtsdialog) von Gregory KRAMER eine gute Anregung gefunden – hier eine kurze Anleitung:

1. **Pause:** Im Gespräch immer wieder kurz pausieren und in uns hinein spüren. Damit stoppen wir für einen Moment automatische Abläufe unserer bekannten Gedanken- und Reaktionsmuster. Das kann schwer sein, wenn Emotionen da sind. Dann brauchen wir einen stabilen Anker, können zum Beispiel unsere Füße spüren. Vielleicht bemerken wir, dass neue Energie da ist, wenn wir einen Moment unser diskursives Denken anhalten.

2. **Entspannen:** Haben wir den Stopp geschafft, können wir ihn dazu nutzen, Körper und Geist kurz zu entspannen. Das tut uns gut und ermöglicht uns, unserem Gegenüber offener und wacher zuzuhören.

3. **Offenheit:** Wenn die Pause und das Entspannen schon ganz gut klappen, können wir den dritten Schritt machen: Unser Gesprächsziel ist uns bewusst, aber wir können es loslassen und haften nicht daran an, dass etwas Bestimmtes passieren muss. Das öffnet uns für unseren Gesprächspartner und wir lernen ihn oder sie besser kennen. Auch die Rolle, die wir oft in einem Gespräch einnehmen, dürfen wir innerlich loslassen und haften damit weniger an unserem Ich.

4. **Vertrauen in die Entwicklung** (trust emergence): Wir denken noch einmal an die oben beschriebene Gesinnung: Beide Gesprächspartner bringen ja ihre individuelle Lebenseinstellung, ihre Erfahrungen und Annahmen mit, ohne dass das normalerweise reflektiert wird. Wir können Punkte davon ansprechen, unsere eigenen Vorurteile und die des Gegenübers hinterfragen und so das Gespräch für viel kreatives Potenzial und Humor öffnen.

5. Sich **dem Prozess** der Kommunikation **verpflichten** (listen deeply): Für einen aufrichtigen Kommunikationsprozess müssen wir Energie aufbringen und präsent sein, auch wenn wir versucht sind, uns auszuklinken oder gedanklich zurückzuziehen.

6. **Die Wahrheit sprechen und hören** (speak the truth): sich im Sprechen und Hören ganz für die Wahrheit zu engagieren und in der Kommunikation dabeizubleiben.

7. Und schließlich **Schweigen**. Es ist überraschend, wie viel Unterschiedliches im Schweigen liegen kann. Als Kinder haben wir vielleicht Schweigen als Strafe oder als Anzeichen für dicke Luft kennen gelernt. Viele, die zum ersten Mal an einem Schweige-Meditationskurs teilnehmen, haben leicht wieder diese Assoziationen. In buddhistischen Kursen heißt es „Edles Schweigen". Es ist ein Hinweis auf die Absicht darin: Wir können viel leichter bei uns bleiben, wenn wir schweigen. Es entlastet uns davon, uns mit den anderen zu beschäftigen und selbst etwas darstellen zu müssen. Wir können ganz zu uns selbst kommen. Wir sind nicht durch Worte und Kontakt abgelenkt und erfahren alles intensiver. Das hat angenehme und unangenehme Seiten. Wir müssen nicht reagieren oder uns rechtfertigen, spüren unsere Schritte beim Gehen, schmecken das Essen, fühlen den Schmerz in den Schultern, die Freude in entspannten Momenten. Die Gedanken sind lauter als sonst, die Gefühle stärker. Das kann uns viel Einsicht bringen. Das nennen wir Vipassana: die in uns ablaufenden Gefühle und Reaktionen unseres Geistes immer klarer erkennen und daraus unsere Schlüsse ziehen.

Reden, Zuhören und Schweigen sind wirkungsvolle Übungsfelder auf unserem Weg.

Daher sind die rechte Rede, das rechte Zuhören und das rechte Schweigen nicht nur als äußerliches Zeichen der Spiritualität wichtig, sondern bieten einen stützenden und fördernden Rahmen für die Weiterentwicklung zum Erwachen.

Sutta Nipata: Wohlgesprochen

In dieser kurzen Lehrdarlegung, die aus einer der vermutlich ältesten Lehrüberlieferungen (dem *Sutta Nipata*) stammt, erklärt der Buddha seinen Anhängern, wie eine Rede (Synonym verwendet für ein Gespräch) gut gesprochen bzw. korrekt geführt wird.

> *Eine Rede, Ihr Mönche, die vier Eigenschaften besitzt, ist wohlgesprochen, einwandfrei und nicht zu tadeln. Welches sind diese vier Eigenschaften? Da, Ihr Mönche, spricht ein Mönch nur Wohlgesprochenes, nicht Übelgesprochenes; nur Rechtes spricht er, nicht Unrechtes; nur Freundliches spricht er, nicht Unfreundliches; nur Wahres spricht er, nicht Falsches.*

Anguttara Nikaya 5/167 – über Kritik

Die angereihte Sammlung (*Anguttara Nikaya*) des Palikanons stellt eine Sammlung von Lehrreden bzw. Bruchstücken von Lehrreden dar. Diese wurden willkürlich (also nicht nach Themen) nach dem in den Lehrreden hauptsächlich enthaltenen Nummernbezug gruppiert.

In dieser Lehrrede legt Sariputta, einer der engsten Schüler Buddhas dar, wie am besten Kritik und Tadel innerhalb der Mönchsgemeinde zu üben sind.

> *Der Kritik oder einen Tadel aussprechende Mönch soll sich dabei fünf Dinge gegenwärtig halten. Welche fünf?*
> *Zur rechten Zeit und am rechten Ort[14] will ich mit Ihm sprechen, nicht zur Unzeit.*
> *Den Tatsachen gemäß will ich sprechen und nicht im Widerspruch zu den Tatsachen.*
> *Höflich will ich sprechen, nicht grob und von meinen Gefühlen geleitet.*
> *Zweckmäßig will ich sprechen, nicht unzweckmäßig.*
> *In liebevoller Gesinnung will ich sprechen, nicht aus innerer Bosheit.*

---

[14] Damit ist auch gemeint, dass Kritik am besten unter vier Augen stattfindet.

Einsichtsübung: Verzeihen

In dieser meditativen Betrachtung, die etwa 20 Minuten dauert, üben wir, uns selbst und andern zu vergeben.

Lassen Sie dazu Ihre Gedanken zur Ruhe kommen. Fühlen Sie dann beim Atmen in Ihren Brustraum. Wo ist die Atmung blockiert, wo schmerzt etwas? Finden Sie so in die Gefühle hinein, die da sind, wenn Sie sich selbst oder anderen etwas noch nicht vergeben haben.

Stellen Sie sich nun vor, in einem Kino zu sitzen. Auf der Leinwand sehen Sie eine Situation, in der Sie andere Menschen bewusst oder auch unbewusst verletzt haben. Betrachten Sie genau, wie sich das abgespielt hat, ohne sich verwickeln zu lassen – Sie sind jetzt Zuschauer, kein Schauspieler!

Erwägen Sie anhand dieser verletzenden Situation für sich folgende Sätze:

Ich habe andere Menschen verletzt, sie im Stich gelassen, verraten oder ihnen in der einen oder anderen Weise Schaden zugefügt.

Ich habe anderen Menschen aus meinem eigenen Kummer, Angst, Wut oder Verzweiflung bewusst oder auch unbewusst Schmerzen zugefügt.

Ich bitte diese Menschen jetzt um Entschuldigung, bitte vergebt mir!

Betrachten Sie nun nochmals, als Wiederholungsvorstellung die zuvor genannte Situation. Sehen Sie genau hin und beobachten Sie diesmal besonders, wie Sie sich selbst in dieser Situation verletzt haben.

Erwägen Sie aufgrund dieser wiederholten Beobachtung folgende Sätze:

So wie ich andere Menschen verletzt habe, habe ich auch mir zugleich selbst auf vielfältige Art geschadet und mich verletzt.

Ich habe mich selbst bewusst und unbewusst in Gedanken, Worten oder Taten verraten, aufgegeben oder zurückgesetzt.

Dass ich mir selbst durch meine Handlungen in vielfacher Weise geschadet habe, verzeihe ich mir jetzt von ganzem Herzen.

Wenn ich genau hinsehe, finde ich sicher bei mir noch eine ganze Reihe „unverzeihlicher" Eigenschaften und Aspekte meines Lebens. Kann ich all diesen Gedanken und Gefühlen die Botschaft zukommen lassen, dass ich sehe, wie ich mir damit Leid schaffe und mir jetzt vergebe.

Lassen Sie nun eine andere Situation auf der Kinoleinwand ablaufen. Diese wird Ihnen nur zu gut bekannt sein. Rufen Sie sich eine Situation vor

Augen, in der Sie selbst verletzt, hintergangen oder enttäuscht wurden. Lassen Sie sich aber nicht von der Situation auf der Kinoleinwand überwältigen, sondern betrachten Sie diese genau von Ihrem Kinosessel aus.

Erwägen Sie anhand dieser neuen Situation folgende Sätze:
Man hat mir auf vielfältige Weise durch Worte und Taten bewusst und unbewusst Schaden zugefügt, mich ausgenutzt, hintergangen oder im Stich gelassen.

Ich erinnere mich an viele Situationen, in denen mir andere aus Wut, Angst, Schmerz oder Verblendung geschadet haben und mir körperliche oder geistige Wunden zugefügt haben.

Ich habe nun lange genug darunter gelitten!

Ich vergebe nun den anderen, soweit ich es vermag.

Wenn Sie manchen Menschen noch nicht vergeben können, weil das erlittene Leid zu groß ist, so können Sie innerlich diesen Personen sagen: Ich nehme mir vor, dir zu verzeihen (wenn ich es vermag).

Lassen Sie nun die Kinoleinwand dunkel werden und die Betrachtungen und Überlegungen abfließen und verebben.

Danken Sie sich selbst für die herausfordernde Aufgabe, der Sie sich gestellt haben. Sie haben diese gut gemeistert.

Sitzen Sie noch einige Minuten ruhig, bevor Sie wieder in die Aktivität zurückkehren.

Achtsamkeitsübung: Benennen

Bevor wir Sie nun in die meditative Technik des Benennens einführen, soll Ihnen die folgende Geschichte das Paradoxon darin und den einfachen möglichen Lösungsansatz darstellen:

Wie macht man Denken?

Meine kleine Schwester Line kann gerade reden - hört aber nicht mehr auf damit. Besonders hat sie es mit "Ich denke". Wir fragen Line: "Wie machst du das denn, das Denken?" Ein bisschen überlegt sie, dann kommt es sicher: "Ich sag' mir das leise in den Hals." Manchmal finde ich diesen Hinweis ganz nützlich zum Sortieren der Gedanken.

Setzen Sie sich an einem ruhigen Platz auf Ihr Sitzkissen oder auf einen Stuhl. Planen Sie für diese Meditation einen Zeitraum von 30 bis 45 Minuten ein. Legen Sie Ihre Hände bequem ab und schließen Sie Ihre Augen. Sie können auch schräg vor sich auf den Boden schauen, wenn bei Ihnen mit geschlossenen Augen unsichere Gefühle auftreten.

Achten Sie wie folgt auf Ihre Körperhaltung:

- Da liegen meine Füße auf dem Boden.
- So liegen meine Beine jetzt da.
- So sitzt mein Gesäß auf der Unterlage.
- So ist mein Rücken aufgerichtet.
- So ist meine Vorderseite aufgerichtet und offen.
- So lassen meine Schultern und meine Arme nach und sinken ab.
- So liegen meine Hände da.
- So ist mein Gesicht lang und weit
- So sitzen mein Hals und mein Kopf auf dem Rumpf.
- Da ist mein Scheitel.
- So sitze ich da - an diesem Platz auf der Erde - an diesem Platz unter dem Himmel.

Dann wenden Sie Ihre Achtsamkeit auf die acht Punkte oder auf Ihren Atem. Wenn Sie den Atemvorgang gewählt haben, dann richten Sie jetzt Ihre Konzentration entweder auf die Nasengänge oder auf den Bauch - Brustbereich; dahin, wo Sie das Ein- und Ausatmen am besten spüren.

Nehmen Sie sich vor, drei Atemzüge lang nur bei diesem Atemgeschehen zu bleiben, ganz und gar - ohne einen Gedanken dazwischen kommen zu lassen.

Freuen Sie sich, wenn Sie es geschafft haben - und loben Sie sich!

Dann nehmen Sie sich erneut 3 Atemzüge als Ihr Meditations-Objekt vor.

Fahren Sie so fort, bis Sie das Zählen auf 5 Atemzüge erweitern können oder es gar nicht mehr brauchen.

Der Atem ist ein wunderbares Instrument, um Sie ganz in das Hier und Jetzt zu bringen. Nur hier in diesem Körper findet Atmen statt und es kann nur in diesem kurzen Augenblick geschehen - im Jetzt.

Während nun Ihre Aufmerksamkeit dem Atmen gilt, ohne zu steuern, werden immer wieder ablenkende Gedanken auftreten. Diese Gedanken kommen und wandern wahllos in Ihrem Geist herum, bis Sie es bemerken und sich wieder an das Atmen als Ihr Meditationsobjekt erinnern. Sicher werden Sie sich ab und zu gedanklich in der Vergangenheit wiederfinden oder beim Planen für die Zukunft, oder in Vorstellungen, Gesprächen, in Tagträumen oder im Dahindämmern, im Dösen.

Um damit besser fertig zu werden, wird das Ordnen als hilfreiche Methode empfohlen, das mit dem Benennen, Etikettieren (labeling) seine Anwendung findet.

Die einfachste Form des Benennens geschieht mit den **vier Ablagen**.

Man legt um sich herum oder in sich gedanklich vier Ablagen an:

- Eine für Gedanken an die **Vergangenheit**
- Eine für Gedanken an die **Zukunft**
- Eine für Gedanken an das **Nicht-Hier**
- Eine als **Papierkorb** für alles Unnötige und nicht näher kategorisierbare wie beispielsweise kurz aufblitzende Gedanken oder Gedankenfetzen.

Es ist eine Form von Ordnen und Aufräumen im Geist, das zu Ruhe und Klarheit führt und damit die Basis für weitere, tiefere Meditationen darstellt. Dieses Aufräumen im Gehirn verlangt von Ihnen natürlich aufzupassen: also die Achtsamkeit!

Dieses Ablegen soll trotzdem locker und möglichst spontan sein, nicht mit einem langen Nachdenken verbunden, welches die beste Ablage für den Gedanken sein könnte.

- Wenn Sie also auf das Atmen achten und es kommt eine Erinnerung auf, sagen Sie sich „*Vergangenheit*" und legen es auf die entsprechende Ablage - kehren dann zur Atembetrachtung zurück, was mit den Worten „*Hier und Jetzt*" noch mehr Stabilität bekommt. Bei Zukunftsideen verfahren Sie genauso.

- Ziehen Ihre Gedanken Sie in der Gegenwart zu einem anderen Ort, z.B. zur Familie, zum Beruf, zu einem Kriegsschauplatz o.a. hin, dann sagen Sie „*nicht hier*", legen die Gedanken auf dem richtigen Stapel ab und kommen zum Atem hier an Ihrer Nase oder hier am Bauch zurück.

- Der geistige Papierkorb hat sich als ein gutes Hilfsmittel herausgestellt. Viel, was sich im Geist tummelt, ist einfach Unsinn. Das sollte so schnell als möglich im Papierkorb landen (wie z.B. Grübeln, Gesprächsfetzen u.a.), um Sie nicht weiter zu belasten.

- Auch da ist das Hier und Jetzt ein stabiler Anker, der immer wieder zum Atem oder zu dem gewählten Meditations-Objekt zurückführt.

Verlieren Sie nicht Ihre Geduld!

Das Denken hört mit dieser Methode nicht auf - aber Sie können es ordnen, beruhigen und klären!

Das Benennen kann Ihnen auch Einsichten verschaffen. Sie erfahren bei dieser Beobachtung, wohin Ihre Gedanken gerne wandern; auch merken Sie, dass Sie weniger Kontrolle über Ihre Gedanken haben, als Sie glauben. Besonders wichtig ist für Sie, zu erkennen, dass Sie Gedankengänge stoppen können!

Wichtig ist, die Bedeutung des Hier und Jetzt als Stabilitätsfaktor für Ihr gegenwärtiges Leben zu erkennen und ihm gebührenden Platz zu geben. So erleben Sie sich in Ihrer einzigartigen Lebendigkeit!

Kommen Sie ruhig und frisch zugleich aus Ihrer Meditation in das Tagesgeschehen.

Auch im Verlauf Ihrer Tätigkeiten oder in Ruhepausen lässt sich das Benennen, was gerade in Ihrem Kopf abläuft, gut einsetzen. Sie werden vielleicht sicherer entscheiden, was Sie von Moment zu Moment tun, und Sie werden wertvolle Energien einsparen.

> **Mögen Sie sich weniger belastet und klarer fühlen!**

Metta-Übung: Umfassende Liebe

Setzen Sie sich dazu an einen ruhigen Platz und fokussieren Sie sich auf ihr Meditationsobjekt, bis Ihr Geist ruhig und gefasst ist.

Sehen Sie für diese Meditation einen Zeitraum von etwa 30 Minuten vor und beenden Sie diese danach, egal, wie weit Sie in der Anweisung fortgeschritten sind. Da die einzelnen Stufen der Meditation je nach Ihrer persönlichen Konstitution und Tagesverfassung unterschiedlich lange dauern können, empfehlen wir, wenn Sie alleine üben, sich eine bestimmte maximale Dauer zu setzen.

Beginnen Sie nun mit einem kurzen Satz[15], den Sie innerlich kontinuierlich wiederholen. Derartige Sätze können beispielsweise sein:

- ❖ Möge ich zufrieden und glücklich sein
- ❖ *<nennen Sie Ihren eigenen Namen!>* zufrieden und glücklich
- ❖ Gelassen und klar

---

[15] Die hier angeführten Sätze sind Beispiele. Nehmen Sie sich die Zeit, die Anzahl und Art der Wörter so zu wählen, dass Ihr Satz für Sie persönlich stimmt, und Sie ihn gut verwenden können.

- Wiederholen Sie dabei diesen Satz nicht nur gedanklich – sprachlich, sondern wünschen Sie **sich selbst** den Inhalt dieses Satzes mit ganzem Herzen. In dem Moment der Meditation können Sie sich so akzeptieren, wie Sie gerade sind, und wünschen sich selbst Ruhe, Zufriedenheit und Glück. Wiederholen Sie diesen innigen Wunsch für sich selbst zehnmal, hundertmal, so lange, bis Sie selbst ein angenehmes Gefühl empfinden. Das kann beispielsweise ein wohliges, vibrierendes Gefühl im ganzen Körper sein, ein Rieseln oder auch ein Wärmegefühl in der Herzgegend.
Führen Sie die Übung so lange durch, bis sich dieses Gefühl gefestigt und stabilisiert hat.

- Denken Sie nun an eine Ihnen **spirituell nahestehende Person**, entweder Ihren Lehrer, Ihre Lehrerin oder auch jene Person, die Sie auf diesen Weg gebracht hat.
Fühlen Sie Ihre Dankbarkeit dieser Person gegenüber und schicken Sie diesem Menschen aus tiefstem Herzen Ihren Mettasatz. Wiederholen Sie auch hier diesen innigen Wunsch, bis Sie völlig eins mit dem Gefühl des Schenkens sind.
Falls Sie hier oder in einer der folgenden Stufen aus der Übung fallen, so kehren Sie wieder zu sich selbst zurück und bauen die Übung aus der Liebe und Zuneigung zu sich selbst wieder von vorne auf.

- Denken Sie nun an einen **guten Freund**[16], eine gute Freundin. Lassen Sie auch hier ein Gefühl von Wohlwollen und Verbundenheit hochkommen. Wiederholen Sie auch hier diesen Wunsch aus tiefsten Herzen.

- Nehmen Sie nun eine **neutrale Person**. Wählen Sie eine beliebige Person aus, der Sie heute begegnet sind. Auch diese Person strebt nach Glück und Zufriedenheit. Spüren Sie mittlerweile die Kraft des angenehmen Gefühls? Lächeln Sie jetzt der unbekannten Person zu und wünschen es ihr.

---

[16] An der Stelle ist es auch möglich, kranken Menschen Metta zukommen zu lassen. Da aber hier die Gefahr emotionaler Verstrickung sehr hoch ist, haben wir diese Variante noch nicht angeführt. Wenn Sie in Ihrer Übung bereits gesetzt und sicher sind, können Sie die guten Gedanken kranken Menschen schicken, auch ganz auf deren Situation und Bedürfnisse abgestimmt.

- Als letzte Person lassen Sie einen Menschen, der Ihnen **feindlich** oder **unfreundlich** gesinnt ist, der Sie verletzt hat, diese Wünsche zukommen. Sie müssen die Taten dieses Menschen nicht gutheißen oder ignorieren, aber sehen Sie genau hin. Auch dieser Mensch sucht im Inneren seines Herzens nur nach ein wenig Glück und Zufriedenheit, auch wenn seine Mittel vermutlich nicht dazu geeignet sind. Gerade deswegen hat auch dieser Mensch unsere tiefsten Herzenswünsche ganz besonders nötig.

Abschließend kehren wir zu uns selbst zurück und ruhen in dem angenehmen Gefühl von Liebe, Annehmen, Wohlwollen und Zuwendung. Wir lassen dieses Gefühl auf uns wirken und beschließen diese Meditation mit den folgenden Wünschen:

> **Möge ich zufrieden und glücklich sein**
> **Mögen alle Wesen zufrieden und glücklich sein**

Lied: Om Namah

Rechtes Handeln - mach ich es richtig?

Die buddhistische Ethik will vor allem dazu verhelfen, dass unser Leben eine gute Entwicklung nimmt, und der Alltag eine tragfähige Basis für Glück und spirituelles Wachstum ist. Wir sind frei und können tun, was wir wollen. Vielleicht haben wir in unserem Leben ein Beispiel dafür, dass eine ungünstige Handlung ziemlich viele unangenehme Konsequenzen nach sich gezogen hat, und wir nachts nicht mehr richtig schlafen konnten? Solche Situationen, meint der Buddha, schaffen außen und innen viel Unruhe. „Ein gutes Gewissen ist ein sanftes Ruhekissen", weiß auch unsere Kultur. So gesehen ist der Sinn der Ethik, neben einem guten Nachtschlaf auch gute Bedingungen für die Entfaltung unseres Potenzials zu schaffen!

Einerseits können wir Probleme und Verwicklungen vermeiden, indem wir bestimmte Dinge erst gar nicht tun, andererseits können wir Aktivitäten wählen, die unser Leben positiv aufbauen.

Richtlinien für ein heilsames (Zusammen) leben?

Wichtig ist es, mit der richtigen Geisteshaltung an solche Richtlinien heranzugehen - selbst wenn man versuchen würde, alle Regeln bis ins letzte einzuhalten, würde man scheitern. Darin liegt die Gefahr von Fanatismus. Viel verbreiteter in unserem Kontext sind die Haltungen, sich zu überfordern, die eigene Bemühung nicht anzuerkennen und dadurch energetisch auszubrennen. Kinder wissen das.

Weniger machen

Lucy und Kimberly (7 und 8) geben sich große Mühe, ein Wegebuch zu führen. In der katholischen Schule wird viel von der Kommunion gesprochen, von den Feiern und vor allem von den Geschenken.

Als Buddhisten wollen sie etwas Ähnliches haben. Ohne buddhistische Lehre geht es nicht, und da ist der achtfache Pfad die beste Anweisung, wie man sich in einem guten Leben verhalten soll. Im Wegebuch können sie eintragen, was ihnen dazu einfällt. Es bleibt nicht aus, über Gier und Hass zu sprechen, was sie recht gut verstehen und schnell Beispiele finden. Als es dann heißt, dass man Gier und Hass überwinden solle, schaut mich Lucy ungläubig an: "Aber Oma, das geht doch gar nicht - höchstens ein bisschen weniger machen!"

Als Realistin war ich damit einverstanden.

Die fünf Silas:

Der Buddha hat für verschiedene Bereiche seiner Gemeinschaft Richtlinien angegeben; für Ordinierte gibt es mehr Regeln. Alle Menschen, die einem buddhistischen Weg folgen, beschäftigen sich mit den fünf ethischen Richtlinien (fünf Silas), die eine gute Basis für ein friedliches Leben sind.

- **Nicht töten, sondern Leben bewahren.** Wir verstehen intuitiv, dass das Leben etwas sehr Kostbares ist. Die buddhistische Lehre sieht im Leben den Ausgangspunkt zum höchsten Glück, der Befreiung, die in allen Lebewesen schon angelegt ist. Deshalb ist alles Leben unendlich kostbar, und es ist sehr aufbauend, Leben nicht zu nehmen, sondern möglichst zu erhalten.

  Wenige von uns werden vorsätzlich töten. In welchen alltäglichen Situationen kann uns diese Regel inspirieren?

  Was für ein Gefühl ist es für einen selbst, nicht jedes Insekt gleich mit der Fliegenklatsche platt zu machen, sondern vorsichtig nach draußen zu befördern? Nach einer Weile der Übung und zusammengebissenen Zähnen, weil einem die Stechmücke entwischt ist, kann sich ein Gefühl für die wunderbare Lebendigkeit auch in so einem kleinen Tier einstellen, und damit fühlen wir uns selbst lebendiger.

  Nur ungern nennen wir die Diskussion über vegetarische Ernährung, die zum Teil schon dogmatisch und aggressiv geführt wird, und das ist sicher nicht der Geist der Silas. Hier können wir schauen, ob es auch eine Entwicklung geben darf, nicht nur ein Ja oder Nein. Wenn es uns sehr schwer fällt, gar kein Fleisch zu essen, uns aber das Schicksal der Tiere in Massentierhaltung und Schlachthöfen grundsätzlich berührt, könnten wir erste Schritte dahin gehen, etwas weniger Fleisch zu essen, um mit der Weisheit der kleinen Lucy zu handeln, und zum Beispiel auch berücksichtigen, ob das Tier unter guten Bedingungen leben durfte.

  All diese kleinen Dinge bewirken schon eine Veränderung in die Richtung, dass wir dem Leben gegenüber feinfühliger werden und es mehr schätzen, auch unser eigenes.

- **Nicht nehmen, was mir nicht gegeben ist, sondern großzügig teilen, was mir gehört.** Nicht stehlen ist ein guter Anfang. Viele wären empört, wenn man sie darauf hinweisen würde, dass sie gegen dieses Sila verstoßen. Was ist, wenn zum Beispiel am Arbeitsplatz Sachen einfach so herumliegen und man eben ab und zu etwas davon für den persönlichen Gebrauch abzweigt, Privatkopien macht, schöne Tintenschreiber mitnimmt...?

Durch solche kleinen Dinge entsteht natürlich kein großer Schaden. Und meistens bemerken wir das kaum. Bestimmte Formen des Nehmens sind gesellschaftlich teilweise sanktioniert und werden auch bewundert, zum Beispiel Abrechnungen geschickt zum eigenen Vorteil gestalten oder bei einem Autoverkauf die Mängel nicht unbedingt betonen.

Vielleicht hat dieses Verhalten momentan eine positive Auswirkung auf unseren Geldbeutel, doch intuitiv wissen wir, dass etwas nicht ganz stimmt, und das macht unseren Geist unruhiger und enger. Was, wenn man uns draufkommt oder uns auch so behandelt?

Langfristig gesehen scheinen sich Großzügigkeit und Teilen auszuzahlen. Wir empfinden mehr Freude, und auch unser Umfeld kommt uns großzügiger entgegen. Unser Geist wird weiter und offener.

- **Mit Sexualität niemanden verletzen, bestehende Beziehungen achten:** Die Sexualität ist der stärkste Antrieb in uns, und mit ihr gibt es besonders schöne, aber auch besonders leidvolle Erfahrungen. Wie können wir Sexualität und Beziehung so leben, dass sie uns in unserer Entwicklung helfen?

Viele sehr schmerzhafte Situationen entstehen durch Dreiecksbeziehungen. Es scheint harmlos zu sein, bringt aber ständig Probleme und Leid mit sich.

In einer Beziehung kann man sich selbst gut kennen lernen, weil die eigenen Bedürfnisse und Erwartungen hier deutlicher sichtbar werden als mit nicht so nahe stehenden Menschen. Eine Vipassana-Gelegenheit, und ein langfristiges Lernfeld für Verständnis und Vergebung. In der körperlichen Begegnung öffnen wir uns und sind gleichzeitig auch verletzlich. Sie kann uns sogar eine Erfahrung des Verschmelzens und des Nicht-Ich schenken - doch bestimmt nicht, wenn wir es unbedingt brauchen... auch hier ist wieder das Loslassen gefragt!

Außerdem sind in einer sexuellen Begegnung alle Sinne beteiligt. Das macht es eben besonders schön und besonders herausfordernd. Wir haben ja schon darüber gesprochen, dass ein behutsamer, achtsamer Umgang mit den Sinnen uns gut tut. „Die Sinne bewachen", heißt es in der Tradition. Nicht wie ein bissiger Wachhund, sondern eher wie ein guter Hüter, eine Hüterin unserer eigenen Erfahrung schauen wir, was wir durch die Tore unserer Sinne einlassen möchten.

- Die **rechte Rede** ist so wichtig, dass sie einer der acht Teile des achtfachen Pfades ist. Wir haben sie im vorherigen Kapitel behandelt.

- **Keine Drogen nehmen, den Geist nicht berauschen, sondern den Geist klären:** Ein klarer Geist ist die Grundlage für Entwicklung und heilsames Handeln. Wir können einfach mal forschen, was wir geistig zu uns nehmen, und wie uns das bekommt. Ist es ein Gläschen Wein, das die Stimmung hebt und zu einem schönen Gespräch inspiriert? Oder regelmäßiges Trinken, um Schmerzhaftes in mir zu betäuben, und am Ende habe ich eine starke Abhängigkeit entwickelt?

  Unter Drogen - auch wenn sie gesellschaftlich abgesegnet sind - tun wir manchmal Dinge, die uns und anderen schaden und die wir hinterher bereuen.

  Auch was wir lesen, im Fernsehen anschauen und am PC machen, hat eine oft starke Wirkung auf unseren Geist. Was lösen die Fernsehnachrichten in mir aus? Mitgefühl? Oder eher eine resignierte Verzweiflung und am Ende sogar Abstumpfen gegen leidvolle Situationen? Wie fühle ich mich geistig nach einem Fernsehmarathon oder vielen Stunden ohne Pause am Computer?

In der buddhistischen Tradition wird an bestimmten Tagen intensiver geübt, zum Beispiel bei Neumond und Vollmond. Drei weitere Richtlinien werden von den Laien zusätzlich zu den oben beschriebenen fünf Silas in den buddhistischen Klöstern eingehalten. Wer sich davon inspiriert fühlt, könnte das auch im eigenen Alltag machen oder in einem Meditationskurs, der ja auch eine intensive Praxiszeit ist.

Die vier zusätzlichen Punkte sind eine Verstärkung:

- **Keine Äußerlichkeiten, die den Körper betonen, wie besondere Kleidung, Schmuck oder Schminke.** Es kann befreiend sein, diese Äußerlichkeiten einmal für einen Tag oder eine Weile loszulassen – wenn es im Umfeld passend ist!

- **Keine Verwendung von hohen und üppigen Betten:** Die Bettenindustrie sollte sich wegen dieser Regel keine Sorgen machen. Es geht mehr darum, einen luxuriösen Lebensstil auch mal loslassen zu können. An Luxus gewöhnt man sich schnell, und es kann schwierig sein, darauf zu verzichten. Dabei ist die Frage „Was ist für mich Luxus?" eine sehr wichtige Betrachtung.

- **Kein Tanzen[17], Singen, Musik und Schauspiel:** Wir würden es heute so ausdrücken - kein Fernsehen, kein Internet, kein Handy, also Dinge, die uns stark nach außen orientieren und von uns selbst ablenken. Gerade in einer intensiven Praxiszeit, zum Beispiel in einem Meditationskurs, ist das sehr hilfreich, um gut bei sich anzukommen.

- **Keine sexuelle Begegnung:** In einer intensiven Übungszeit, auch wenn man sie mit dem Partner gemeinsam unternimmt, ist es leichter, darauf zu verzichten. Wir haben ja oben schon gesagt, dass hier starke Gefühle und Bedürfnisse im Spiel sind. Und der ganze Prozess des Für-sich-seins und In-sich-hinein-hörens wird durch die sexuelle Begegnung unterbrochen.

Im Alltag sehen wir die Funktion der Ethik vor allem darin, das Zusammenleben der Menschen auf eine gute Weise zu regeln. Viele Verhaltensweisen in unserer Kultur gründen auf Konvention: Wir machen die Dinge einfach nach und ersparen uns dadurch viele Probleme. Wenn wir spirituelle Übungen machen, überprüfen wir unser Verhalten, durchleuchten es und schauen vor allem darauf, wohin es uns führt.

Im Buddhismus ist der Zusammenhang zwischen unserem Verhalten und unserem Geisteszustand wichtig. Was wir tun, hat einen Einfluss auf unseren Geist. Wie es im Geist aussieht, und was wir in der Lage sind wahrzunehmen, das bestimmt unsere Welt. Von dieser im Grunde sehr pragmatischen und ganz und gar nicht moralisierenden Warte aus betont der Buddha die Bedeutung der Ethik auf dem spirituellen Weg.

> **Die geübte Ethik ist das nötige Fundament für jeglichen spirituellen Fortschritt!**

---

[17] Zu Buddhas Zeiten waren spirituelle Tänze, Gesänge und Musik nicht üblich; heute können diese hilfreich zu spirituellen Erfahrungen beitragen.

Die fünf ethischen Regeln (AN IV/201)

In dieser Lehrdarlegung der angereihten Sammlung (Anguttara Nikaya) legt der Buddha, die große Bedeutung der Ethik dar. Diese konkrete Lehrrede wurde ausgewählt, da sie tiefer in die Bedeutung ethischen Handelns einführt.

Den schlechten Menschen will ich euch darlegen, ihr Mönche, den schlechteren Menschen, den guten sowie den besseren Menschen:
Wer ist ein schlechter Mensch? Da tötet einer, nimmt Nichtgegebenes, vergeht sich geschlechtlich, lügt und gibt sich der Berauschung hin. Den nennt man einen schlechten Menschen.

Wer ist ein schlechterer Mensch? Da tötet einer selbst und verleitet andere zum Töten, er nimmt Nichtgegebenes, vergeht sich geschlechtlich, lügt, berauscht sich und verleitet auch Andere dazu. Das nennt man einen schlechteren Menschen.

Wer aber ist ein guter Mensch? Da meidet einer das Töten, das Nehmen von Nichtgegebenem, geschlechtliches Vergehen, das Lügen und die Berauschung. Den, ihr Mönche, nennt man einen guten Menschen.

Wer aber ist ein besserer Mensch? Da meidet einer selber das Töten und spornt andere an, das Töten zu meiden; selber meidet er das Nehmen von Nichtgegebenem, meidet geschlechtliches Vergehen, das Lügen, die Berauschung und spornt Andere an, dies ebenso zu meiden. Den nennt man einen besseren Menschen.

Einsichtsübung: Richtlinien

In dieser Kontemplation haben Sie die Gelegenheit, Ihr Verhalten und Ihre Haltung zu den ethischen Prinzipien zu erforschen. Sie existieren nicht absolut, sondern sind das, was wir daraus machen!

Bitte erschrecken Sie nicht, wenn Sie etwas Negatives in Ihrem Geist finden, und verurteilen Sie es nicht. Zum Beispiel könnten Sie feststellen, dass Sie anderen etwas Schlechtes wünschen. Indem es sich zeigt, haben Sie die Gelegenheit, es zu verändern, wenn Sie wollen. Ehrlich sein, es so anschauen wie es ist, genau hinsehen und nicht urteilen, darum geht es hier.

Die Fragen gehen eher auf Tendenzen im Geist ein – auch wenn wir niemanden umbringen oder verletzen, kann es sein, dass wir das manchmal gerne tun würden!

Nicht töten und keine Lebewesen verletzen

Ertappe ich mich manchmal dabei, dass ich jemandem etwas Schlechtes wünsche?

Gibt es Leute bei denen ich es besser fände, wenn es diese Person gar nicht gäbe?

Gibt es Personen oder Personengruppen, in denen ich so viel Negatives sehe, dass ich mir für diese Menschen grausame Strafen wünsche?

Verletze ich in meinem Geist Personen, suche ich nach Möglichkeiten, ihnen Schaden zuzufügen, ihnen eins auszuwischen? Oder kann ich verzeihen und nachsichtig sein?

Nicht nehmen, was mir nicht gegeben ist

Wie bewusst bin ich mir, ob mir etwas gegeben wird oder ob ich es mir einfach nehme? Das letzte Stück Kuchen oder die Papiervorräte aus dem Büro oder…?

Wie gehe ich mit meinen Bedürfnissen um? Lege ich anderen subtil nahe, dass sie dran wären, mir dies oder jenes zu geben, und setze sie damit unter Druck?

Oder kann ich ein Bedürfnis auch loslassen und offen sein dafür, was mir freiwillig geschenkt wird, und wann das geschieht?

Mit Sexualität niemanden verletzen

Reduziere ich meinen Körper oder den anderer auf ein begrenztes Vergnügen, ohne die empfindende Person wahrzunehmen?

Konsumiere ich pornografische Medien, deren Entstehung und Betrachtung nicht heilsam sind?

Gehe ich Beziehungen ein, obwohl ich ahne, dass sich der andere Mensch mehr wünscht, und riskiere so, andere zu verletzen?

Habe ich sexuelle Wunschvorstellungen bezüglich Personen, die in Beziehung sind?

Achte und fördere ich bestehende Beziehungen?

Unterdrücke ich meine Sexualität, weil ich sie verurteile, und verletze mich damit selbst?

Suche ich nach Wegen, eine heilsame und freudvolle Sexualität zu leben?

Rechte Rede:

Wie sieht es mit der Ehrlichkeit im inneren Gespräch mit mir selbst aus? Beschönige ich mir selbst gegenüber Dinge, oder versuche ich, sie so zu sehen, wie sie sind – auch wenn das unangenehm und schmerzhaft ist?

Wie gehe ich mit herausfordernden Kommunikationssituationen um, beispielsweise einem Streit, einer Beschwerde, einem schwierigen Geschäftsgespräch?

Wie oft ziehe ich Gespräche unnötig in die Länge, zum Beispiel Telefonate?

Wie oft höre ich gar nicht zu und wimmele jemanden ab, ohne mich auf die Person einzulassen?

Den Geist nicht trüben, sondern klären

Wie sehr bleibe ich mit dem Geist in oberflächlichen Aktivitäten verstrickt, in ach so wichtige Dinge wie Arbeit oder soziale Aktivitäten? Wie oft nehme ich mir Zeit, den Geist zu beruhigen und in mich hineinzuschauen?

Wie abhängig bin ich von Gedanken an Essen und alle möglichen anderen angenehmen Dinge?

Wie sehr benebele ich mich durch Fernsehen oder Internet? Kann ich diese Medien auch achtsam und klar nutzen? Wo tauche ich in einen getrübten Zustand ein?

Zum Abschluss geben wir uns Anerkennung für unsere ehrliche Bemühung, uns selbst anzuschauen. Wir akzeptieren uns vollständig, so wie wir jetzt sind, und schenken uns Liebe, Metta für uns selbst. Wo wir aus tiefer Einsicht etwas verändern wollen, können wir den Entschluss zur Veränderung fassen.

In unserer Welt gibt es Unvollkommenheit, solange wir nicht erwachen. Das ist normal und muss kein Ärgernis sein.

Achtsamkeitsübung: Die Betrachtung des Geistes

Mit *Cittanupassana* wird in der buddhistischen Lehre die Betrachtung des Geistes beschrieben. Genau genommen heißt es Geisteszustand, den wir meistens mit dem Begriff Stimmung bezeichnen. Die Bedeutung von Geist ist vielschichtig und wird in dieser Konstellation als das Zusammenwirken von Gedanken und Gefühlen gesehen. Jeder aufkommende Gedanke bindet ein Gefühl an sich; mag es noch so klein sein und auch nicht erkannt werden. Jede Stimmung entsteht letztlich aus einem Sinnesreiz und den darauf folgenden Gedanken mit den entsprechenden Gefühlen. Besonders hartnäckig sind jene negativen Stimmungen, denen wir uns manchmal (scheinbar) machtlos ausgesetzt fühlen. Die Betrachtung dieser Stimmungen bietet uns die Möglichkeit zur Selbsthilfe an.

Zuerst muss man die Art der Stimmung erkennen und sie innerlich benennen. Durch das deutliche Aussprechen ihres Namens löst man sich etwas von der emotionalen Bindung. So können auch die ursprünglichen Gedanken erkannt werden, die zu dieser erkannten Stimmung geführt haben.

Daraus ergibt sich die Einsicht, dass man nicht unbedingt seinen Gedanken und Gefühlen folgen muss. Anstatt sich von ihnen beherrschen zu lassen, kann man eine Wahl treffen. Im Grunde haben wir viele Gedanken zur Auswahl! Wir müssen sie sehen und nutzen.

Sklave der eigenen Stimmung zu sein, ist unerfreulich, meistens sogar leidvoll. Das Heilende der buddhistischen Lehre besteht darin, uns Mittel zu geben, die uns vom Leidvollen befreien. Wir können es selbst umsetzen!

Konkrete Anweisung für die Meditation: Cittanupassana

Richten Sie sich für eine Zeit von 20 -30 Min. auf Ihrem Meditationssitz gut ein. Nehmen Sie den Atem als Ihr Meditationsobjekt und kommen Sie zur Ruhe. Schauen Sie kurz hin, wie es momentan in Ihrem Geist aussieht. Z.B. "Mein Geist ist unruhig oder ruhig; er ist gesammelt oder zerstreut, er ist verwirrt oder klar".

Wir haben in früheren Kapiteln vom Ordnen der Gedanken in vier Ablagen als Methode gesprochen, die zu gedanklicher Klarheit und Ruhe führt.

Bei dieser Meditation werden diese Ablagen aber nicht benutzt; wir wollen zunächst unsere Stimmung erkennen (hinsehen) und nicht ausschließen! Damit bekommen wir eine klare Sicht darüber, wie sich unser Geist im Augenblick der Betrachtung verhält, und es wird nichts verdrängt.

Während Sie ruhig dasitzen, treten Ablenkungen auf, die Sie irgendwann bemerken. Genau das ist der Augenblick des Betrachtens: Was ist in meinem Geist los? Wie ist die Stimmung?

→ Habe ich Wünsche und Sehnsüchte, die mich nicht in Ruhe lassen - dann habe ich im Moment einen begehrlichen Geist.

→ Ist es Unzufriedenheit oder Ärger über irgendwas, was sich als ärgerliche Stimmung in mir ausbreitet - dann habe derzeit ich einen ablehnenden Geist.

→ Sind es Stolz, Rechthaberei und Überheblichkeit, die meinen Geist gerade besetzen - dann habe ich einen verblendeten Geist.
Das kann sich ebenso in Minderwertigkeitswahn, in Mangel- oder Ohnmachtsgefühlen zeigen.

→ Breiten sich alte Muster über Gedanken und Gefühle aus - so könnte man diese als Muster-Stimmung bezeichnen.

→ Grübeln und Zweifeln bemächtigen sich gerne des ganzen Geistesinhaltes und erzeugen eine verwirrte, abwärts ziehende Stimmung.

Natürlich gibt es auch einen schlaffen, lahmen Geist oder einen zwanghaft gequälten, einen rastlosen, gestressten Geist - dagegen aber auch einen fröhlichen, aktiven, kreativen, liebevollen, heiteren, gesammelten oder gelassenen Geist. Sie sehen - alles ist möglich!

Setzen Sie sich bitte nicht unter Druck, um den passenden Ausdruck für Ihren Geisteszustand zu finden! Nehmen Sie die erste Bezeichnung, die in Ihnen auftaucht - es wird sich von selbst genauer herauskristallisieren, wenn Sie ein bisschen Geduld haben. Versuchen Sie nicht, einen intellektuell perfekten Begriff zu finden!

Allein die achtsame Betrachtung der Geistesverfassung löst die Verfestigung und das Generalisieren dieser Konstellation auf.

Wenn Sie Ihre momentane Stimmung erkannt und benannt haben, können Sie zu Ihrem Meditationsobjekt, dem Atem, zurückkehren.

Mehr wird von Ihnen (vorerst) nicht verlangt!

Allerdings gibt es in dem Moment auch die Möglichkeit, eine schlechte Stimmung durch eine gute zu ersetzen. Das setzt aber ein wenig Meditationserfahrung voraus.

Zuerst geht man so vor wie bereits oben beschrieben: man schaut sich den Geisteszustand an und gibt ihm einen Namen.

Wenn er unglücklich macht oder Druck ausübt, sieht man sich genauer an, welche Gedanken ihn ausgelöst haben.

Da wir eine Vielzahl von Gedanken zur Verfügung haben, können wir die richtigen für uns auswählen - wir brauchen nicht an den negativen Gedanken hängen zu bleiben! - Vielleicht erinnern wir uns an ein schönes

Erlebnis, um die positiven Gefühle und Gedanken daran erneut zu beleben - und geben ihnen Raum in unserem Geist. Manchmal ist die Vorstellung eines friedlichen Platzes in der Natur eine Hilfe, um den Geist auf Ruhe und Frieden umzupolen. Sind es Verwirrung oder Wertlosigkeit, die uns quälen, können Gedanken an eine Kathedrale, einen Tempel oder an ein Buddhawesen uns davon abbringen und uns in eine gehobene Stimmung innerer Geborgenheit versetzen.

Es mag wie eine Flucht klingen - ist es wohl auch - aber wir brauchen manchmal Zufluchten, um uns vor unseren eigenen Gedanken und Gefühlen zu schützen. Alle Gedanken binden Gefühle und haben eine Wirkung auf uns. Es liegt an uns, ob wir den unheilsamen oder den heilsamen Gedanken mehr Raum geben.

Sie haben die Wahl!

Am Ende Ihrer Meditation überlegen Sie, ob und wie Sie diese Methode in Ihr tägliches Leben integrieren könnten und möchten.

Üben Sie diese Meditation, vor allem mit der Umpolung zuerst in einer ruhigen Umgebung. Mit etwas Training kann man sie dann auch im Alltag einsetzen.

> **Mögen Sie Ihre leidvollen Stimmungen aufhalten und umändern!**
> **Mögen Sie Ihre heilsamen Stimmungen pflegen!**
> **Mögen Sie glücklich sein!**

Metta-Übung: Gute Wünsche

In der folgenden Übung stellen wir Ihnen die Möglichkeit vor, die liebende Güte und die Einsicht zu kombinieren - eine Metta-Kontemplation.

Sobald Sie etwas zur Ruhe gekommen sind, erwägen Sie die folgenden Wünsche für sich und andere Menschen. Spüren Sie die Gefühle, die das in Ihnen auslöst.

Möge ich kein Wesen verletzen und möge ich nicht verletzt werden

Da ich sicherlich in meinem bisherigen Leben, bewusst und unbewusst, genug Leid angerichtet habe, möchte ich jene, die davon betroffen waren, aufrichtig um Verzeihung bitten und ihm/ihr nun Wohlwollen senden.

Was mache ich eigentlich mit meinen erhaltenen Wunden und Verletzungen? Trage ich diesen alten Groll noch mit mir herum, oder kann ich verzeihen und loslassen?

Wie kann ich solche Verletzungen, die ich erlitten habe, (aus)heilen lassen? Will ich diese Verletzungen überhaupt heilen lassen?

Möge ich und mögen alle Wesen frei von Feindschaft und Böswilligkeit sein

Bei dieser Böswilligkeit handelt es sich nicht nur um die entsprechenden böswilligen Handlungen, sondern auch um die Gedanken, die solchen Handlungen zugrunde liegen. Ist mir bewusst, dass das Karma als Folge von Gedanken und Taten von ganz alleine kommt?

Wie geht es mir, wenn mir Böses widerfährt? Möchte ich anderen Wesen genau diese Erfahrungen zumuten?

Wie geht es mir selbst, wenn ich jemandem Böses gewünscht habe? Kann ich auch hier meine eigene Unvollkommenheit erkennen?

Möge mir und allen Wesen kein Unheil oder schwere Krankheit zustoßen

Wie gehe ich damit um, wenn mich derartige unvermeidliche Ereignisse treffen?

Kann ich die Ungewissheit einer Krankheit akzeptieren, ohne mich dabei der Krankheit zu ergeben?

Wo hole ich mir Beistand und Unterstützung in solchen Situationen? Kann und möchte ich für andere Menschen ein Beistand sein?

Möge ich fähig sein, mein eigenes Glück zu behüten; mögen alle Wesen ihr eigenes Glück behüten können.

Dazu muss ich mir erst einmal klar werden: Was ist eigentlich mein inneres Glück?

Wie nähre und stärke ich dieses Glück, wird es durch Ruhe und Rückzug gestärkt? Wie unterstütze ich andere Wesen dabei, ihr eigenes Glück zu erlangen und zu behüten?

Brauche ich für dieses Glück etwas von außen, oder sind die nötigen Voraussetzungen schon in mir?

Weiter in Stille sitzend lassen wir nun die Gefühle, die durch diese Kontemplation hervorgerufen werden, immer tiefer einsickern. Wir lassen das Bild vor uns entstehen, wie wir zu unserem eigenen Glück und dem Glück anderer Wesen stehen.

Bleiben Sie noch in diesem Gefühl eines geöffneten und gebenden Herzens.

Lied: Heute fang ich ganz neu an

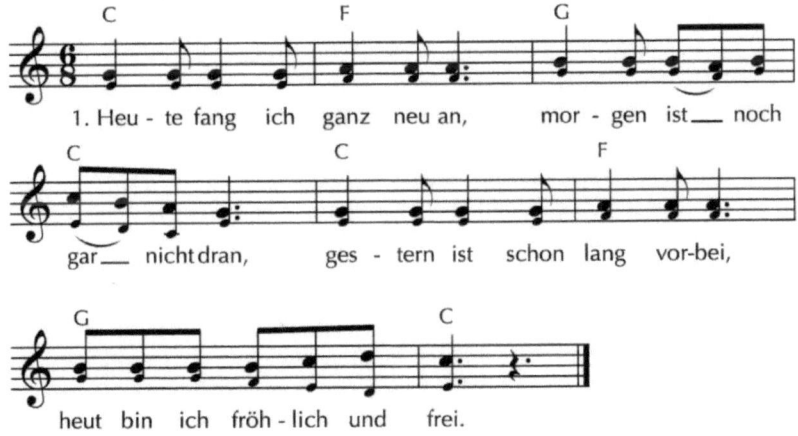

1. Heu - te fang ich ganz neu an, mor - gen ist___ noch gar___ nicht dran, ges - tern ist schon lang vor-bei, heut bin ich fröh - lich und frei.

Rechter Lebenserwerb - Arbeit als Übung

Der rechte Lebenserwerb (*samma ajiva*) fordert von praktizierenden Buddhisten, die Art und Weise Ihres Lebenserwerbes näher zu hinterfragen. Zusammengefasst wird dabei gefordert, einen Beruf, der andere Wesen schädigt, zu vermeiden.

Wie wirkt unser Beruf auf das Leben anderer und damit auch auf unser eigenes? Was hilft, was könnte unter Umständen auch schaden?

Kann man Berufe einfach so in heilsame und unheilsame aufteilen? Wie geht das mit unserer heutigen Zeit zusammen?

Wenn ich einen Beruf ausübe, der auf der „buddhistischen Schwarzen Liste" steht, bin ich dann ein schlechter Mensch? Was hat mein Alltag und was ich darin tue, mit meiner Spiritualität zu tun? Ist das ein und dasselbe, oder sind es doch zwei verschiedene Ebenen?

Haben „gute Buddhist/innen" bestimmte Berufe? Muss ich wirklich Sozialarbeiter, Heiler oder Therapeut werden?

Ist der rechte Lebenserwerb, den der Buddha von seinen Anhängern als fünften Schritt auf dem edlen achtfachen Pfad fordert, so zu verstehen, dass von Buddhisten und Buddhistinnen erwartet wird, sich einen sozialen oder therapeutischen Beruf zu suchen und mit der (beruflichen) Vergangenheit zu brechen, den bestehenden Job zu kündigen?

Dieser Eindruck täuscht, da es unter langjährigen Praktizierenden auch viele VerkäuferInnen, TechnikerInnen, Handwerker oder auch Professoren gibt. Wenn man die Berufe bzw. Berufsfelder, in denen erfahrene buddhistische Praktizierende tätig sind, näher betrachtet, findet man allerdings eine deutliche Häufung von Tätigkeiten im sozialen, therapeutischen und psychotherapeutischen Bereich.

Der Buddha verlangt in den Lehrunterweisungen von seinen Anhängern, gewisse Berufe oder Tätigkeiten völlig zu meiden, da diese kurz- bis mittelfristig einer spirituellen Weiterentwicklung im Weg stehen und für die Ausübenden ungünstige karmische Folgen haben. Dabei handelt es sich um folgende Berufe:

- **Handel mit Waffen**: Waffen sind dazu bestimmt, Wesen zu verletzen und zu töten. Ob ich eine Waffe herstelle oder verkaufe, damit ermögliche ich, dass Töten geschieht.

Der Buddha nennt hier nicht den Beruf des Soldaten, obwohl man dafür die gleichen Argumente anführen könnte wie für den Waffenhandel. Das lag an den Möglichkeiten der damaligen Zeit, in der Angehörige einer Kaste Soldaten wurden und selbst gar keine Auswahlmöglichkeit hatten.

- **Handel mit Lebewesen**: Zur Zeit des Buddha betraf dies das Mästen und Schlachten von Tieren, und außerdem auch den Handel mit Menschen. Heute könnte man den Organhandel hinzufügen.

- **Handel mit Fleisch**: Die Tiere werden getötet und ihr Fleisch wird verkauft. Unter diesen Punkt fallen also Metzger, aber auch Personen, die Tiere zum Zweck der Schlachtung züchten und sie schlachten.
  Heute sind die Wirtschaftszweige viel mehr miteinander verflochten als zur Zeit des Buddha. Bedeutet das, auch ein Job an der Supermarktkasse, wo ja unter anderem Fleisch verkauft wird, wird als unheilsam gesehen?
  Und wie ist es mit dem Fleischkonsum? Der Buddha hat es nicht abgelehnt, Fleisch zu essen. Alles, was die Mönche in ihre Almosenschale bekamen, wurde gegessen. Nur wenn der Verdacht bestand, dass das Tier ihretwegen getötet worden war, sollten sie es nicht essen.
  Wo eindeutige Hinweise fehlen, müssen wir selbst hinspüren, wie wir am besten im Geist der Empfehlungen handeln. Wir haben die Verantwortung dafür, was wir tun und lassen, und sind diejenigen, die sich damit gut oder nicht so gut fühlen.

- **Handel mit Rauschmitteln**: Alles, was den Geist berauscht, ob es in einem Land legal ist oder illegal. Drogenkonsum kann andere kriminelle Handlungen für die Betroffenen mit sich bringen (Beschaffungskriminalität). Fördern wir es, dass andere ihren Geist trüben, statt ihn zu klären, dann tragen wir dazu bei, dass sie länger in ihren schwierigen Mustern und Kreisläufen stecken bleiben.

- **Handel mit Giften**: die dazu dienen, anderen Wesen Schaden zuzufügen oder sie zu töten. Werden die Gifte als Heilmittel verwendet und mit dieser Absicht verkauft, gilt das als heilsam.

Wichtig ist auch der ganze Zusammenhang. Zum Beispiel ändert es das Bild, wenn jemand sich gezwungen sieht, eine Zeitlang einen nicht heilsamen Beruf auszuüben, um die Familie zu ernähren. Alle Bedingungen zusammen genommen sind wichtig.

Was ist eigentlich ein heilsamer Beruf?

Alle heilenden oder lehrenden Tätigkeiten haben laut dem Buddha eine gute Auswirkung auf unser Leben. Das Wichtigste ist jedoch, dass durch den Beruf niemandem Schaden zugefügt wird. So gesehen sind die meisten Berufe heilsam, ob man bei der Müllabfuhr oder in einem Büro arbeitet. Bestimmt gibt es hier auch Grauzonen. Firmen arbeiten zusammen, die eine hat mit Waffenproduktion zu tun. Auf einem Biohof werden ebenso Kartoffeln angebaut wie Schlachttiere gehalten. Wo ist die Grenze?

Wenn ich es selbst für wichtig halte, nicht in unheilsame Tätigkeiten verwickelt zu werden, kann ich das so weit wie möglich vermeiden. Meinen Arbeitsschwerpunkt auf den Bereich der Firma legen, der nichts mit Waffen zu tun hat. Vielleicht doch den Arbeitsplatz wechseln, wenn sich das Umfeld in eine Richtung entwickelt, die klar als unheilsam beschrieben wird.

Lebenserwerb bedeutet aber noch mehr als das rein Berufliche. Wir tun den ganzen Tag so vieles, kochen das Essen, waschen die Wäsche, gehen einkaufen, machen eine Pause, gehen zur Arbeit, fahren Auto oder Bus…

Für den spirituellen Alltag ist der vietnamesische Meister THICH NHAT HANH eine große Inspiration. Er zeigt uns, wie wir alles mit Freude und Achtsamkeit tun können. Es ist ziemlich schwierig, den ganzen Tag herumzuhetzen, niemals innezuhalten, in den gewohnten Gedankenschleifen zu hängen – und dann auf dem Kissen Ruhe und Frieden zu erleben. Wir können die alltäglichen Aktivitäten genauso wie unsere Meditationszeit als Quelle der Freude und Gelegenheit zur Achtsamkeit wahrnehmen.

Es ist zwar eine Herausforderung, weil wir im Tun noch schneller abgelenkt sind als in der Stille. Das macht aber nichts – auch auf dem Kissen sind wir ja schnell mal mit den Gedanken woanders. Zunächst meinen wir, ach, jetzt müssen wir auch noch beim Abspülen meditieren, kriegt man denn gar keine Pause mehr auf diesem spirituellen Weg? Doch wenn wir es mal mit Leichtigkeit ausprobieren, ohne uns unter Druck zu setzen, stellen wir bald fest: Ganz dabei sein, sich völlig einer Sache hingeben, das warme Wasser an den Händen spüren, wie sich ein Teller anfasst… ist etwas Wunderschönes und Lebendiges. Wir sind viel weniger angestrengt, als wenn wir alles automatisch abhaken und mit den Gedanken schon bei der übernächsten Sache sind. Wir sind endlich da angekommen in unserem Tun – jedenfalls mehr oder weniger. Ganz einfache oder sogar lästige Arbeiten können auf einmal Freude machen. Und wenn wir uns dann zum Meditieren hinsetzen, ist es gar kein so krasser Unterschied mehr, das Sitzen fällt uns leichter und macht dadurch auch mehr Sinn.

Also, wir sehen, es geht nicht allein um die Tätigkeit oder den Beruf, sondern auch, wie wir das Tun angehen und uns dabei fühlen.

Die Achtsamkeitspause ist eine kleine Übung, die uns hilft, die Achtsamkeit im Alltag wiederzufinden, wenn wir sie verloren haben. Nehmen Sie sich dazu ein Erinnerungssymbol, das Sie immer wieder an Ihren spirituellen Weg erinnert. Das kann ein schönes Bild, ein Gegenstand, der Bildschirmhintergrund Ihres Computers, ein Handysignal oder auch ganz etwas anderes sein. Wenn Ihnen dieses Symbol bei der Arbeit auffällt, lassen Sie Ihre Tätigkeit einen Moment ruhen, konzentrieren sich drei Atemzüge lang auf Ihren Atem, und dann geht es weiter, klar und gestärkt durch das Loslassen und Innehalten. Vieles eignet sich als Erinnerungsstütze – wir müssen es nur bemerken:

Die Sanduhr, die Millionen ansehen
Im PC läuft bei allen Wartezeiten eine Mini - Sanduhr ab. Sie symbolisiert die laufende Zeit bis zur Fertigstellung. In großer Ausgabe heißt sie Stundenglas und stand in früheren Zeiten auf dem Eichentisch der Handelsherren, um ihnen vor Augen zu führen, dass ihre Lebenszeit unaufhörlich ablief.
Warum so makaber?
Die Bedeutung heißt: Einmal ist die Sanduhr ganz abgelaufen und du stehst vor dem Gericht. Dann musst du Rechenschaft ablegen, wie du deine Geschäfte geführt hast.
Es dürfte ein Motiv für Anstand und Redlichkeit gewesen sein. - Das sollte man sich beim nächsten mal Warten auf den PC wieder vor Augen führen!

Auf moderneren Systemen wurde die Sanduhr durch einen rundum laufenden Kreis bzw. Ring ersetzt. Auch das ist wieder eine schöne Analogie. Es ähnelt dem aus japanischem Zen bekannten Zeichen Mu. Das steht für „Nichts", also etwas ohne Anfang und ohne Ende. Ein interessanter Gedanke, wenn Sie wieder einmal auf den PC warten!

Zusammengefasst lautet die Aufforderung dieses fünften Schrittes auf dem Pfad: Alles, was Sie in ihrem Leben tun, ist eine wertvolle Gelegenheit zur spirituellen Praxis. Alles ist der Weg! Wenn wir im Alltag üben, ist das großartig. Glauben Sie nicht, Praxis ist nur, wenn wir mit verschränkten Beinen still dasitzen.

Zuletzt nochmal – besser ein spirituell-achtsamer Techniker oder Verkäufer als ein unethischer und schludriger Sozialarbeiter!

Die Grundlagen der Achtsamkeit (MJ 10)

Diese Lehrrede aus der mittleren Sammlung ist eine der bedeutendsten Anweisungen des Buddha für die Achtsamkeits- und Einsichtsmeditation. Neben einer Reihe von Anweisungen und Objekten wird dabei auch die Wissensklarheit (in Pali: *sampajajanna*) in allen Lebenslagen, nicht nur in der Meditation besonders betont. Den betreffenden Abschnitt dieser Lehrrede wollen wir hier zitieren:

> *Wiederum, ihr Bhikkhus, ist ein Bhikkhu einer, der wissensklar handelt beim Hingehen und Zurückgehen; der wissensklar handelt beim Hinschauen und Wegschauen; der wissensklar handelt beim Beugen und Strecken der Glieder; der wissensklar handelt beim wachen Tragen der Robe und beim Umhertragen der äußeren Robe und Schale; der wissensklar handelt beim Essen, Trinken, Kauen und Schmecken; der wissensklar handelt beim Gehen, Stehen, Sitzen, Einschlafen, Aufwachen, beim Reden und Schweigen.*

Einsichtsübung: Die Praxis des Alltags

In dieser meditativen Betrachtung, die etwa 25 Minuten dauert, wollen wir den Prioritäten in unserem Alltag, bezogen auf unsere spirituelle Entwicklung, auf den Grund gehen. Setzen Sie sich dazu auf einen Stuhl oder ein Meditationskissen und lassen Sie die den Körper und Ihre Gedanken zur Ruhe kommen.

Wenn Ihr Geist gesetzt ist, erwägen Sie für sich folgende Fragen:

Wie könnte ich mein alltägliches Leben, meinen Alltag beschreiben?

Wie sieht in meinem Leben die **Balance** zwischen Beruf, Privatleben und spiritueller Praxis aus. Was ist mir dabei wichtig, worauf lege ich besonderen Wert?

Wie ordne ich die **Prioritäten** meines Lebens an? Handle ich auch nach meinen persönlichen Prioritäten oder haben im täglichen Leben aus vielen Gründen im Moment doch andere Aufgaben und Dinge mehr Vorrang, als ich eigentlich vorgesehen hätte?

Was ist mir in meinem Leben wichtig, wie treffe ich meine **Entscheidungen,** was ich wann mache, ob ich aktiv werde oder nicht?

Wie geht es mir im Alltag, welche Auswirkungen hat der Alltag auf mein Gefühlsleben?

Erlebe ich im und durch den Beruf eine **Wertschätzung** meiner Kenntnisse und Tätigkeiten durch mich selbst oder auch andere? Schätze ich meinen Beruf, meine Arbeitszeit und Leistungen als wertvoll und gut ein oder sehe ich diese eher als verlorene vergeudete Zeit an?

Ist mir das **Privatleben** wichtig und wertvoll? Kann ich es wirklich genießen oder möchte ich es lieber zugunsten anderer Dinge einschränken und reduzieren. Erlebe ich das Privatleben als notwendiges Übel?

Kann ich die **Meditationspraxis** als wertvolle Zeit identifizieren? Ist es Zeit, die ich mir selbst schenke, oder handelt es sich um ein unangenehmes Muss, weil ich ja Buddhist bin und das von mir erwartet wird?

Wohin führt mich mein Alltag?

Wie stark erlebe ich den **Zwiespalt** zwischen meiner formalen Praxis und dem Leben, das ich führe. Finde ich hier einen Einklang, oder ergänzen sich diese Bereiche meines Lebens?

Sehe ich nur meine **Meditationspraxis** als spirituell wertvoll an und den Rest der Zeit als verloren und wertlos?

Was kann ich jetzt machen, um die gesamte Zeit meines Alltags wertvoller zu gestalten?

Ist mir bewusst, dass der Buddha von seinen Mönchen auf dem Pfad der Schulung die Übung der **Wissensklarheit** fordert? Bei jeder Tätigkeit, in jeder Situation soll sich der/die Übende dabei im Klaren sein, was er/sie tut. Kann ich mir vorstellen, dass ich mit dieser Übung meinem Beruf einen neuen Wert geben kann, quasi diese Zeit veredeln kann?

Kann ich erkennen, dass **jede Situation**, egal ob formale Meditation, Arbeit, Einkaufen, Kinder wickeln oder auch Essen, eine wertvolle Möglichkeit der Übung darstellt? Brauche ich immer den formellen Rahmen einer Meditation, um üben zu können?

Kann ich die Aussage nachvollziehen, dass Erleuchtung nicht mittels der **Praxis** auf dem Meditationskissen erfolgt, sondern nur aus der Praxis des gesamten Lebens?

Was soll ich machen, sind Veränderungen nötig?

Kann ich aus der Betrachtung meines Alltags erkennen, wo ich Dinge ändern sollte, wo **Modifikationen** nötig sind? Kann ich auch anerkennen, welche Dinge in meinem Alltag gut laufen und so bleiben sollten wie sie sind?

Kann ich die **Chancen**, die in den scheinbar kleinen und unwichtigen Dingen des Alltags liegen, erkennen und ihr Potential zur persönlichen Erkenntnis wertschätzen?

Sitzen Sie noch einige Minuten in Stille und lassen Sie alle kreisenden Gedanken absinken, bevor Sie anschließend wieder in die Aktivität zurückkommen. Wenn Sie möchten, schauen Sie kurz zurück, und notieren Sie die Einsichten, die Sie in Ihren Alltag mitnehmen möchten.

Achtsamkeitsübung: Frühstücksmeditation

Setzen Sie sich in einer angenehmen Meditationshaltung auf Ihren Platz, nehmen sich 20 bis 25 Minuten Zeit, schließen die Augen und atmen fünf ruhige Atemzüge ein und aus, bis sich ihr Geist beruhigt hat, und Sie bei sich angekommen sind.

Erinnern Sie sich an das letzte Frühstück; in welchem Raum Sie es eingenommen haben, wie der Tisch gedeckt war und was Sie gegessen und getrunken haben.

Führen Sie sich alles vor Augen: Wie sah das Geschirr aus, wie das Besteck? War ein Tischtuch auf dem Tisch? Was haben Sie gegessen? Welches Geschirr und Besteck war vorhanden? Wie waren die Möbel angeordnet?

Versuchen Sie sich an alles möglichst genau zu erinnern!

Nun machen Sie sich bewusst, dass die Nahrungsmittel, die Sie genossen haben, einmal landwirtschaftliche Produkte waren, die gepflanzt, gepflegt und geerntet wurden. Sie wurden transportiert, verarbeitet, verpackt und im Geschäft verkauft. Gekocht und hergerichtet wurden sie so, wie sie letztendlich bei Ihnen auf den Tisch kamen.

Sie können sich dabei vor Augen führen, welchen langen Weg diese Produkte zu Ihnen zurückgelegt haben und wie viele Menschen daran beteiligt waren.

Wenn Sie nun die Herkunft des Essgeschirrs und der Möbel näher betrachten, erkennen Sie, dass der Weg von der ersten Erfindung und Verarbeitung des Metalls und des Holzes bis in Ihre Wohnung bedeutend länger war als der von den Nahrungsmitteln. Wer hat mitgeholfen, Ihnen die Gegenstände in dieser Form zur Verfügung zu stellen?

Was ist mit den Elektrogeräten? Wie waren die ersten Erfindungen, welche Gehirne haben diese Leistungen zustande gebracht? Wie viele Techniker haben sie ausgetüftelt und zusammengesetzt? Vielen Generationen von denkenden und arbeitenden Menschen haben Sie Ihre Bequemlichkeit zu verdanken.

Wie fühlt sich das an?

Richten Sie Ihren Geist nun auf das Jetzt in der heutigen Welt. Überall auf dieser Erdkugel sind Lebewesen, deren Art und Tun sich auch auf Sie auswirken. Ihr Leben ist untrennbar mit allen anderen Wesen vernetzt; Sie leben von und mit allen! Sich verbunden zu fühlen, stärkt die Gemeinsamkeit, hebt aber auch die Verantwortung hervor.

Schauen Sie in sich hinein, wie Sie das empfinden: Ein Teil vom ganzen momentanen Leben der Menschheit und der Natur zu sein, darin getragen und mitwirkend. Überlassen Sie sich diesen Gedanken und Gefühlen!

Kommen Sie mit fünf ruhigen Atemzügen geistig auf Ihren momentanen Platz zurück und strecken Sie sich, ehe Sie aufstehen.

Was kann die auf den ersten Blick einfach erscheinende Frühstücksmeditation bewirken?

Das intensive Erinnern, das Sie dabei üben, trägt zur besseren Konzentration bei.

Das Erkennen, wie viele Hände und Gehirne für Ihr Wohl, ja sogar für Ihre Existenz mitgewirkt haben und es immer noch tun, mag Sie vielleicht dankbar stimmen.

Die Vernetzung allen Lebens auf diesem Globus wahrzunehmen, unterstützt das Gefühl von Zusammengehörigkeit und zeigt Ihnen zugleich die Wichtigkeit Ihrer persönlichen Lebensaufgabe.

Mögen Sie dem Leben trotz aller Schwierigkeiten zustimmen!

Metta-Übung: Liebeskraft zum Herzen bringen

Liegen oder sitzen Sie in der Position, in der Sie ruhig und gut atmen können. Sorgen Sie dafür, dass Sie die nächsten 20 Minuten dieser Meditation folgen können. Führen Sie sich nun vor Augen, dass Sie mit jedem Einatmen Lebenskraft aufnehmen und mit jedem Ausatmen diese Kraft Ihrem Herzen zuführen. Schenken Sie Ihrem Herzen Dankbarkeit und Liebe, es hat Ihnen so viele Jahre Tag und Nacht gedient.

Atmen Sie konzentriert zum Herzen hin; umhüllen und durchdringen Sie dieses Organ mit frischen Energien.
Atmen Sie ganz bewusst 20-mal auf diese Weise.

Nun sagen Sie sich einatmend innerlich zur Unterstützung: *„Lebenskraft fließt zum Herzen hin"* und ausatmend spüren Sie, dass diese Lebenskraft sich im ganzen Körper verteilt. Wiederholen Sie diese Atmung eine Weile und legen dann eine Pause ein, in der Sie nachspüren, wie Sie sich fühlen, ohne den Atem zu lenken.
Nehmen Sie dann mit der Einatmung in Gedanken Liebeskraft auf und schicken Sie diese Liebeskraft zu Ihrem Herzen hin. Die Liebeskraft durchdringt Ihr Herz mit Wohlsein und aufbauenden Energien. Beim Ausatmen strömen diese Energien zu jeder einzelnen Zelle und füllen sie mit neuem Leben. Mit jedem Einatmen nimmt das Herz liebende Güte auf; mit dem Ausatmen schenkt es allen Organen und Zellen Wohlwollen und Dankbarkeit, was sich in Kraft und Widerstandsfähigkeit äußert.
So sind Ihr Herz und Ihr ganzer Körper von Liebeskraft durchströmt und lassen ein wohliges, erfrischendes Lebensgefühl entstehen, mit welchen Sie in Ihren Alltag gehen können.

Lieder: Ich gehe vor - Ich geh zurück (Lachtanz)

Ich geh - e vor, ich geh' zu - rück, ich geh - e vor, ich geh' zu - rück, und ich dreh - e mich um, und ich geh - e zur Sei - te, und schau - e dich an, und lach dich an, und lach dich an, und lach dich an!

Rechtes Bemühen - ohne Zwang

Die rechte Anstrengung (in Pali: *samma vayama*), auch als rechtes Bemühen oder rechtes sich Mühen übersetzt, hört sich vorerst einmal unangenehm an, schließlich ist der Wortstamm Mühe darin enthalten.

Ist mein Bemühen auf dem spirituellen Weg nötig und wichtig, oder bin ich der Meinung, dass die Dinge von selbst passieren?

Ist es eigentlich wichtig zu wissen, wofür man sich anstrengt?

Wie steht es mit meiner eigenen Disziplin und Konsequenz auf dem spirituellen Weg?

Ist die Anstrengung nur dann richtig und konsequent ausgeführt, wenn auch das Ergebnis perfekt ist?

Kann Perfektion überhaupt erreicht werden?

Muss Anstrengung und Bemühen, wie aus dem Wortstamm abgeleitet, immer unangenehm sein, oder kann darin sogar Freude oder Glück enthalten sein?

Erleuchtung geschieht nicht durch die Knie

Viele, die zum Meditieren kommen, meinen, dass sie in der Lotushaltung oder zumindest mit gekreuzten Beinen sitzen müssten. Wenn die Knie schmerzen und es wirklich nicht geht, sind sie von sich selbst enttäuscht und glauben, sich für diese Disziplin nicht zu eignen. Das ist schade - und ein großer Irrtum. Man kann in jeglicher Haltung meditieren, möglichst aber mit aufgerichtetem Rücken.

Der Erfolg zeigt sich nicht in den Beinen, sondern im Gemüt, in Herz und Geist.

Hier sehen wir, dass die rechte Anstrengung auf keinen Fall von uns fordert, immer mehr zu erreichen und immer stärker zu werden. Es handelt sich beim edlen achtfachen Pfad ja um den mittleren Weg. Deswegen wird auch hier eine Anstrengung im weisen Mittelmaß empfohlen, was genauso bedeuten kann, weniger zu tun oder es lockerer anzugehen. Wenn Sie nun neugierig sind, wie Sie diese optimale Mitte erreichen können, dann laden wir Sie zu folgenden Denkanstößen ein.

Muss Anstrengung sein?

Die vorigen Kapitel haben Sie wahrscheinlich nicht zu großem Widerspruch herausgefordert. Zum Beispiel kann man gut nachvollziehen, dass uns rechte Erkenntnis und rechte Gesinnung auf unserem Weg weiter helfen. Wir sehen vielleicht auch ein, dass Ethik uns voran bringt, auch wenn es hier schon Diskussionspunkte gibt.

Rechte Anstrengung hört sich da schon weniger lustig an. Zu Unrecht!

Denn rechte Anstrengung muss etwas ganz Anderes sein, als (beliebige) Listen abzuarbeiten. Würde diese Art des Tuns zur Erleuchtung führen, dann wären wir bestimmt schon vor zehn Jahren erwacht. Tatsächlich kann sie uns sogar von unserem Hamsterrad befreien. Wie?

Der Weg führt zu unserem Glück. Bemerken, was uns daran hindert, und diese erschöpfende Art des Tuns mehr und mehr sein lassen. All dem mehr Raum geben, was uns wacher, lebendiger und glücklicher macht. Auf diese Weise in die eigene Mitte zurückfinden, von der aus wir auf freudvolle, schwungvolle, inspirierte Weise handeln und leben – darum geht es. Mit rechter Anstrengung finden wir diese Balance wieder.

1. **Anstrengung zur Vermeidung** heißt es klassisch, wenn davon gesprochen wird, die Sinneskontakte stärker zu kontrollieren und nicht frei laufen zu lassen. Wer schon mal auf einem scheuenden Pferd gesessen hat, kann vielleicht mit diesem Begriff etwas anfangen.

   Wenn wir ungehemmt auf alle Sinneskontakte in unserer Umgebung reagieren, das heißt, auf jede Situation einsteigen, ohne bewusst dabei zu sein, dann gehen die Sinne mit uns durch wie ein wildes Pferd.

   Die Übung ist hier, zu bemerken, was sich angenehm oder unangenehm anfühlt, ohne sofort zu reagieren. Dann gibt es die Chance, automatisch ablaufende Reaktionsmuster nach und nach zu verändern und sich nicht in Emotionen zu verstricken.

   Das Training, das uns hilft, aus den bekannten Reaktionsmustern auszusteigen, die zu Unglück führen, ist der Kern der rechten Anstrengung.

   Es ist wahrscheinlich, dass wir über eine längere Zeit unsere Reaktion gar nicht verhindern können, sondern genau wie immer in die Luft gehen, uns verletzt zurückziehen, eine Szene machen… was auch immer das Muster ist. Sobald wir bemerken, dass wir reagiert haben, ist das bereits ein Fortschritt. Zumindest theoretisch haben wir dann eine Wahl. Wir können uns wünschen, das zu verändern.

Wenn wir das über längere Zeit anschauen, geht uns immer früher auf, was wir tun. Je früher wir es merken, desto mehr geht unser geistiges Pferd am Zügel. Vielleicht erleben wir eines Tages wirklich, dass wir gelassen bleiben können und so mit der Situation umgehen, dass Zufriedenheit entsteht.

Auf diese Weise „mit dem Pferd im Einklang sein" ist eine wunderbare Erfahrung. Hier sind wir mit uns selbst in Kontakt und haben Herz und Verstand für kreative Lösungen zur Verfügung.

2. **Anstrengung zur Überwindung:** In der zweiten edlen Wahrheit hat uns der Buddha die Ursache unserer Unzufriedenheit gezeigt. Wir leiden, weil Gier, Hass und Verblendung in unserem Geist sind. Anders gesagt: Sobald wir haben wollen, ablehnen oder etwas nicht so nehmen, wie es ist, geht es uns nicht so gut. Diese Gedanken und Gefühle haben viel Energie, und es braucht Wachheit und Entschlossenheit, um sie zu überwinden.

Doch Vorsicht: Die Leid bringenden Emotionen und Vorstellungen einfach zu unterdrücken oder gar dagegen zu kämpfen, ist ein Falle – davon gehen sie nämlich nicht weg, sondern werden nur stärker.

Auch wenn wir meinen, wir müssten gegen sie ankämpfen, erhöht das nur die Anspannung und Reizung im Geist.

Wir lassen alles einfach da sein, genauso wie es eben gerade ist, und nehmen es an. Das heißt nicht, dass wir es gut finden müssen. Wir können einfach anerkennen, dass es im Moment da ist und sich so anfühlt.

Das bringt Ruhe und Entspannung; Kampf und Krampf können sich lösen. Herausfordernd ist das schon, doch es bringt unendlich viel – die Freiheit vom Leiden, sagt der Buddha.

3. Anstrengung zur **Entfaltung:** Vieles ist in uns angelegt, aber noch nicht voll entwickelt. So wie eine Blume erst in der Sonne ihre Blütenblätter entfaltet, können wir bestimmte Qualitäten unseres Geistes fördern. Diese Anlagen in uns heißen im Buddhismus *Erleuchtungsglieder*, die wir immer wieder aufs Neue wecken und stärken müssen. Was brauchen wir denn alles zur Erleuchtung – können diese Erleuchtungsglieder ein kontinuierliches Geistestraining sein?

- **Achtsamkeit (*sati*)** macht wach und lässt unser Leben immer mehr zu einer wirklichen Erfahrung werden. Ihr ist das ganze folgende Kapitel gewidmet.

- **Die Lehre ergründen (*dhammavicaya*):** Nachbeten hilft nicht. Damit mich etwas wirklich unterstützen kann, brauche ich die Auseinandersetzung. Wir müssen es uns zu Eigen machen, dann wird es echt.

  Im Buddhismus können wir die Texte studieren und nachschauen, was sie mit uns zu tun haben. Wie hilft uns die Lehre im Alltag? Wir lernen dadurch, mit uns selbst umzugehen.

  Das Wort *dhamma* bedeutet im Grunde nicht nur die buddhistische Lehre als etwas Äußeres, das ich der Welt aufsetze. Es spürt dem nach, wie die Welt von innen heraus erfahren wird, und welche universellen Gesetze im Leben wirken. Wenn wir im Einklang damit sind, sind wir glücklich und frei. Hier selbst zu forschen, mit eigener Erfahrung als Grundlage, ist deshalb absolut zentral.

- **Willenskraft (*viriya*):** Im Paliwort steckt auch die Bedeutung „Held" oder „Heldin", ein Hinweis darauf, worum es hier geht. Wie eine heldenhafte Figur im Märchen setzen wir unsere Energie gezielt ein. Die Willenskraft bringt uns dazu, aufzubrechen aus dem Gewohnten und Abgestumpften, und dem Abenteuer unseres Lebens eine erfolgreiche Richtung zu geben.

- **Verzückung (*piti*):** Das heißt Freude, Begeisterung, freudige Anteilnahme. Auch diesen Geisteszustand können wir wecken und aktiv entfalten. Aber wie? Diese Art der Freude entsteht, indem wir loslassen und uns in die Situation oder das Gefühl hinein geben. Freude entsteht in dem Raum, den wir ihr lassen. Hier gibt es auch eine Falle: Wir wollen nur angenehme Gefühle und jagen ihnen nach. Das ist Haben-wollen, und lässt gar keinen Platz für die Freude.

- **Ruhe (*passaddhi*):** Ruhe im Geist und im Körper ist eine ganz wertvolle Basis. Ein gewisses Maß an Ruhe brauchen wir, um in die Meditation tiefer einzudringen. Natürlich sind wir auch oft unruhig und können das dann nicht einfach abstellen. Am besten hilft auch hier, die Unruhe einfach zuzulassen und nicht Ruhe zu fordern.

Der Buddha nennt diese Art von Ruhe auch *Gestilltheit*: Nichts haben wollen und nichts weg haben wollen, auch nicht die Unruhe, dann setzt sie sich nach und nach von selbst. Das stärkt und erfrischt uns.

○ **Sammlung (*samadhi*):** Auch für sie gibt es ein ganzes Kapitel im Buch. Sie ist eine wundervolle Basis für Erfahrung und Erkenntnis. Unseren Einsichten gibt die Sammlung Kraft und Tiefe. Sich nicht ablenken lassen ist deshalb eine heilsame und lohnende Anstrengung.

○ **Gleichmut (*upekkha*):** Ein ausgeglichener Geisteszustand, der die Erfahrungen einfach da sein lässt, ohne sie verändern zu wollen, aber wir sind ganz dabei – anders als bei der Gleichgültigkeit oder Gefühlskälte. In ihr wollen wir zwar auch nichts verändern, sind aber von der Erfahrung abgeschnitten.

4. **Anstrengung zur Erhaltung:** Der Buddha empfiehlt auch das Festhalten – wer hätte das gedacht? Und zwar im Sinn von Dranbleiben, von Kontinuität an einem bestimmten Thema der Meditation.

Es handelt sich dabei um die schon erwähnten göttlichen Verweilzustände wie Liebe, Mitgefühl, Freude und Gleichmut. Wenn sie einmal präsent sind, so ist es eine (freudige) Anstrengung, sie nicht einfach wieder gehen zu lassen. Wenn sie in der Meditation auftauchen, können sie uns den ganzen Tag lang begleiten.

Es ist paradox: Wir wünschen uns, dass alles vollkommen ist, doch niemals erreichen wir diesen Zustand. Wir haben von Kindesbeinen an gelernt, dass wir uns anstrengen müssen, um immer besser zu werden. Das Perfekte, der erste Rang oder die noch bessere Bewertung sind immer die Ziele, nach denen sich Menschen ausrichten. Es liegt also nahe, die Erfüllung dieser vier rechten Anstrengungen in der gleichen Weise erreichen zu wollen.

Machen wir uns doch klar: Die **Unvollkommenheit** spielt immer mit, sie durchzieht alle unsere Erfahrungen, mal mehr, mal weniger spürbar. Selbst in Momenten vollkommenen Glücks ahnen wir: Das geht vorbei (die ständige Veränderung oder *anicca* ist präsent) oder bemerken, dass immer mehr Aufwand nötig wird, je näher man der Perfektion kommt (Pareto Prinzip). Diese tiefe Verunsicherung steckt in unserem Leben.

Was in einem Moment perfekt war, kann im nächsten Moment schon wieder unbefriedigend sein. Der Versuch, der Perfektion in der spirituellen

Entwicklung nachzulaufen, ist zum Scheitern verurteilt und führt nur zu erneutem Leid.

Ein Satz, der bei meinen Kursteilnehmern ein Schmunzeln ausgelöst hat, heißt: **Perfektion zwingt – Unvollkommenheit befreit.**

Die Weisheit innerhalb der rechten Anstrengung liegt in der Balance zwischen Aktion und Ruhe.

> **Mögen wir diese Weisheit in uns finden!**

Die vier rechten Kämpfe (AN IV/13)

Die vier rechten Kämpfe als Sinnbild für die Bereiche der heilsamen Anstrengung werden im Viererbuch der angereihten Sammlung mehrfach in unterschiedlichen Varianten beschrieben. Eine davon möchten wir hier zitieren:

Vier rechte Kämpfe gibt es, ihr Mönche:
Da erzeugt ein Mönch in sich den Willen, nicht aufgestiegene üble und unheilsame Dinge nicht aufsteigen zu lassen.
Er erzeugt in sich den Willen, aufgestiegene, üble und unheilsame Dinge zu überwinden.
Er erzeugt in sich den Willen, noch nicht aufgestiegene heilsame Dinge aufsteigen zu lassen.
Er erzeugt in sich den Willen, aufgestiegene heilsame Dinge zu erhalten.
Danach strebt er, dafür setzt er seine Willenskraft ein und spornt seinen Geist an.

Einsichtsübung: Die fünf Hindernisse

In der Meditation haben wir die Möglichkeit, zu erkennen, was uns daran hindert, an dem dran zu bleiben, was gut für uns ist. Der Buddha hat diese Quälgeister systematisiert und in den *fünf Hemmungen* oder *fünf Hindernissen* zusammengefasst. So kommen wir ihnen leichter auf die Spur.

Das setzen wir gleich um, in einer meditativen Betrachtung von 15 bis 20 Minuten. Wählen Sie ein bekanntes Meditationsobjekt, zum Beispiel den Atem, und lassen Sie ihren Geist zur Ruhe kommen.

Betrachten Sie dann aufmerksam, worum es bei den Ablenkungen geht, die sicher immer wieder auftreten. Wünschen oder erwarten Sie etwas? Möchten Sie etwas weghaben, vielleicht Schmerzen? Sind Sie müde, aufgeregt oder durcheinander? Betrachten Sie das, ohne es zu bewerten, notieren Sie geistig, was Ihnen auffällt.

Nach einiger Zeit betrachten Sie folgende Fragen für sich:

Ist das Hindernis der Gier gerade in mir?

Gibt es etwas, das ich mir im Moment wünsche? Möchte ich etwas haben oder erreichen?

Hänge ich an Vorstellungen von meinem Leben, wie es sein sollte?

Wünsche ich mir bestimmte Sinneserfahrungen, habe ich Vorstellungen davon, was ich gerne sehen, hören, riechen, schmecken oder berühren möchte?

Ich stelle also fest – im Moment ist Gier nach Sinneseindrücken in mir. Falls ich etwas gefunden habe, lasse ich alles, wie es ist und urteile nicht. Oder ich stelle fest – da ist im Moment keine Gier nach Sinneseindrücken.

Ist das Hindernis der Ablehnung in mir?

Gibt es Dinge, die ich im Moment weghaben möchte, von denen ich erwarte, dass sie aufhören oder rasch vorübergehen, wie beispielsweise Schmerzen?

Habe ich vielleicht auch eine Ablehnung gegen die Meditation selbst, gegen das Meditationsobjekt oder gegen die Methode?

Ich stelle also fest – da ist im Moment Ablehnung, wenn ich etwas gefunden habe, und ich urteile nicht. Oder ich stelle fest – da ist im Moment keine Ablehnung.

Ist das Hindernis von Trägheit und Mattheit in mir?

Fühle ich mich im Moment körperlich oder geistig müde, schlapp und energielos?

Empfinde ich im Moment Langeweile, wünscht sich mein Geist Unterhaltung?

Gibt es möglicherweise einen tieferen, nicht gleich erkennbaren Grund für meine Mattheit? Eine versteckte Ablehnung, Angst oder Furcht?

Ich stelle also fest – da ist im Moment Trägheit in mir, wenn das so ist. Ich urteile nicht darüber. Oder ich stelle fest, da ist im Moment keine Trägheit.

Ist das Hindernis der Aufgeregtheit und Unruhe in mir?

Ist mein Geist oder mein Körper im Moment ruhelos, rastlos, sucht er ständig nach neuen Gedanken?

Bin ich zittrig, fahrig und unruhig?

Hat das eventuell eine versteckte Ursache? Etwa Gier, eine Form der Erwartung oder etwas ähnliches, was mich unruhig werden lässt?

Ich stelle also fest – da ist im Moment Unruhe in mir. Ohne Urteil. Oder ich stelle fest – da ist im Moment keine Unruhe.

Ist das Hindernis des skeptischen Zweifels in mir?

Zweifle ich daran, dass es mir in Zukunft gut gehen kann? Habe ich Vertrauen in mein Leben und in meinen Weg?

Zweifle ich an mir selbst? Glaube ich, dass mir Glück, Ruhe und Zufriedenheit zustehen, oder meine ich, das nicht verdient zu haben?

Zweifle ich an meinen Fähigkeiten und Möglichkeiten? Glaube ich, dass ich das nicht schaffen kann?

Zweifle ich an der Lehre und an der Übung? Habe ich Vertrauen in den Buddha, seine Lehre und die Gemeinschaft der Leute, die üben?

Ich stelle also fest – da ist im Moment Zweifel in mir. Oder ich stelle fest – da ist im Moment kein Zweifel.

Bleiben Sie noch ein wenig sitzen und beobachten Sie, wie sich das Akzeptieren der gefundenen Hindernisse auf Ihren Zustand auswirkt. Vielleicht hat das eine oder andere Sie erschreckt? Vielleicht ist auch durch die Akzeptanz Loslassen entstanden?

Schließlich öffnen Sie Ihre Augen und beenden diese Meditation.

Achtsamkeitsübung: Das rechte Maß bei Gedanken und Gefühlen

Mit dem rechten Maß ist in diesem Zusammenhang die Intensität der Konzentration gemeint: Vielleicht konzentrieren wir uns so stark, um bei der Atembetrachtung zu bleiben, dass an den Augen und im Stirnraum Druck entsteht, der möglicherweise Kopfschmerzen verursacht. Wenn wir das bemerken, sollten wir innehalten, bequem ruhig atmen. Einatmend die Stirn und das ganze Gesicht bewusst breit machen und ausatmend das Gesicht lang herabsinken lassen.

Danach können wir etwas lockerer, spielerisch die Konzentration auf den Atem wieder aufnehmen.

Ist das Gegenteil der Fall - wir sind schlaff, unkonzentriert und dösen so herum - dann ist es angebracht, uns selbst anzufeuern und uns klar zu machen, dass wir gerade dabei sind, unsere kostbare Lebenszeit zu vergeuden. Vielleicht sind wir nur mutlos, weil nichts weiter zu gehen scheint; da hilft uns vielleicht der Gedanke an Sportler oder Musiker, die lange trainieren müssen, um zur Höchstleistung zu gelangen.

Es ist nicht leicht, im Alltag, bei den täglichen Verrichtungen und bei den beruflichen Arbeiten, den richtigen Einsatz der eigenen Energie zu finden und zu steuern. Man merkt es am ehesten an Verspannungen im Körper, wenn man seine Kräfte überzogen hat. Ab und zu ist eine kurze Kontrolle von Vorteil, um nachzusehen, ob man sich schlaff und müde oder überanstrengt und gestresst fühlt. Schnelle Hilfe bietet die Atmung: Erinnern Sie sich an eine bereits beschriebene Übung - beim Einatmen das Gesicht weit machen, beim Ausatmen das Gesicht lang werden lassen.

Sich dann wieder ganz und gar seiner Aufgabe widmen, aber mit gelöster Konzentration.

Der Buddha hat für die rechte Anstrengung, also den rechten Umgang mit Gedanken, das Gleichnis von der Bewachung eines Stadttores benutzt.

Wie der Torwächter böse Menschen gar nicht erst in die Stadt herein lässt und solche, die sich in der Stadt schlecht benehmen und zerstörerisch aufführen, hinauswirft - so sollen wir mit den unheilsamen Gedanken umgehen und unsere Geistesstadt von ihrem schlechten Einfluss befreien.

Freundliche, liebenswerte Menschen lädt der Torwächter in die Stadt ein und sieht zu, dass sie eine schöne Bleibe bekommen. So sollen wir gute, heilsame Gedanken in unseren Geist einladen - und die guten, aufbauenden, die sich schon in unserer Geistesstadt befinden, pflegen und fördern.

In der Meditation haben wir die nötige Ruhe, um unsere Gedanken erkennen und auch lenken zu können. Das ist meditatives Geistestraining!

Kurz gefasst heißt es, unheilsame Gedanken zu vermeiden und vorhandene unheilsame Gedanken zu überwinden, heilsame zu entfalten und vorhandene heilsame zu erhalten.

Was man sich merken sollte: **vermeiden-überwinden-entfalten-erhalten.**

Die Praxis:

Wie immer beginnen wir damit, die Achtsamkeit auf unser Meditations-Objekt (Atem oder 8 Punkte) zu lenken.

Gedankenfragmente lassen wir dabei wie Wolken am Himmel vorbeiziehen und versuchen immer wieder, zum Atem oder einem Körperteil zurückzukommen.

Werden wir durch Gedankengänge von unserem Meditations-Objekt ganz weggezogen, ist es schon ein Vorteil, wenn wir es bemerken. Dann ist es gut, innezuhalten und sich diese Gedanken genauer anzuschauen. Sind sie bedrückend und unerfreulich? - dann könnte man sagen: *Da sind unheilsame Gedanken, sie tun mir nicht gut!* Und sich bemühen, sie loszuwerden.

- Bewusst kräftiges Ein- und Ausatmen kann eine Hilfe sein
- Ausatmen – loslassen / Einatmen – weit und rein

Abschweifende erfreuliche Gedanken greifen wir ebenso auf. Wenn wir achtsam sind, erkennen wir ihre Natur und sagen: "Da sind diese heilsamen Gedanken - sie tun mir wohl; ich gebe ihnen viel Raum, sie sollen sich ruhig ausbreiten".

Haben wir den Wunsch nach starker Konzentration, dann müssen wir alle abschweifenden Gedanken fallen lassen, ob sie unheilsam oder heilsam sind, angenehm oder unangenehm! Nur so bringen wir die volle Aufmerksamkeit auf das Meditationsobjekt zurück.

Das Überprüfen der Gedanken kann uns im Alltag viel Ärger und üble Laune ersparen. Wie leicht gerät man ins Grübeln!

Eigentlich wissen wir, dass es nichts bringt außer Verwirrung und deprimierendem Druck: Trotzdem hoffen wir immer noch, unser Problem mit *Wenn, Wäre, Hätte und Sollte* zu lösen und liefern uns selbst ans Messer der Depression.

Klares Überlegen, ob die aufkommenden Gedanken unheilsam sind, ob sie mir oder anderen schaden oder nicht, oder heilsam sind, ob sie mir und anderen wohl tun und Freude bereiten - das bringt Einsicht in den Geist und erfrischende Klarheit. Oftmals sind die Grenzen zwischen heilsam und unheilsam nicht deutlich zu erkennen, aber die Tendenz zu der einen oder anderen Richtung kann man allein von der Körperreaktion ablesen.

Unheilsame Gedanken, die man noch gar nicht als solche erkannt hat, kann man als Druck, Verspannung oder als Schmerz im Körper fühlen. Heilsame Gedanken erzeugen ein wohliges Körpergefühl, das leicht und frei macht.

Womit haben die unheilsamen Gedanken meistens zu tun? Oft sind sie verbunden mit Angst, Ärger, Schuldgefühl und Neid, mit Versagen, Rechthaberei, falschem Stolz und triebhafter Gier. Schwierige Auseinandersetzungen können den Geist auf lange Zeit so besetzen, dass keine real vernünftigen Überlegungen Platz finden.

Das Heilsame zeigt sich dagegen als Freude, als offene Güte, als Verständnis und Toleranz, als Dankbarkeit und Zustimmung zum Leben so wie es ist. Aber auch die Überwindung von etwas Unheilsamem, von Schmerz oder Rachegefühlen ruft das wohltuende Gefühl von Freiheit hervor. Jegliche Einsicht tut gut, wenn man sie als solche wahrnimmt und wertet.

Einsicht hat immer etwas Befreiendes!

Gefühle lassen sich durch Gefühle verändern. Da jeder Gedanke Gefühle mit sich trägt, so geht eine Gefühlsänderung entsprechend mit einem Denkprozess einher. Eine Änderung wirklich zu wollen, ist die nötige Voraussetzung!

In der Meditation

In der Stille des Bei-Sich-Seins lernen wir unsere Gefühle besser kennen als im täglichen Getriebe, weil wir von nichts abgelenkt werden und niemand anderem als uns selbst die Schuld an schlimmen, unheilsamen Gefühlen zuschieben können. Gute Gefühle verdanken wir auch nur uns selbst!

Wenn sich z.B. ein Gefühl von Ohnmacht, Minderwertigkeit oder Verlassenheit einstellt, müssen wir es zuerst als solches erkennen und innerlich benennen. Da ist Ohnmacht in mir. Es empfiehlt sich, dieses Gefühl wie ein krankes Geschöpf anzunehmen und es mit Verständnis und Herzensgüte zu umarmen anstatt es abzuweisen. Allein diese freundliche Zuwendung beruhigt es und lässt andere Gedanken zu.

Können wir die Herzensgüte dafür nicht aufbringen, so haben wir immer noch die Möglichkeit, die allumfassende Güte der Erleuchteten als stets vorhandene Energiequelle anzuzapfen. Innerlich könnten wir sie direkt ansprechen: Bitte, umhülle mein leidendes inneres Geschöpf mit deiner heilenden Energie!

Gefühle der Ablehnung wie Ärger, Wut, Widerstand und Ekel sind nicht so leicht durch gütiges Umarmen zu besänftigen. Zuerst könnte man ein solch aggressives Gefühl benennen und ansehen. **So sieht es aus: das macht es mit mir!** Z.B. *Da ist Ärger, er macht mir Kopfschmerzen!*

Wir verdrängen keine Gefühle, kämpfen aber auch nicht gegen sie an - Wir räumen dem Gefühl Platz ein, ohne uns davon einnehmen zu lassen.

Indem wir uns unserer Unvollkommenheit bewusst werden, können wir es als einen Teil der eigenen Natur akzeptieren.

Dieses Gefühl ist in mir - aber ich muss ihm nicht wie einem hungrigen Wolf ständig neue Nahrung zuwerfen. Wenn wir es durch Gedanken, Erinnerungen oder Ängste nicht stärken, verliert es an Kraft und kann uns nicht mehr viel anhaben. Es ist einfach nicht mehr so wichtig. Dann haben wir wieder Raum für positive heilsame Gedanken und Gefühle.

Der gute Umgang mit Gefühlen ist eine ständige Arbeit, denn sie sind hartnäckig und kommen immer wieder hoch - bis andere stärker sind. Wir müssen also zusehen, dass wir die heilsamen Gefühle und Gedanken so stark machen, dass sie den unheilsamen keinen Platz mehr lassen.

Wenn wir die Gefühls-Meditation beenden wollen, sollten wir alles Denken vom Kopf zu den Füßen hin abfließen lassen. Die Vorstellung, dass die Gedanken wie Regentropfen am Körper herunter rinnen, kann uns helfen, den Geist wieder frei zu bekommen.

Vom Kopf weg in die Basis kann nicht oft genug gedacht und gefühlt werden! Wir sind meistens zu kopflastig!

Metta-Übung: Blumengarten

Die folgende Form der Metta-Meditation, die etwa 20 bis 30 Minuten dauern wird, verwendet ein Bild, aus dem ein Gefühl von allumfassender Liebe entstehen kann. Stellen Sie sich dazu vor ihrem geistigen Auge einen schönen, reich bewachsenen Blumengarten vor – einen Metta-Wundergarten.

In diesem Wundergarten haben die Blumen, die dort wachsen, eine erstaunliche Eigenschaft – je mehr man sie pflückt umso üppiger wachsen sie nach. Es ist das Wunder der Herzensgüte, die sich durch Verschenken im eigenen Herzen erst richtig ausbreitet.

Wem wollen wir nun solche Wunderblumen schenken?

Wir kennen sicher Menschen, die wir mögen und wertschätzen. Für sie gehen wir gedanklich in unseren Garten, pflücken einen Strauß schöner Blumen und schenken sie diesen Menschen mit Anerkennung und Freude. Dabei können wir laufend bemerken, dass Anerkennung und Freude auch in uns selbst anwachsen.

Mit diesen Menschen zusammen zu sein, sich mit ihnen austauschen zu können, Übereinstimmungen zu finden und durch Gegensätze angeregt zu werden - alles wird leichter und ergiebiger, wenn liebende Güte mit im Spiel ist.

Menschen, die uns nicht so nahe stehen, Blumen der Anerkennung und Wertschätzung zu schenken, mag uns vorerst etwas befremdlich vorkommen. Aber warum sollten wir ihnen nicht auch dieses Wohlwollen entgegen bringen - sie werden beglückt sein, und auch wir selbst!

Pflücken wir also nochmals einen schönen Strauß und schenken wir in Gedanken die schönsten Blüten verschiedenen Personen unserer Bekanntschaft. Sehen Sie dabei in die Gesichter der Beschenkten, deren Freude und Zufriedenheit ist auch Ihre Freude und Ihr Glück.

Haben Sie schon einmal mit freundlichen Wünschen an die Menschen gedacht, mit denen Sie sachlichen Kontakt haben - beim Einkaufen, in Ämtern oder im Beruf? Auch diese Menschen haben Werte in sich, auch sie sehnen sich nach Liebe, Freude und Anerkennung.
Gehen wir nun wieder gedanklich in unseren Wundergarten und pflücken ganz bewusst herrliche Blüten des Wohlwollens und der Wertschätzung als Geschenk für diese Menschen.

Vielleicht sind Sie sogar bereit, noch einen Schritt weiter zu gehen und sich jemanden vorzustellen, den Sie nicht mögen. Mag sein, dass es triftige Gründe für die Ablehnung gibt. Auf der spirituellen Ebene, auf der Gedanken- und Gefühlskräfte fließen, haben äußere Faktoren keine Bedeutung mehr. Wir können über alle Schranken hinweg diesen Menschen mit seinen Unvollkommenheiten sehen, können ihn verstehen und ihm Blumen des Wohlwollens schenken.

Ist unsere Metta-Kraft dafür noch nicht stark genug, bitten wir ein erleuchtetes Wesen mit seiner umfassenden Güte und Erkenntnis als unsere Vertretung, diesen Menschen Blumen der Zuwendung zu schenken.
Manchmal hilft uns auch, einen Wunsch für einen für uns schwierigen Menschen etwa so zu formulieren: **Mögest du einen guten Weg finden**.

Nachdem wir vielen bekannten Menschen unsere Wunderblumen geschenkt haben, nehmen wir nun einen Riesenstrauß in unsere Arme und denken an all die Wesen, große und kleine, ferne und nahe, und verschenken unsere Blumen der Herzensgüte großzügig an alle.

Mögen alle Wesen Anerkennung und Wertschätzung erfahren!
Mögen alle Wesen glücklich sein!

Wir beenden die Metta-Meditation wie üblich, indem wir uns wieder auf unseren Körper besinnen und dann in die äußere Aktivität zurückkommen.

Lied: möge unser Tun

Mö- ge un - ser Tun zu un-ser'm Glück bei - tra - gen!

Mö - ge un - ser Tun für an - d're heil - sam sein!

Mö - ge un - ser Tun uns acht - sam ge - lin - gen!

Rechte Achtsamkeit - fürsorgliche Wachsamkeit

Sie ist ein ganz besonderer und wichtiger Teil des Weges und kommt nicht nur im Achtfachen Pfad, sondern in etlichen anderen buddhistischen Aufzählungen zentraler Themen vor.

Wie spricht der Begriff „Achtsamkeit" Sie an? Macht die Erwähnung von Achtsamkeit Ihr Gefühl weiter und freier? Oder eher eng und drückend?

Ein gewisses Maß an Achtsamkeit ist ganz natürlich vorhanden und begleitet uns im Leben. Sonst wären wir gar nicht in der Lage, in die Küche zu gehen und uns dann noch zu erinnern, dass wir uns einen Tee einschenken wollten. Wir könnten keine Straße überqueren und kein Telefongespräch führen.

Ist Achtsamkeit dasselbe wie Konzentration? Wenn jemand ganz in einer Tätigkeit versunken ist – ist es das, was der Buddha mit achtsamem Tun gemeint hat?

Achtsamkeit hat als Begriff mittlerweile einen Platz im allgemeinen Sprachgebrauch eingenommen. In vielen Trainings und Therapien ist die heilende und klärende Wirkung der Achtsamkeit inzwischen ein zentrales Element. Achtsames Wahrnehmen von Sinneseindrücken findet sich zum Beispiel im focusing, der Hakomi Methode oder dem MBSR =(mindfulness based stress reduction -Programm nach JOHN KABAT-ZINN).

Worum geht es dem Buddha? Was unterscheidet alltägliche Achtsamkeit und das, was wir in diesem Buch als Übung empfehlen?

Ob ich das Geschirr „achtsam" oder „konzentriert" spüle, macht im alltäglichen Sprachgebrauch wohl keinen großen Unterschied. Hier ist es wichtig, dass Konzentration uns hilft, bei einer Sache zu bleiben. Die rechte Achtsamkeit wird davon unterschieden. Sie geht viel weiter und fühlt sich auch weiter an. Sie umfasst Hellwachsein, Offenheit, Freude und Stabilität. Sie ist da, wo wir uns und die ganze Situation spüren können. Durch sie können wir uns dem Wahrnehmen hingeben, den Augenblick erfahren, wie er eben ist, konfliktfrei im Hier und Jetzt sein.

Wie bei allem, was wir uns vornehmen, so entscheidet auch bei der Achtsamkeit unsere Absicht darüber, welche Dimension unser Vorgehen hat. Bin ich einfach voll dabei, weil es Spaß macht oder weil ich ein gutes

Arbeitsergebnis haben will, ist das vollkommen in Ordnung. In der Wirkung ist diese alltägliche Achtsamkeit dann auf die Situation begrenzt.

Im Unterschied dazu sieht die spirituell motivierte Achtsamkeit so aus: Ich lege in der Meditation oder auch im Abspülen oder im achtsamen Schreiben meiner E-Mails auf alles eine sanfte, wache Aufmerksamkeit. Ich öffne mich für das wahre Wesen dieser Wahrnehmung – was immer das sein mag. Dabei leitet mich der Wunsch, die Wirklichkeit zu erfahren, indem ich mich ihr zuwende. Ich möchte aus meiner egozentrischen Begrenztheit herauskommen, in der mir alles getrennt erscheint, ich möchte nicht mehr leiden, und dieser Wunsch, diese liebevolle Zuwendung richtet sich auf alle Wesen.

Mit einer solchen Sichtweise und Haltung kann ich allen Tätigkeiten und Situationen eine Tiefendimension abgewinnen. Es kostet etwas Übung und Überwindung, die Dinge nicht gewohnheitsmäßig anzugehen, sondern mit einem liebevollen Herzen, das auch bereit ist, sich für die Weisheit der Gegenwärtigkeit zu öffnen. Damit kommt eine Weichheit und Kraft auf, die der Situation eine heilsame, über begrenztes Alltags-Tun hinausweisende Wirkung verleiht.

Gleichzeitig entwickeln sich die alltäglichen Situationen: Von etwas Lästigem, das ich schnell hinter mich bringen will, hin zu etwas, das sich immer neu und frisch anfühlt, und in dem mir die bloße Wahrnehmung vom Abwaschwasser oder der Computertasten unter den Fingerspitzen eine nicht zweckgerichtete Erfüllung und spontane Freude schenkt.

Auch wenn die Haltung der Zuwendung und der Wunsch nach Befreiung dahinter stehen, hat Achtsamkeit auch etwas gänzlich Absichtsloses, Zweck-freies. Es ist nicht notwendig, über Leiden und Befreiung und so weiter nachzudenken – der bloße Entschluss, mich ganz der Wahrnehmung hinzugeben, die gerade ansteht, führt schon in den Raum, in dem Weite und Tiefe wie von selbst immer vorhanden sind. Sie werden für mich in dem Augenblick wahrnehmbar, in dem ich mich dem Moment anvertraue und bereit bin, mich einfach den Wahrnehmungen zu öffnen.

Ob spirituell oder weltlich motiviert - Achtsamkeit geht im Alltag oft verloren. Wie schnell verlassen wir den gegenwärtigen Augenblick und wandern mit dem Geist in die Vergangenheit oder in die Zukunft. Dadurch verlieren wir den Kontakt zu unserer Erfahrung, die immer nur hier und jetzt stattfindet. Weniger Kontakt bedeutet weniger Gefühl und Verbindung zu mir selbst, der Situation und auch den anderen Menschen. Verlieren wir die Achtsamkeit, dann verlieren wir ein Stück weit uns selbst, die anderen und unser Leben.

Tun bis zur Erschöpfung

Alle kennen diesen inneren Antreiber, der uns glauben machen will, dass wir alles schneller erledigen sollen und uns danach ja entspannen könnten. Genau dieses Täuschungsmanöver bringt uns weg von der Achtsamkeit, die auch die Quelle der Energie und Kraft ist. Dann können wir uns weder im Tun noch im Ausruhen wirklich wohl fühlen. Tun wird zum Stress, Ausruhen ist nur ein matter Versuch, die Erschöpfung wieder auszugleichen.

Hektisches Tun und darauf folgende Erschöpfung scheiden uns beide vom Gefühl und von der grundlegenden Lebendigkeit ab. Was haben wir denn davon? Diese Strategie verspricht uns, dass wir durch Abschotten unserer Gefühle und Rückzug vom Lebendigsein mehr Ruhe und Sicherheit gewinnen. Etwas in uns hat Angst davor, in Kontakt, verbunden und glücklich zu sein und möchte lieber die eigenen Schäfchen ins Trockene bringen.

Hinzu kommt die Gewohnheit, denn es ist doch „ganz normal", die Dinge eher automatisch zu machen, und in einer eingefahrenen Art und Weise, dem Leben zu begegnen.

Es kostet also Energie und Entschlossenheit, wieder Gefühl und Wachsein ins Leben zu bringen. Merken wir, dass es uns gut tut, weil die Achtsamkeit den Stress sofort verringert, dann wird uns klar, dass wir mit Achtsamkeit in einer guten Richtung unterwegs sind.

Am Anfang ist es leichter, die Achtsamkeit in der formellen Meditation zu üben. Hier gibt es weniger Ablenkung und Veränderung. Durch das Nicht-Tun haben wir mehr Kapazität für das Sein und Fühlen.

Wir merken nach einer Weile, dass uns die Achtsamkeit auch ein Stück weit in den Alltag begleitet, und dass wir uns zwischendurch spontan an sie erinnern. Meditation und Alltag kann man auf die Dauer nicht als zwei verschiedene Dinge ansehen; das eine beeinflusst das andere. Wenn wir zum Beispiel einen Wochenendkurs besuchen und aus einer hektischen Phase kommen, wird es anfangs eine Zeitlang brauchen, bis wir ein wenig runterkommen und sich die vielen Gedanken etwas gesetzt haben.

Ebenso hilft es uns, wenn wir auch in die Alltagstätigkeiten immer wieder die Achtsamkeit hinein bringen. Beim formellen Sitzen spüren wir nach einiger Zeit deutlich, dass wir ruhiger geworden sind, und uns nicht mehr so erschöpft fühlen.

Weil wir im Tun eher „anfällig" dafür sind, dass unser Geist unachtsam davonwandert, und wir in Hektik und Listen-Abarbeiten hineinkommen, brauchen wir hier noch mehr Hilfe, um zur Achtsamkeit zurückzufinden. Der vietnamesische Zen-Meister THICH NHAT HANH hat gerade für die Übung der Achtsamkeit im Alltag – der wesentlich größere Anteil unserer Zeit! – viele anregende Übungen und Erinnerungshilfen entwickelt.

Sich erinnern

Achtsamkeit im Alltag führt uns zu einer weiteren Bedeutung des Begriffs „sati". Es ist das Bemerken und Spüren dessen, was in mir und um mich herum vorgeht, und es ist auch das Erinnern – mich wieder an den Zugang zum Spüren und Merken erinnern. Zum Beispiel sitzen wir auf dem Kissen und betrachten den Atem. Der Geist wandert ab. Irgendwann geschieht Erinnern – wir „wachen auf" aus unseren Träumereien und kommen zur Übung und ins Wachsein zurück.

Übung ist kein Selbstzweck. Je tiefer und feiner unsere Übung wird, desto leichter gelingt es, ein Grundgefühl von Wachsein und Spüren im Alltag und in der Meditation beizubehalten. Das Üben macht mehr Spaß, wir sind motivierter, weil wir schon sehr oft die wohltuende Wirkung erlebt haben. Wir wissen, dass Achtsamkeit ein wundervoller Freund, eine fantastische Lehrerin für uns ist, die uns jederzeit zur Verfügung steht. Da können die Gewohnheit und die Trägheit und Angst in uns ruhig ein wenig knurren: „Was? Schon wieder üben...? wo es grad so gemütlich war!"

Je mehr wir in unserer Mitte sind, desto gemütlicher und heimischer fühlt es sich dort an, und desto leichter wird es, uns sanft wieder dort hinfinden zu lassen, wenn wir uns in Gedanken, Anforderungen und Hektik verloren haben.

Wer sehr eingespannt ist und kaum einmal ein paar Minuten Pause am Tag macht, hält solche Hinweise vielleicht für komplett unrealistisch. Es ist aber eine Erfahrung, dass diese Übung das Leben nachhaltig beeinflusst und verändert. Und dazu reichen sogar zunächst fünf Minuten am Tag. Regelmäßig fünf Minuten Meditieren verändert das Lebensgefühl. Man fängt an, sich mehr davon zu wünschen. Dann setzt man Prioritäten anders, trifft andere Entscheidungen, und daraus ergeben sich schrittweise neue Lebensbedingungen. Es ist wirklich möglich, nach und nach aus einem Burnout-Alltag in ein ruhigeres und viel erfüllteres Leben hineinzufinden.

Wir haben schon erwähnt, dass es den meisten schwer fällt, aus der Gewohnheitsenergie auszusteigen und sich ausgerechnet dem zuzuwenden, wo man am liebsten drüber hudeln würde. Auch wenn das etwas unbehaglich ist – diese Zuwendung bewirkt etwas! Es ist letztlich eine liebevolle Fürsorge für mich selbst. Ich passe mehr auf mich auf und gehe sanfter mit mir um, weil ich mehr spüre. Der Buddha benutzt hier auch den Ausdruck „fürsorgliche Wachsamkeit" (*appamada*). Diese Form der Achtsamkeit hat, wie die folgende Geschichte zeigt, einen großen Einfluss auf das tägliche Wohlbefinden, das wir uns selbst zugestehen.

Passt schon - geht schon!

Warum sorgen manche Menschen so schlecht für sich selbst?

Wenn ich den Teilnehmer/Innen im Yogakurs sage, sie mögen sich ein gutes Lager für die Liegemeditation oder Entspannung herrichten, sehe ich mit Verwunderung, dass einige mit dem Kopf über der Matte hängen oder dass sie ihre Füße nicht zudecken, obwohl sie vorher über kalte Füße geklagt haben. Ich mache sie darauf aufmerksam und bekomme gewöhnlich die Antwort: "geht schon - passt schon!"

Dagegen habe ich eine rigorose Methode; ich antworte: "Das kann ich nur als dumme, verklemmte Gewohnheit ansehen."

Es hat dazu geführt, dass jede(r) vernünftig auf sich aufpasst.

Wie setze ich das Achtsamkeitstraining praktisch um? Der Buddha gibt uns dazu vier Übungsfelder an die Hand. Sie sind bekannt als die Vier Grundlagen der Achtsamkeit oder auch Vier Pfeiler der Achtsamkeit

- **Die Achtsamkeit auf den Körper (*kaya*)** „…ist ein Heilmittel für alles", sagt der Buddha. Seiner Erfahrung nach ist, achtsam die Körperempfindungen zu betrachten, ein vollständiger Heilungsweg, und viele seiner Meditationsanweisungen beziehen sich nur auf den Körper, Körperteile, den Atem. In unserer Kultur werden das Mentale und der Intellekt sehr hoch geschätzt, und der Körper wird als minder betrachtet
  Gerade als Hilfe bei Verkopftheit tut es gut, sich wieder mehr im Körpergefühl zu verankern. Alle Wahrnehmungen sind auch im Körper spürbar. Zum Beispiel hat ein Gedanke die große Kraft, auch unser Körpergefühl stark zu verändern. Wie fühlt sich zum Beispiel der Körper an, wenn wir uns verurteilen? Oder wenn wir uns selbst anerkennen? Wären wir mehr im Körpergefühl, dann könnten wir sofort unterscheiden, welche Gedanken förderlich für uns sind und welche wir besser wieder loslassen. Das Körpergefühl bringt uns unmittelbar ins Hier und Jetzt, es ist nirgendwo anders.
  Dass heute so viele Menschen Fitness und Wellness suchen, ist ein klarer Hinweis darauf, dass wir den natürlichen Wunsch haben, mit unserem Körperempfinden verbunden zu sein.

- **Achtsamkeit auf die Gefühle (*vedana*):** Damit sind im Buddhismus nicht die Gefühle und Emotionen unseres Sprachgebrauchs gemeint. Die finden sich in der nächsten Kategorie, bei den Geisteszuständen.
  Die Vedana sind die drei Grundgefühle *angenehm, unangenehm und neutral* und werden durch die Sinneskontakte hervorgerufen.

Wie schnell kann sich unser Befinden ändern! Dabei bekommen wir meistens nicht mit, dass alles sich unablässig wandelt. Die Grundgefühle zu betrachten, schenkt uns Einsicht in Veränderung (*anicca*). Außerdem bietet es die Chance, eine Lücke im Dickicht unseres gewohnheitsmäßigen Reagierens zu entdecken und aus leidvollen Abläufen auszusteigen.

- **Achtsamkeit auf die Geisteszustände (*citta*):** Mehrere Dinge kommen hier zusammen. Da sind einmal die Gefühle und Emotionen, die Tönungen und Stimmungen im Geist. Und auch die Gedankenmuster, die diese Stimmungen beeinflussen. Bin ich beispielsweise unzufrieden mit einem Arbeitsergebnis und hacke nach alter Gewohnheit auf mir herum, ergibt sich wahrscheinlich eine gedrückte, leidige, depressive Stimmung. Habe ich eine heilsame Gewohnheit, Dinge wertzuschätzen, dann freue ich mich über den Morgenkaffee, den Baum vor meinem Fenster, fange an, mich auf den Tag zu freuen und gerate in eine positive beschwingte Stimmung, die weitere gute Gedanken nach sich zieht. Die Betrachtung dieser Stimmungen und Gedanken gewährt Einsichten in Veränderung und in das Entstehen von Glück und Leid.

- **Achtsamkeit auf die Objekte der Lehre (*dhamma*):** Wir betrachten hier die Lehre des Buddha, und eigentlich schauen wir tief in unsere eigene Erfahrung der Wirklichkeit hinein. Ist es denn wahr, dass alles Leben mit Leiden verbunden ist? Stimmt die Lehre von der Unbeständigkeit mit meiner Erfahrung überein? Wir denken hier weniger darüber nach, als dass wir uns unserem inneren Spüren öffnen. So können uns diese Meditationen direkt zu unserer eigenen inneren Weisheit führen. Dafür eignen sich besonders die Themen Fünf Hindernisse (nivarana), Daseinsgruppen (khanda), Erleuchtungsglieder (bojjhanga) und die Vier edlen Wahrheiten (sacca).

Achtsamkeit trägt viele Früchte:

Mehr spüren, mit sich in Einklang und in die eigene Mitte kommen, Ruhe, Wohlbefinden und Freude erfahren, mehr Energie haben und Prioritäten neu setzen, die einem besser entsprechen.

Erfüllung erfahren in ganz einfachen Tätigkeiten und im Sein, Schwieriges eher wahrnehmen und verändern, oder auch einfach annehmen können, so dass es sich gar nicht erst festsetzt.

Einsichten in die Weisheit und Schönheit des Lebens erhalten, die alles in einen größeren Sinnzusammenhang setzt und so eine grundlegende Entspanntheit bewirkt.

Anapanasati Sutta (MJ 118)

In dieser Lehrrede aus der mittleren Sammlung legt der Buddha dar, wie die Achtsamkeit auf den Atem geübt werden sollte. Über die Bedeutung der Übung sagt er:

> *Ihr Bhikkhus, wenn die Achtsamkeit auf den Atem entfaltet und geübt wird, ist sie von großer Frucht und großem Nutzen. Wenn die Achtsamkeit auf den Atem entfaltet und geübt wird, vervollkommnet sie die vier Grundlagen der Achtsamkeit. Wenn die vier Grundlagen der Achtsamkeit entfaltet und geübt werden, vervollkommnen sie die sieben Erleuchtungsglieder. Wenn die sieben Erleuchtungsglieder entfaltet und geübt werden, vervollkommnen sie wahres Wissen und Befreiung.*

Mahaparinirvana Sutta (DN 16)

Die längere Sammlung (Digha Nikaya) der Lehrreden beinhaltet eine Zusammenstellung von 22 längeren Lehrreden. Die umfangreichste Lehrrede beinhaltet die Beschreibung der letzten Tage, des Todes und der Zeit nach dem Tod des Buddha. Die letzten Worte Buddhas sollen hier wiedergegeben werden:

vaya dhamma sankhara appamedena samapadetha

Alle (gestalteten) Dinge unterliegen der Vergänglichkeit;
Seid nicht träge, dann erreicht ihr das höchste Ziel.

Die verwendeten Palibegriffe können wie folgt übersetzt werden:

- **VAYA DHAMMA:** Dhamma ist ein vielfältiger Begriff und steht sowohl für die Lehre, die Objekte oder auch die grundlegenden Weltgesetze wie jene der Vergänglichkeit und der Unbeständigkeit, aller Dinge. Vaya steht für den Umfang und bedeutet so viel wie umfassend oder ausnahmslos.
- **SANKHARA:** wird übersetzt als Gestaltungen; Gebilde, oder Zusammenbrauung bzw. Geistesformation.
- **APPAMADENA** bedeutet, Nicht-Trägheit, Nicht-Starrheit, Nicht-Schlaffheit durch kontinuierliches wachsam Sein als eine sehr besondere Form der Achtsamkeit.
- **SAMPADETHA** bedeutet Erreichung, Segen, Vorzug (sampada) und wird als Synonym für die Erleuchtung verwendet.

Einsichtsübung: Achtsamkeit und Gelassenheit

In dieser meditativen Betrachtung wollen wir die Achtsamkeit und Ruhe, die uns schon zur Verfügung stehen, dazu einsetzen, um uns selbst etwas subtiler zu betrachten. Dabei geht es nicht um die ganz offensichtlichen Themen in und um uns, sondern um das, was wir im normalen Leben übersehen, und was uns dennoch beeinflusst.

Setzen Sie sich dazu in einer angenehmen Meditationshaltung auf Ihren Platz und lassen Sie Ihren Geist zur Ruhe kommen. Ein erprobtes Meditationsobjekt, wie der Atem, kann Sie dabei unterstützen.

Wenn nach einer Weile das Gefühl aufkommt, dass die Achtsamkeit feiner geworden ist, betrachten Sie folgende Fragen:

Wie fühlt sich mein Körper an?

Wie geht es dem Körper, abgesehen von den üblichen unangenehmen Gefühlen? Was sehe ich, wenn ich einmal die Regionen „befrage" die normal nicht zur Sprache kommen, weil sie von den großen unangenehmen Gefühlen übertönt werden?

Finde ich auch angenehme Bereiche im Körper? Wo ist derzeit der angenehmste Bereich, wie fühlt er sich an?

Wie ist momentan mein emotionaler Zustand? Wie bin ich gestimmt?

Welche Gefühlszustände kann ich jetzt in mir erkennen?

Ist da ein Begriff für meine Stimmung? Oder ist es eine Mischung aus mehreren Dingen? Zum Beispiel Angst und gleichzeitig auch Abwehr der Angst, Ärger darüber, dass ich ängstlich bin?

Welche Gefühle melden sich nur mit ganz kleiner Stimme - finde ich da Unbehagen, Freude oder andere schüchterne Gefühle?

Was machen diese kleinen und unscheinbaren Stimmungen und Körperempfindungen mit mir?

Wenn ich mich mit etwas Abstand und der erlernten Achtsamkeit und Gelassenheit betrachte – kann ich da die Auswirkungen dieser unscheinbaren Empfindungen und Emotionen erkennen?

Erkenne ich eine Wirkung auf mein tägliches Leben, meinen Umgang mit mir und meiner Umwelt?

Woher kommen diese Stimmungen und Körperempfindungen?

Kann ich beim genaueren Betrachten erkennen, woher und seit wann ich diese Gefühle mit mir herumtrage?

Welche Botschaft haben sie für mich?

Wohin führt es mich, wenn ich alles so belasse wie es ist?

Wie entwickeln sich die leicht unangenehmen Gefühle? Könnte daraus auch Verhärtung, Schmerz, Unwohlsein entstehen?

Wie sehr schätze ich bei den Schmerzen, die ich auch täglich erfahre, die angenehmen Empfindungen dieses Körpers?

Wohin führen mich die unterschwelligen Gefühle? Was bewirken sie im Umgang mit mir selbst und anderen?

Bereichern mich meine Stimmungen?

Wo verbergen sie vielleicht ein heilsames Potenzial?

Wie kann ich damit umgehen?

Wie gehe ich mit Stress oder Druck um? Habe ich Abwehr, die das noch verstärkt? Kann ich auch weicher werden, nachgeben und mir erlauben, mich zu entspannen?

Wie hilft mir hier geistige Ruhe?

Welche Hilfe können mir die „leisen Töne" geben?

Lassen Sie alle Gedanken wieder an sich herunter fließen, und ruhen Sie sich eine Weile aus, indem Sie ganz leicht Ihre Achtsamkeit auf Ihren Atem lenken. Dann beenden Sie die Übung.

Achtsamkeitsübung: Anti-Stress Meditationen

Findet Meditation nur auf dem Sitzkissen statt? Die meisten bisher vorgestellten Übungen stärken dieses Bild. Aus den Automatismen und ständigen Anforderungen herauszukommen ist abenteuerlich genug, und ein ruhiger geschützter Platz mit wenig Außenreizen kann uns sehr darin unterstützen. Auch wenn wir in der äußeren Stille und Ruhe immer wieder, und anfangs voll Schrecken, feststellen: Nicht nur unser Leben ist unruhig – wir sind unruhig!

Nach einer Weile bekommt man etwas Übung und wünscht sich vielleicht: „Wäre doch mein Alltag auch so ruhig wie meine Meditation! Sobald ich vom Kissen aufstehe, geht der Zirkus wieder los! Mein Alltag ist so was von unspirituell!" Die Meditation nimmt sich da manchmal wie ein Fluchtweg aus.

An diesem Punkt gibt es dann die nächste große Herausforderung: was wir im Schutzraum der Meditation üben, mehr in den Alltag zu integrieren. Wie schon besprochen, können wir beides auf die Dauer gar nicht trennen, und die Alltagsintegration macht das Leben noch mal sehr viel leichter, inspirierender und interessanter.

Das ist schon ein großer Anspruch. Manchmal, besonders wenn der Stress überhand nimmt oder wir sogar in Angst, Panik oder unter großen Druck kommen, brauchen wir eine einfache Übung, die uns in solchen Notsituationen weiter hilft.

Probieren Sie es in einer der nächsten Stress-Situationen mal aus und beobachten Sie, was die Übung bewirkt. Das ist großes Mitgefühl mit sich selbst und stellt einen wichtigen Übergang vom Meditationskissen in den Alltag dar.

- **Füße-Füße:** Eine Möglichkeit, starken Gefühlen zu begegnen, ist es, Ihre Gedanken und Gefühle auf die Füße zu lenken. Dieses Gefühl von Erdung kann eine körperliche und geistige Beruhigung bewirken. Wenn Sie einer Stress-Situation ausgesetzt sind, so können Sie sich innerlich sagen „Füße-Füße" und Ihre Aufmerksamkeit entsprechend dorthin ausrichten. Damit diese Meditationstechnik funktionieren kann, ist eine gewisse Schulung der Achtsamkeit nötig, da Sie starke Gefühle erkennen müssen, *bevor* diese ihre volle Macht entfalten. Wenn sich diese Gefühle erst einmal ausgebreitet und Sie komplett eingenommen haben, ist diese Methodik kaum noch anwendbar.

- **Atemdehnung:** Wenn sich Angst oder Stress vor allem auf körperlicher Ebene manifestieren, so kann die Dehnung des Atmens bei geübten Meditierenden gut geeignet sein, die körperlichen Vorgänge zu beruhigen und etwas Ruhe zu schaffen. Dazu konzentrieren Sie sich auf Ihren Atem und zählen einatmend bis 5 oder 7 und ausatmend bis 5 oder 7. Wenn das ganz gut funktioniert, so können Sie zur sog. Quadratatmung übergehen. Dazu nehmen Sie die Dauer einer Einatmung (also beispielsweise 5 Takte). Nach der Einatmung halten Sie die Luft fünf Takte in der Atemfülle, dann atmen Sie fünf Takte aus und bleiben auch in der Atemleere fünf Takte, bevor Sie wieder von vorne beginnen. Diese Methode hilft z.B. bei Lampenfieber, wenn Sie vor einer größeren Menschenmenge sprechen müssen.

- **Hand-Druck:**
  Wenn Sie irgendwo sitzen, egal ob im Wartezimmer des Zahnarztes oder bei einer unangenehmen Besprechung, verwenden Sie Ihre Hände als Fokuspunkt. Dazu pressen Sie die Hände fest ineinander und sammeln Ihre Aufmerksamkeit in den Händen, oder den Armen, also dort wo Sie die Muskelkraft gut spüren können. Das reduziert körperliche Symptome wie zitternde Hände zumindest kurzfristig und gibt Ihnen einen sehr guten Punkt für die Fokussierung der Achtsamkeit. Ein weiterer Vorteil: diese Übung können Sie beinahe überall und unauffällig machen.

- **Hand-Zug**: hat eine ähnliche Wirkung wie der Hand-Druck, nur verwenden Sie Ihre Muskelkraft nicht zum Drücken sondern zum Ziehen. Finden Sie spielerisch heraus, welche Handhaltung dazu am besten ist, ob verschränkt, verhakt oder ganz anders. Das ist eine Alternative zum Hand-Druck, wenn diese Enge im Brustraum bewirkt. Der Hand-Zug weitet den Oberkörper und kann damit für ein offeneres Gefühl sorgen.

Wir wünschen uns, dass diese Anregungen Ihnen in Stress-Situationen weiter helfen. Vielleicht finden Sie auch selbst eine Methode heraus, die Ihnen gut tut?

Metta-Übung: Buddha unter dem Bodhibaum

Finden Sie einen guten Sitz, wo man in Ruhe ungestört 20 Min. meditieren kann, und kommen Sie zur Ruhe.

Alles, was Sie an diesem Tag erlebt haben, rückt nun in weite Ferne; wir lassen alles hinter uns wie Gepäck, das wir nicht mehr mitschleppen wollen.

In unserer Vorstellung versetzen wir uns voll Vertrauen unter einen schönen großen Baum. Unter der weiten Krone fühlen wir uns beschützt und durch den Stamm in unserem Rücken gut behütet. Wie ein Buddha sitzen wir sicher und aufrecht unter der ausladenden Krone und nehmen die Kraft des festen Stammes hinter uns wahr, die uns Stabilität verleiht.

Die Krone breitet sich weit und ausladend wie ein beschützendes Dach über uns aus, und die Verbindung mit der Energie des Stammes und der Sicherheit der Erde, die uns trägt, wird spürbar – wir fühlen uns wohl und geborgen. Friedvolle Gelassenheit breitet sich in uns aus.

Die Geräusche der Tiere in dem grünen Dach über uns und um uns herum verbinden uns im Geist mit allen Lebewesen. Liebevolle Gefühle durchströmen uns und breiten sich wie ein Wind der Herzensgüte über alles aus, was lebt.

Mögen sie alle ohne Leid leben - mögen sie alle glücklich sein!

Lied: Wem lieb sein Selbst

* "drei Wachen": drei Meditationszeiten

Rechte Sammlung und Konzentration

Die rechte Sammlung (*samma samadhi*) ist eine wichtige Grundlage auf dem Weg zur Befreiung. Warum ist das so? Und wer oder was ist denn eigentlich gesammelt?

Eine besondere Herausforderung bei der Sammlung ist, dass wir sie nur fördern können, indem wir günstige Bedingungen suchen und geeignete Methoden anwenden. Machen kann man sie nicht. Das ist gleichzeitig auch das Schöne daran.

Das Wesen der rechten Sammlung ist mit Worten noch schwerer zu beschreiben als die Achtsamkeit. Aber wir möchten Ihnen einen Eindruck vermitteln, wohin die Reise geht, wie die Erfahrung ist, und vor allem möchten wir Sie zu eigener Erfahrung anregen.

Was ist Sammlung?

Der Begriff Samadhi heißt wörtlich übersetzt „fest zusammen gefügt sein". Eine Umschreibung ist: Der Geist wird gebündelt auf ein einziges Objekt – das ist die so genannte Einspitzigkeit des Geistes (*ekkagata*). Sammlung ist nichts „Buddhistisches". Alle erleben sie unter bestimmten Umständen, wir kennen sie als Konzentration.

Nicht-buddhistisch heißt der Zustand „**Flow**". Bereiche, in denen Flow oft erlebt wird, sind zum Beispiel der Sport und kreative, künstlerische Tätigkeiten. Auch HeilerInnen arbeiten vorzugsweise in diesem Zustand. Interessant ist, dass der Flow wirklich genauso beschrieben wird wie die ersten Vertiefungserfahrungen in der Meditation, um die es später noch geht.

Kurze Erinnerung: Wichtig bei allem ist immer die Absicht und die Ausrichtung. Meine Absicht kann bei allem, auch bei Flow- oder Samadhi-Erfahrungen, eine unheilsame sein, oder eine auf kurzfristigen persönlichen Nutzen begrenzte, oder eine heilsame, die auf das langfristige Wohl aller Beteiligten ausgerichtet ist.

Was geschieht dabei? Die unkontrolliert herumwandernden Gedanken, der diskursive Geist, tritt in den Hintergrund. Das Gefühl, von meiner Umgebung getrennt zu sein, weicht einer Erfahrung müheloser Verbundenheit. Das geschieht dadurch, dass wir uns einer Sache restlos hingeben.

Der Hochleistungssport hat die Bedingungen für Flow erforscht und beschrieben. Das ist ein nützlicher Anknüpfungspunkt für die Meditation, und gleichzeitig ein Hinweis darauf, dass es sich hier nicht um etwas Abseitig-Mystisches handelt, sondern um einen ganz natürlichen Zustand. Uns geht es darum, wie wir dies für unseren Weg anwenden und in welcher Form es da hilfreich sein kann.

- **Anforderungs–Fähigkeits-Balance:** Ein Zustand von Flow oder Sammlung kommt zustande, wenn die Anforderungen und die Fähigkeiten der Person ausbalanciert sind. Unterforderung bringt Langeweile, und Überforderung bringt Angst oder Stress.

Was das für die Einzelnen heißt, welche Anforderung zu hoch oder zu niedrig ist, das können nur Sie selbst aus eigener Erfahrung sagen! Es gibt keine objektiven Werte!

Auf die Meditation bezogen: Ihre Tagesverfassung beeinflusst die Übung. Vielleicht ist Ihre Übung die Atembetrachtung. An einem Tag, an dem Sie unruhig und gestresst sind, kann es gut tun, als Fokus dazu den ganzen Körper zu nehmen und zu spüren, wie der Atem den Körper als Ganzes bewegt. Haben Sie das Gefühl, Sie sind ruhig und brauchen eher einen feinen, exakten Fokus, der Ihr Interesse wach hält, dann konzentrieren Sie sich zum Beispiel auf einen sehr kleinen Punkt an der Nasenspitze, wo der Atem, zunächst kaum wahrnehmbar, vorbei streicht.

Wenn Sie sich am Anfang der Meditation Ihres Zustandes bewusst geworden sind, wählen Sie eine Methode aus, die Ihnen heute geeignet erscheint, und bleiben Sie dann für diese Sitzung dabei, ohne darüber nachzudenken. Es wäre eine Falle, das Übungsobjekt oft zu wechseln, weil der Oberflächengeist die Tendenz hat, hin- und herzuspringen und nicht ruhig zu werden. Am Ende Ihrer Meditationssitzung können Sie dann zurückschauen, wie sich welche Übung unter bestimmten Bedingungen ausgewirkt hat.

Unter anderem lernen wir so, die Situation wahrzunehmen und angemessen auf sie zu reagieren. Wir stülpen uns kein Konzept aus Forderungen über, sondern lernen uns kennen und wenden die Schritte an, die für uns selbst im aktuellen Moment passend sind. Auch für den Alltag eine sehr hilfreiche Fähigkeit!

- Die **Verschmelzung von Tätigkeit und Achtsamkeit** ist ein Schlüssel zum Flow oder Samadhi. Anders ausgedrückt, der Beobachter und das Beobachtete werden eins. In der Meditation gibt es diese Erfahrung, dass „nur noch eines da ist", kein von der Welt getrenntes Ich, kein Subjekt und Objekt mehr.

In der Atembetrachtung entsteht möglicherweise das Gefühl, da ist nur noch Atem, keine atmende Person mehr!

Förderlich für solches Erleben ist, dass wir uns weder sehr darum bemühen noch uns sehr ablenken lassen. Anfangs kann diese Erfahrung auch erschreckend sein – denn wir sind das Getrenntheitsgefühl so gewöhnt, welches uns ein Gefühl von Kontrolle und Sicherheit gibt. Im Flow lassen wir das abgetrennte Ich, den Beobachter, los. Wenn wir uns erst ein wenig daran gewöhnt haben, ist es eine sehr beglückende Erfahrung!

Weniger mystisch vermitteln das auch Erfahrungen aus dem Sport. Ruderer beispielsweise beschreiben, dass das Ruder sich wie ein Teil des eigenen Körpers anfühle. Fußballer machen die Erfahrung, dass sie Teil eines „Mannschaftsorganismus" werden, der wie ein gemeinsames Bewusstsein funktioniert.

- **klare Ziele formulieren:** Es hat sich gezeigt, dass Ziele auch für die Meditation wichtig sind. Uns muss klar sein, was wir wollen, damit es in Richtung eines gesammelten Zustandes geht. Doch das Ziel zu formulieren, ist trickreich: Sich einfach einen gesammelten Zustand zu wünschen, ist erfahrungsgemäß nicht so wirkungsvoll. Wenn man unbedingt eine angenehme Erfahrung machen will, wirkt sich das dann so aus, dass Sammlung erst recht nicht entsteht! Hilfreiche Ziele sind dagegen zum Beispiel: Ich möchte beim Atem bleiben - alle Sinne öffnen – nicht bewerten – im Hier und Jetzt sein.

- **unmissverständliches Feedback:** Es ist sehr nützlich, immer wieder Feedback zu unserer Übung zu erhalten, um unsere Richtung zu überprüfen. Ohne Feedback können wir beispielsweise in einem diffusen, schlaf- oder tranceähnlichen Zustand landen und da bleiben, weil wir das mit Sammlung verwechseln. Feedback gibt uns einmal das Meditationsobjekt selbst: Zum Beispiel spiegelt uns die Beschaffenheit unseres Atems, was im Geist los ist. Unsere wachsende Meditationserfahrung und auch ein guter Lehrer, eine gute Lehrerin sind weitere große Hilfen. Das Thema Sammlung lehrt uns ganz besonders, dass wir lernen müssen, der eigenen Erfahrung zu trauen. Nur wir selbst sind in direktem Kontakt mit unserem Erleben, daher können wir mit etwas Erfahrung und Anleitung auch selbst am besten damit umgehen. Feedback von außen ist mit Vorsicht zu genießen. Fördert oder hemmt es den Prozess des Sich-Vertrauens? Das müssen wir hier immer wieder selbst überprüfen.

- **Konzentration auf die Aufgabe:** Egal ob Sport, Kunst oder Meditation. Wir legen den Fokus ganz auf das, worum es gerade geht. Ist der Fokus auf dem Meditationsobjekt, dann kann sich Sammlung einstellen. Diese Art der Konzentration hat keinen aggressiv- ausschließenden Charakter: Ich verbanne nicht etwa „den Rest" aus meiner Aufmerksamkeit, sondern lasse die anderen Dinge mehr und mehr in den Hintergrund treten, während ich dem Meditationsobjekt meine volle Aufmerksamkeit schenke.

- **Gefühl der Kontrolle:** Einerseits gibt uns die Konzentration eine gewisse Sicherheit und gezielte Achtsamkeit – andererseits setzt uns zu viel Kontrolle unter Zwang. Wir wollen alles steuern und überschauen können, es ist ein natürliches Machtstreben. Im Flow dagegen entsteht durch die Verbundenheit mit der Situation ein Gefühl der Sicherheit. Das beschreibt ein Teilnehmer an der Tour der France so: „Ich hatte die mühelose Kontrolle über das ganze Rennen. Meine Bewegungen, mein Körper, die Straße, alle anderen Radfahrer – ich nahm alles mühelos wahr und war mir aller Vorgänge vollkommen bewusst." Indem wir uns der Situation öffnen, steht uns auch mehr Information zur Verfügung. Die Angst nimmt ab, wir können uns mehr hinein geben und gewinnen gerade dadurch ein Gefühl von Festigkeit und Sicherheit. Paradox ist, dass wir uns gleichzeitig hingeben, „mitfließen", statt alles in eine bestimmte Richtung „zwingen" zu wollen.

- **Verlust von Selbstwahrnehmung:** Wird die Sammlung tiefer, dann ist da auch die Erfahrung des Nicht-Ich oder in Pali *anatta* erlebbar. Ein wenig ist dieser Zustand noch gesteuert, das Ich ist nicht vollkommen verschwunden, doch es tritt stark in den Hintergrund, und wir verschmelzen gefühlsmäßig mit der Situation – das schon erwähnte Gefühl der Einheit.

  Das ist ein zentraler Punkt: Damit wir überhaupt Flow-Zustände erleben können, muss die steuernde und bewertende Aktivität des Ichs schwächer werden.

- **Transformation der Zeit:** Die Wahrnehmung der Zeit in einem vertieften Zustand verändert sich, scheint viel langsamer oder auch viel schneller zu vergehen als sonst. Zeit als solche wird als völlig unwichtig empfunden. Alle Wahrnehmung ist so auf ein Objekt und auf das Hier und Jetzt ausgerichtet, dass für die Konstrukte der Vergangenheit und Zukunft einfach wenig Energie übrig bleibt – ein Gefühl, als gäbe es gar keine Zeit mehr.

- **Autotelische Erfahrung:** Die bisher genannten Punkte sind Rahmenbedingungen, die mehr oder weniger zur Sammlung beitragen. Der Schlüssel zu dieser Erfahrung liegt jedoch im folgenden Punkt, weil sich hier entscheidet, ob sich der gesammelte Zustand erschließt oder nicht. Autotelie bedeutet: Man macht die Dinge nicht zu irgendeinem übergeordneten Zweck – zum Beispiel, um Selbstbestätigung zu bekommen, Unsicherheit zu verdecken, oder einfach, um einen angenehmen Zustand zu erfahren. Man tut die Dinge einfach um ihrer selbst willen.

Oft machen wir etwas im Alltag, um zum Beispiel Anerkennung zu erhalten, oder um schnell fertig zu werden und das Nächste zu tun. Wenn wir diese Einstellung auf die Meditation übertragen, kommen wir nicht so leicht in einen gesammelten Zustand. Gleichzeitig bietet uns die Übung der Sammlung die Chance, uns eben mehr auf das Selbstlose, Absichtslose auszurichten. Dann können wir uns an der Sammlung freuen, und auch unser Alltag wird von Enge und unnötigem Ballast befreit.

Der Buddha hat drei verschiedene Grade oder Stadien der rechten Sammlung unterschieden und beschrieben:

- **momentane Sammlung:** ist beispielsweise jede kurze Konzentration auf den Atem, was sich durch Üben verlängern lässt!

- **vorbereitende Sammlung** (*parikamma samadhi*): Am Anfang der Übung kann ein wenig Sammlung aufblitzen, meistens nur sehr kurz. Diese Erfahrung ist noch instabil, kann sich aber zur angrenzenden Sammlung weiterentwickeln.

- **angrenzende Sammlung** (*upacara samadhi*): Dieser Zustand ist gemischt: ruhig und gesammelt, aber nicht voll absorbiert wie im darauf folgenden Stadium, daher eignet er sich sehr gut für Erkenntnismeditation. Viele Lehrer/innen der Vipassana-Richtungen empfehlen, hier zu bleiben.

- **volle Sammlung** (*appana samadhi*): Die volle Sammlung entsteht beim Eintritt in eine der meditativen Vertiefungen (jhana). Die meditativen Vertiefungen sind in Yoga-Systemen das Ziel der Anstrengung. Im buddhistischen Kontext haben sie die Bedeutung einer guten, aber nicht dauerhaften Erfahrung. Samadhi entsteht nicht aus dem zielstrebigen Wunsch, sie zu erreichen, sondern aus Zulassen und Sich-Einlassen. Die Egozentrik muss zurücktreten, der Versenkung im Samadhi Platz machen. Selbst die Achtsamkeit auf den Atem lassen die Praktizierenden los und gelangen so in den feinstofflichen Zustand des Eins-Seins.

Vier Stadien (*jhana*) werden in der buddhistischen Lehre angeführt:

1. Ganzheitliches, feinstoffliches Wohlgefühl
2. Ganzheitliche, feinstoffliche Freude (erhebend und das Herz öffnend)

3. Ganzheitliches, feinstoffliches Glücksgefühl (wunschlos, gelassen)
4. Ganzheitliche, feinstoffliche friedvolle Versenkung (tiefer, ichloser Frieden)

Die Erfahrungen dieser Glückszustände lassen Übende leicht zu falschen Schlüssen zielen – nämlich, dass sich dadurch das ganze Leben positiv verändern würde. Leider ist dem nicht so. Daher muss man **nach** einem Samadhi-Erlebnis drei Dinge beachten:

1. Wie bin ich in diesen Zustand gekommen?
2. Sehe ich klar die zeitliche Begrenzung dieses Zustandes, die Vergänglichkeit?
3. Was habe ich daraus erkennen können? Was habe ich gelernt?

Ein anschließendes „Danke" für dieses eigene Geschenk ist ein wertvoller Übergang in die Tagestätigkeit.

Die Füße auf der Erde zu fühlen, bringt in eine gesunde Grobstofflichkeit, in das Hier und Jetzt zurück.

Wenn wir Sammlung üben, trainieren wir gleichzeitig auch das Loslassen vom Denken und Kontrollieren.

Die gesammelten Zustände stellen ein angenehmes Verweilen hier und jetzt dar – mögen wir oft so verweilen können!

Dhammapada 13

So wie ein schlecht gedecktes Haus
vom Regen durchdrungen wird,
so dringt auch die Gier
in den noch ungepflegten Geist.

Dhammapada 21

Die Wachsamkeit befreit vom Tod,
die Nachlässigkeit führt zum Tod.
Wer wachsam ist, stirbt nicht mehr,
Die Nachlässigen sind schon wie tot.

Einsichtsübung: Sich einlassen

Setzen Sie sich für 20 bis 30 Minuten auf einen Stuhl oder ein Meditationskissen und lassen Sie sich auf Ihr bevorzugtes Meditationsobjekt ein, bis Ihr Geist zur Ruhe und Stille gekommen ist.
In dieser meditativen Betrachtung wollen wir nun ergründen, was uns von einem gesammelten Geisteszustand abhält.

Einleitend betrachten Sie ihren Geist jetzt, in diesem Moment. Ist er gesammelt und fokussiert oder unruhig und umherstreifend?
Wie fühlt sich diese Situation an, ist es Ihnen wohl und angenehm oder unangenehm?
Führen Sie sich nun einen gesammelten Zustand vor Augen, entweder kennen Sie diesen bereits aus eigener Erfahrung oder Sie haben aus Texten und Vorträgen eine Vorstellung davon. Welche Gefühle löst das bei Ihnen aus?
Was hält Sie jetzt davon ab, diesen angenehmen Zustand zu erreichen?

Ist es die **Vergangenheit?** Kreisen Ihre Gedanken im Moment um Vergangenes und Erlebtes, versuchen Sie zu analysieren, zu kommentieren oder auf andere Weise Antworten und Begründungen in der Vergangenheit zu finden?
Können Sie sich vorstellen, zumindest für die Zeit einer Meditation die Vergangenheit ruhen zu lassen?
Können Sie sich ausmalen, dass es ein Gefühl von Freiheit und Leichtigkeit gibt, wenn Sie nicht aus der Vergangenheit leben, sondern nur im Jetzt sind?
Möchten Sie nicht zumindest versuchen, die Vergangenheit mit allen ihren angenehmen schönen Dingen, aber auch allen Problemen und Unannehmlichkeiten loszulassen und zu beobachten, was es bewirkt?

Oder ist es die **Zukunft?** Sind Sie gedanklich schon in der Zukunft, beim Planen und Erwägen, was Sie nach der Meditation alles tun müssen oder sollten, wie Situationen sein könnten, in Zukunftsängsten oder einfach nur schon beim nächsten Atemzug?

Können Sie sich vorstellen, nun auch die Zukunft oder die Spekulation über die mögliche Zukunft loszulassen?

Wie gesammelt und gesetzt kann Ihr Geist sein, wenn Sie die Zukunft und die Vergangenheit loslassen, also immer nur im aktuellen Augenblick empfinden?

Wollen Sie es einmal wagen, sich komplett und ohne Kompromisse auf den jetzigen Moment einzulassen, sich dem Augenblick völlig hinzugeben?

Ist es **Gier** oder das unbedingte Wollen? Sie führt dazu, dass Sie sich verkrampfen und an einer Idee, etwas, das Sie erreichen wollen, anhaften, auch wenn es etwas so Schönes und Gutes wie die Sammlung ist. Ebenso ist hier gleich die **Aversion** gegen etwas Unangenehmes wie beispielsweise einen Schmerz oder ein anderes unangenehmes Gefühl als Störung der Sammlung zu nennen.

Kann der Versuch, einmal absichtslos zu meditieren, helfen?

Können Sie sich einmal als Meditationsziel vornehmen, nur zu beobachten, was im Moment da ist, egal ob es angenehm oder unangenehm ist, und es so zu akzeptieren, ohne irgendetwas erreichen oder verändern zu wollen?

Ist es Ihnen eine Hilfe, das Grübeln, Kommentieren und Analysieren des Geistes in den Hintergrund treten zu lassen?

Sind es **Erwartungen**, die Sie an gesammelten Zuständen hindern? Wenn Sie bereits gesammelte oder vertiefte Zustände in der Meditation erlebt haben, kann dieses Hindernis sehr stark werden. Aus der Erfahrung und den momentanen Empfindungen erwarten Sie etwas, das Ihnen bekannt ist, und unterliegen damit wieder einer Form der Gier.

Betrachten Sie in der Meditation immer nur einen einzelnen Moment – völlig isoliert, dann den nächsten. Jeder Moment ist neu und einzigartig. Stellt dieser Ansatz eine Hilfe zur Sammlung Ihres Geistes dar?

Jede Meditation ist neu und einzigartig. Egal was Sie zuvor bereits erreicht haben, Sie fangen wieder ganz von vorne an. Ist diese Beschreibung des Anfängergeistes für Sie bedrohlich oder aufmunternd?

Ungeduld und **Langeweile** können nach einiger Zeit der Meditation auftreten. Sie sitzen bereits länger, haben womöglich auch bereits Fortschritte erlebt, doch nun will partout nichts weitergehen und der Atem wird auch schon fad?

Ist diese Ungeduld ein Zeichen von mangelnder Energie – wenn ja, sollten Sie vielleicht mehr Anstrengung und Aktivierung einbringen, etwas bewusster atmen und Ihre Gedanken eher kopfwärts bringen. Hilft das?

Haben Sie Furcht oder Angst davor, sich ganz hinzugeben, die Kontrolle abzugeben? Auch das kann sich in Langeweile äußern. Sehen Sie einmal nach, ob es da etwas in Ihnen gibt, das sich vor dieser Art der Sammlung fürchtet?

Lassen Sie nun wieder alles Denken und Betrachten zur Ruhe kommen und versuchen Sie gleich einmal das Erwogene umzusetzen. Keinen Druck, keine Anforderungen. Betrachten Sie nur die Empfindungen jedes einzelnen Moments, ohne sie verändern zu wollen. Versuchen Sie nicht, in die Vergangenheit oder Zukunft abzuschweifen.

Sitzen Sie so noch so lang, wie Sie fokussiert bleiben können, und kehren Sie dann in die Aktivität zurück.

Meditationsanleitung: Ein Punkt Meditation

Setzen Sie sich in meditativer Haltung hin und nehmen Sie sich für diese Übung 30 bis 45 Minuten Zeit. Werden Sie sich Ihrer Basis bewusst, welche die Erde berührt. Anschließend werden Sie sich Ihres Scheitels bewusst, der zum Himmel strebt.

Spüren Sie Ihren aufgerichteten Rumpf. So sitze ich da, sagen Sie sich innerlich.

Wenden Sie sich nun Ihrer Nase zu und versuchen Sie, die Nasengänge zu spüren, wenn die Atemluft einströmt und wenn sie ausströmt.

Zur intensiveren Wahrnehmung der Nasengänge machen wir einleitend eine Pranayama-Übung, "den gebremsten Atem".

Ausatmung bremsen und verlängern:

Legen Sie die flachen Hände so auf Ihr Gesicht, dass die Kleinfingerkanten die Nasenflügel berühren. Legen Sie die Hände auf die Beine ab, während Sie den Kopf langsam einatmend heben. Zum Ausatmen legen Sie die Hände auf Ihr Gesicht und drücken mit den Kleinfingerseiten die Nase leicht zusammen, den Kopf dabei langsam senkend. Achten Sie in dieser Phase darauf, wo Sie den gebremsten Atemstrom fühlen.

Einatmend legen Sie die Hände ab und heben den Kopf; ausatmend legen Sie die Hände auf das Gesicht und verengen die Nasengänge, den Kopf dabei senkend.

Wiederholen Sie diesen Atemzyklus fünf bis zehn Mal. Anschließend atmen Sie wieder für eine kleine Weile normal.

Einatmung bremsen und verlängern:

Danach beginnen Sie mit dem freien Ausatmen und senken langsam den Kopf, Ihre Hände legen Sie während der Ausatmung im Schoß ab. Einatmend legen Sie nun die Hände auf Ihr Gesicht und drücken die Nasenflügel leicht zusammen und heben leicht den Kopf. Nehmen Sie den Luftstrom wahr, der durch die verengten Nasengänge einströmt. Zum freien Ausatmen legen Sie die Hände ab und senken den Kopf; einatmend verengen Sie Ihre Nasengänge und heben langsam Ihren Kopf.

Wiederholen Sie diesen Atemzyklus fünf bis zehn Mal.

Lassen Sie nun Ihre Hände ruhig auf den Knien oder im Schoß liegen und nehmen den nicht behinderten, freien Atem in Ihren Nasengängen wahr.

Konzentrieren Sie sich nun auf einen Punkt im rechten Nasengang am rechten Nasenflügel, ohne dabei den Nasengang zu verengen. Versuchen Sie, sich diesen Punkt beim Ein- und Ausatmen deutlich zu machen.

Spüren Sie genau hin! Nichts ist im Moment so wichtig wie dieser EINE Punkt! Falls Sie von der starken Konzentration Kopfschmerzen oder Schwindel bekommen, entspannen Sie Stirn und Augen und machen ein Ein-Punkt-Spiel aus dieser Übung. Sie sind mit heiterem Interesse dabei und wollen das Spiel gewinnen!

Führen Sie diese Ein-Punkt-Atmung (einspitzige Konzentration) fünf bis zehn Minuten auf der rechten Nasenseite durch.

Vergleichen Sie danach das Gefühl der rechten mit jenem der linken Gesichtshälfte. Können Sie auch einen Unterschied zwischen beiden Körperhälften erkennen?

Wechseln Sie nun mit Ihrer Aufmerksamkeit zum linken Nasengang. Finden Sie eine gut spürbare Stelle innen am linken Nasenflügel. Achten Sie beim Ein- und Ausatmen konzentriert auf diese Stelle. Bleiben Sie fünf bis zehn Minuten bei der ein-punktigen Atembetrachtung im linken Nasengang.

Wie fühlt es sich nun an, links zu rechts?

Dann richten Sie Ihre Achtsamkeit zugleich auf beide Nasengänge. Geben Sie dabei acht, ob Sie beide Außenwände Ihrer Nasengänge zugleich spüren können?

Am Ende gönnen Sie sich, einige Minuten lang nur dazusitzen und alle Empfindungen kommen zu lassen; ganz bei sich zu sein!

Rückblick

Haben Sie bemerkt, welche Kraft die Konzentration hat? Seinen Geist, die Gedanken und Wahrnehmung, auf einen kleinen Punkt im rechten Nasengang zu richten, hat Auswirkung auf die rechte Gesichtshälfte und sogar auf die ganze rechte Körperhälfte.

Ist das nicht erstaunlich?

Wenn unser Geist, wie wir gesehen haben, so große Veränderungen erzeugen kann, sollten wir vorsichtig und heilsam mit unseren Gedanken umgehen, denn die Wirkungen des Geistes beziehen sich nicht nur auf unseren Körper, sondern ebenso auf unser Gemüt und unsere Stimmungen und Handlungen!

Zum Ausklang der Übung können Sie einige Dehn- und Drehbewegungen machen und stehen dann ruhig und erfrischt auf.

Metta-Übung: Mitfreude

Die Mitfreude ist einer der vier göttlichen Verweilungszustände: Liebende Güte, Mitgefühl, Mitfreude und Gleichmut. Mitfreude (*mudita*), heißt, wir freuen uns mit den anderen über ihr Wohlbefinden und ihre guten Bedingungen und wünschen ihnen, dass das auch so bleibt.

Mitfreude üben hilft uns, Gefühle von Neid auf andere Menschen aufzulösen. Neid ist ja eine Form von Gier und ein sehr unangenehmes Gefühl, das uns und anderen nicht gut tut. Haben wir mehr Freude im Geist, dann heilen wir auch depressive Zustände oder lassen sie gar nicht erst entstehen.

Um Mitfreude zu üben, fühlen wir uns in andere, und woran sie sich freuen ein. Das hilft uns auch, eigene begrenzte Konzepte darüber zu lockern, was unserer Meinung nach Anlass zur Freude ist.

Setzen Sie sich an einen ruhigen Platz und klären Sie Ihren Geist mit einer bekannten, gewohnten Übung.

Führen Sie sich dann einen lieben Freund, eine liebe Freundin vor Augen, die vor kurzem einen Erfolg erleben durfte. Vielleicht ist er oder sie zu Geld gekommen, hat einen neuen Beruf erlernt oder etwas anderes. Sehen Sie die Person vor Ihrem inneren Auge, wie sie Glück und Freude über den Erfolg empfindet und ausdrückt. Können Sie etwas von dieser Freude jetzt auch in sich selbst fühlen? Betrachten Sie ehrlich, wie es Ihnen mit der Situation geht, unterdrücken Sie nichts. Vielleicht ist da auch ein neidvolles Gefühl, vielleicht fällt es gar nicht so leicht, der Person diesen Erfolg zu gönnen.

Ein Hinweis kann sein, dass Sie sich diese Sache für sich selbst wünschen. Machen Sie dazu eine mentale Notiz – hier ist Ihnen klarer geworden, welche Wünsche Sie haben. Gehen Sie jetzt aber weiter und stellen Sie sich vor, was die Person für Energien eingesetzt hat, um den Erfolg zu erreichen, welche Schritte sie gemacht und welche Anstrengungen sie unternommen hat – oder vielleicht einfach nur, wie offen und mutig sie den Erfolg willkommen geheißen hat. Können Sie in sich Anerkennung für die Schritte und die Bereitschaft Ihres Freundes, Ihrer Freundin hervorbringen? Spüren Sie, wie aufkommende Freude und Wertschätzung Ihren Geist energievoller und heller werden lassen? Und auch eventuelle missgünstige, schmerzende Stellen in Ihnen sich durch den Balsam des großzügigen Mitfreuens besser anfühlen?

Nun lassen Sie einen anderen Freund, eine andere Freundin vor ihrem geistigen Auge erscheinen. Wählen Sie dazu einen Menschen aus, der oft gute Laune hat und gern lacht oder lächelt. Sehen Sie die Freude, das Glück dieses Menschen, das unabhängig von äußeren Einflüssen ist. Sehen Sie die Heiterkeit und Ausgeglichenheit in diesem Menschen, fühlen Sie seine oder ihre wohltuende Ausstrahlung. Schauen Sie nach, ob Sie nicht jetzt beginnen können, sich mit diesem Menschen mitzufreuen. Ist es nicht ein Grund zur Freude, wenn jemand sich wohlfühlt? Es mag sogar ein Ansporn zur Freude sein.

Lassen Sie nun eine Person, der Sie heute begegnet sind, vor Ihrem geistigen Auge aufscheinen. Wer hat heute Freude empfunden oder ein gutes wohltuendes Gefühl verbreitet? Das ist eine weitere Gelegenheit, sich mit dem Menschen zu freuen, sich einfach an dieser Freude zu beteiligen, ohne dass wir den Grund für die Freude kennen, oder ohne dass es überhaupt einen Grund dafür gibt.

Wenn Sie sich im Moment gefestigt fühlen und die Freude gut spüren, können Sie auch an einen Menschen denken, mit dem Sie ein Problem haben, oder von dem Sie vermuten, dass er Sie nicht so mag. Sind da nicht Momente, wo auch dieser Mensch sich freut und Glück erlebt - und wenn es nur wegen einer Kleinigkeit ist, oder wegen etwas, das Sie selbst nicht als Grund zur Freude erleben? Können Sie sich an diesen Momenten mitfreuen, oder kommt da in Ihnen ein Gefühl von Groll hoch? Gönnen Sie diesem Menschen die Freude?

Sie müssen es nicht richtig finden, was dieser Mensch vielleicht getan hat, und auch nicht unterdrücken, wenn Sie sich noch verletzt oder abgelehnt fühlen. Wie wäre es aber mal zur Abwechslung, nicht beim Groll zu bleiben, und stattdessen dem Menschen innerlich zugestehen, dass er oder sie glückliche Momente genießt? Wie wäre diese Person, wenn sie mehr

Glück und Zufriedenheit erleben würde? Könnten Sie sich vorstellen, dass sich dann auch das Gefühl zwischen Ihnen zum Positiven verändern würde?

Und wie fühlen Sie sich selbst, wenn Sie - statt einer kleinlichen, verletzten und engen Haltung - sich öffnen und Ihre Großzügigkeit und Mitfreude auch zu dieser Person hinfließen lassen?

Lassen Sie nun das Gefühl der Freude in sich wirken. Bemerken Sie, was dieses Gefühl mit ihrem Körper und Ihrem Geist macht.
Dann beenden Sie die Übung.

Lied: Echt-Unecht

Die Verwandlung

Im Verlauf dieses Buches haben wir Ihnen einen Entwicklungsweg vorgestellt. Er begann mit einer unbefriedigenden Ausgangssituation, auf die der Buddha vor mehr als 2500 Jahren mit dem edlen achtfachen Pfad geantwortet hat. Was der Name achtfacher Pfad nicht vermuten lässt:
Es gibt noch weitere Teile - Weisheit, Erwachen und Erlösung.

Was verstehen wir, wenn wir in Richtung Erwachen gehen?
Und wie löst das unser Leiden und unsere Begrenzung?

Darum geht es in diesem letzten Teil des Buches.
Am sinnvollsten ist es sicher, die eigene Erfahrung zu machen, die sich durch Worte nicht vermitteln lässt, genauso wenig, wie man einen Geschmack oder eine Farbe wirklich beschreiben kann.
Aber eine Ahnung zu bekommen, wo es hingeht, kann schon helfen, es kann Inspiration und Ermutigung sein, gerade wenn alles eng und sinnlos wirkt, sich der eigene Weg im Nebelhaften verliert und sich hohe Ziele eher zu entfernen scheinen.

Wer schon eine Weile dabei ist, hat öfter die Begriffe *samatha* und *vipassana* gehört. Beides übt man in der Theravada-Tradition.

- **Samatha** oder Ruhemeditation hilft zur Sammlung. Man konzentriert sich auf ein Objekt, zum Beispiel den Atem, und schließt alle Ablenkungen aus.
- **Vipassana** oder Einsichtsmeditation hat zum Ziel, genau hinzusehen. In diesem Hinschauen gewinnt man Klarheit über seine Welt, was wirklich ist und was man sich nur so zurechtdenkt.

Wenn man gestresst ist, wünscht man sich endlich einmal Ruhe. Wozu da Einsicht gut sein soll, liegt nicht so auf der Hand. Ja, Ruhe tut gut, doch um wirklich frei zu werden, braucht es mehr. Was? Das macht eine Geschichte deutlich, die mir ein Mönch in Sri Lanka erzählt hat.

Sammlung oder Erkenntnis?

Ein Gärtner hat einen großen Garten zu betreuen. Da alle Leute Schmutz und Abfall hineinwerfen, muss er immer wieder Ordnung schaffen und diesen Müll zusammenharken. Den Abfallhaufen bedeckt er dann mit Sand, so dass es ordentlich und sauber aussieht. Das ist die Sammlungs-Meditation, so hieß es. Als dann Regen und Wind aufkamen, flog alles wieder auseinander und die Unordnung war größer als vorher.

Ein anderer Gärtner in einem anderen Garten hat die gleiche Aufgabe. Er harkt, so wie der erste Gärtner auch alles zusammen, sortiert dann aber die Dinge.

Papier, Holz und ähnliches verbrennt er, pflanzliche Abfälle bringt er auf den Komposthaufen, Gläser und Behälter prüft er auf Verwendbarkeit und den letzten kleinen Rest vergräbt er. Das ist Erkenntnis-Meditation, sagte der Mönch. Unwetter, Regen und Tiere können in diesem Garten keine Unordnung mehr stiften.

Liebe und Mitgefühl

Wenn wir länger die meditativen Übungen machen, werden wir langsam aber sicher Veränderungen bemerken. Wir sehen und empfinden mehr, freuen uns mehr, können vielleicht auch den Schmerz deutlicher spüren. Wir realisieren, dass es dringend Mitgefühl braucht. Das Herz öffnet sich, und die wirklich erfahrene Liebe wird stärker. Wir wünschen uns eine Ausgewogenheit und Zentriertheit, die uns in diesen lebendigen Gefühlen und im Auf und Ab des Lebens hält und trägt. Um diese Zutaten für wahre tiefe Veränderung geht es jetzt.

Ist Metta wirklich auf dem spirituellen Pfad nötig?

Liebe ist so einfach und grundlegend und gleichzeitig doch so schwierig und herausfordernd. Liebe, die wirklich die Bedürfnisse des Herzens stillt, bedeutet etwas anderes, als wir vielleicht im Alltag damit verbinden – dass jemand nett zu uns ist und unsere Wünsche erfüllt. Metta, die allumfassende Liebe, lässt anklingen, dass es möglich ist, unser Herz ganz und gar zu öffnen, und dass daraus Stärke und Lebendigkeit entspringen, die uns über unsere Begrenzung hinaustragen. Ohne allumfassende Liebe gibt es keine Verwandlung, keine Befreiung.

Genauso zentral sind die anderen göttlichen Verweilungen, die **Brahmaviharas**: Mitgefühl, Mitfreude und Gleichmut. Eigentlich ist hier die beste Nachricht, dass wir nicht warten müssen, bis diese Gefühle spontan entstehen. Wir können sie tatsächlich üben, und sie werden dadurch kraftvoller und fließen leichter. Erstaunlich viele Menschen haben geringes Vertrauen zu ihrer eigenen Liebesfähigkeit und glauben nicht daran, dass die liebende Güte in jedem Menschen existiert. Dazu können wir sagen: Erst wenn man der Liebesfähigkeit Raum gibt und sie nährt, kann sie sich richtig entfalten.

Wir brauchen Liebe und Mitgefühl auf dem ganzen Weg. Niemand kann sich völlig zurückziehen und ohne die Brahmaviharas Einsicht und Ruhe üben.

Dhammapada 166

Das eigene Heil gib niemals preis
für das Wohl Anderer,
sei es noch so groß.
Hast du dein eignes Heil erkannt,
so gib dich dem eigenen Heil hin.

Einsichtsübung: Brahmaviharas

Es sind die vier großen, heilsamen Emotionen des Herzens, denen wir in dieser Betrachtung etwas näher kommen wollen. Freundliche Akzeptanz als Metta, verständnisvolles Mitgefühl als Karuna, uneingeschränkte Mitfreude als Mudita und heitere Gelassenheit als Upekkha. Alle zusammen als Brahmavihara bieten uns eine göttliche Heimat. Man kann sie nirgendwo sonst in der Welt finden - sie liegt in unserem eigenen Herzen und hat mehr Macht als alle weltlichen Kräfte.

> *Was immer es, ihr Mönche, an weltlichen verdienstwirkenden Dingen gibt, alle diese sind nicht ein Sechzehntel der herzerlösenden Allgüte[18] wert: Sie alle überstrahlend scheint und leuchtet die herzerlösende Allgüte - gleichwie das Licht aller Sterne nicht ein Sechzehntel des Mondlichtes ausmacht, sondern eben das Mondlicht sie alle überstrahlt - so scheint und leuchtet und strahlt die herzerlösende Güte.*

Jede der vier unermesslichen Emotionen hat einen sogenannten *nahen* und *fernen* Feind. Anhand dieser negativen Gefühle wird klarer, was wir fördern wollen und was nicht.

Setzen Sie sich für 20 bis 30 Minuten in eine angenehme meditative Position. Wir beginnen damit, dass wir im Herzen die Absicht spüren, das Gefühl von Wohlwollen zu wecken.

- **Fragen Sie sich: Wie geht es Ihnen mit Ihren Beziehungen?**
  Fühlen Sie sich insgesamt wohl im Zusammensein mit Ihrer Partnerin oder Ihrem Partner, mit Freunden, mit der Familie? Wenn es gut geht, dann ist da Metta, die Herzensgüte. Jede Beziehung braucht Wohlwollen, um zu leben.
  Haben Sie große Angst, den Partner, die Partnerin zu verlieren? Machen Sie sich oft Sorgen um Familienmitglieder? Dann halten Sie zu stark fest. Das belastet und schwächt Beziehungen. Das Anklammern wird als naher Feind der Herzensgüte

---

[18] Metta

bezeichnet, denn es sieht ähnlich aus, fühlt sich aber nicht gut an und hat auch eine negative Wirkung. Außer dem Klammern gibt es hier auch: etwas tun müssen, um Liebe zu bekommen - Bedingungen zu stellen - die Beziehung kontrollieren wollen.

Fragen Sie sich dann: Wie kommen Sie mit Ihrem Ärger, Ihrem Hass und Groll zurecht? Wahrscheinlich fühlen Sie sich dadurch bedrückt und unglücklich und meinen, dass man nichts dagegen tun kann? Ärger, Groll und Ablehnung sind der ferne Feind der liebenden Güte. Er ist leicht als Gegensatz zu ihr zu erkennen, und uns ist auch eher als beim nahen Feind bewusst, dass er nicht gut tut.

- **Karuna,** das Mitgefühl, ist eine Form der Güte, die sich auf alle Wesen bezieht, die leiden und Schwierigkeiten haben. Sie fordert auf, zu helfen und zu schützen. Wir brauchen dazu Einfühlungsvermögen in andere und in uns selbst.

  Der nahe Feind des Mitgefühls ist das Mitleid. Möchten Sie manchmal helfen, aber fühlen sich dabei blockiert und leiden selbst? Das ist die Identifikation mit dem Leiden anderer. Wir brauchen Weisheit und Eigenständigkeit, damit unsere Absicht wirksam wird.

  Der Unbarmherzigkeit oder Hartherzigkeit, dem fernen Feind des Mitgefühls, begegnen wir nicht so häufig oder gestehen es uns nicht ein, weil es erschreckend ist. Sind wir manchmal mit uns selbst unbarmherzig?

  Können Sie Mitleid von Mitgefühl unterscheiden? Glauben Sie, dass dazu Einsicht nötig ist? Im Mitleiden geht der verstehende Blick für die Zusammenhänge des Leidens verloren und damit auch die Möglichkeit einer konstruktiven Hilfeleistung. Wir spüren es, wenn das Herz sich verschließt, statt sich zu öffnen.

- **Mudita** heißt die Mitfreude und scheint etwas Leichtes, Selbstverständliches zu sein, denn jeder Mensch möchte sich freuen. Aber das trügt. Im Alltag wird die Freude leicht unter der Gier nach mehr begraben. Und wir werden auf Konkurrenzdenken geradezu trainiert. Das passt mit der Freude am Glück anderer einfach nicht zusammen.

  Neid ist der ferne Feind der Mitfreude und hat mit seinem Gift schon viel im eigenen Herzen angerichtet.

  Gönnen Sie anderen ihre Erfolge, ihr Geld, ihr Glück, den lieben Partner? Wie Sie sicher merken: Es erfordert innere Bescheidenheit und Teilen-Wollen. Wie ein Schlüssel ist die Einsicht, dass durch Mitfreude nichts verloren geht. Im

Gegenteil, wer sich mitfreut am Glück anderer, der erfährt auch einen Anteil an diesem Glück, und die Freude verdoppelt sich. Das Ego wird dabei wohltuend kleiner!

Der nahe Feind der Mitfreude ist die Heuchelei. Weil es der Anstand so verlangt, wird durch Lob und Glückwunsch Freude ausgedrückt, die eine Lüge ist.

- Mit **Upekkha,** Gleichmut, ist die innere Stabilität gemeint, die mit offenen Sinnen das Auf und Ab des Lebens gelassen und heiter hinnehmen kann. Alle anderen Herzens-Emotionen sind in Upekkha enthalten und geben die sichere Kraft der Weisheit. Können Sie über Ihre Fehler und die anderer Menschen lächeln? Haben Sie ein gutes Selbstwertgefühl und sprechen den Personen, mit denen Sie zu tun haben, auch gute Werte zu? Können Sie Kritik akzeptieren? Halten Sie sich für eine ausgeglichene Persönlichkeit?

  Ferne Feinde des Gleichmutes sind Rastlosigkeit und Reizbarkeit. Wie steht es mit Ihrer Geduld? Unterliegen Sie starken Gefühlsschwankungen?

  Der nahe Feind der heiteren Gelassenheit ist die Gleichgültigkeit. Diese verschließt sich dem Leid wie auch der Freude. Egozentrik kann eine Mauer der Gleichgültigkeit um sich errichten - aber auch Angst und Überforderung.

Upekkha ist die Emotion, die der Buddha am meisten schätzt. Warum? Gleichmut heilt alle drei Wurzel-Übel gleichzeitig: Gier, Hass und Verblendung. Können wir die Vorstellung zulassen, dass wir völlig frei werden, von allem Greifen, Abwehren und Abgeschnitten sein? Wahrer Gleichmut würde uns das ermöglichen. In Kontakt sein, ohne irgendetwas erreichen oder verändern zu müssen, weil wir die Wirklichkeit sehen, wie sie ist – das wäre Befreiung, Erwachen.

Überlegungen

Wie kann ich Metta, liebende Güte, üben?

Indem ich mir selbst Wohlwollen schenke.

Beginnen Sie damit, sich einen freundlichen Menschen vorzustellen, dessen Zuwendung Ihnen gut tut und nehmen Sie dessen Freundlichkeit dankbar an. Wenn das Gefühl von liebender Güte in Ihrem Herzen fühlbar wird und anwächst, dehnt es sich ganz natürlich auch auf andere Menschen aus. Sie erfahren, dass Liebe zu verschenken Liebe vermehren bedeutet.

Wie kann ich Mitgefühl üben?

Wo immer Not und Unglück in Ihre Nähe kommt, können Sie mit praktischer Unterstützung oder mit heilsamen Gedanken helfen. *Mögest du frei sein von Schmerz und Not, mögest du glücklich sein.* oder auch: *Mögest Du einen guten Weg aus Deinem Unglück finden!* Wenn uns etwas nicht so gelingt, wie wir es uns wünschen, ist das Leiden. Dann steht es an, Mitgefühl mit sich selbst zu entwickeln, statt sich auch noch für einen Fehler zu verurteilen.

Wie kann ich die Mitfreude üben?

Eine einfache, aber wirkungsvolle Übung: Wir fragen uns abends vor dem Schlafengehen: Woran habe ich mich heute gefreut? Dazu gehören ganz einfache Dinge wie Frühstücken, ein freundliches Gespräch, eine Arbeit, die gelungen ist... Finden Sie drei Dinge, oder sogar mehr? - Dann denkt man an Menschen, denen es gerade gut geht, die vielleicht einen Erfolg verbuchen können, oder die von einer Krankheit genesen sind - und man freut sich mit ihnen über die glücklichen Umstände.

Wie kann ich den Gleichmut üben?

Eine wichtige Anregung ist hier, Verstand und Herz den großen Naturgesetzen zu öffnen. Zum Beispiel die ständige Veränderung im Leben zu sehen und das Dasein als ein Fließen zu erkennen.

Wird uns der Fluss des Lebens bewusster, so können wir leichter loslassen von einem Wunsch nach dem perfekten und gleichzeitig wie festgefrorenen Zustand – den es nicht gibt. Wir begreifen hier etwas über die Unvollkommenheit, die in allen Situationen ganz natürlich enthalten ist.

Nähern wir uns der Wahrheit, dass alle Dinge, die zusammengesetzt sind, sich auch wieder auflösen, dann kann uns das erst einmal Angst machen. Möglicherweise stellen wir fest, dass die Angst schon vorher da war. Sie kommt aus dem Glauben an eine bleibende Persönlichkeit, ein Ich, an das wir uns klammern, das aber so gar nicht existiert. Dieser Illusion können wir eine universelle Wahrheit entgegen stellen. Die eigene Person verliert an Wichtigkeit im Licht der Tatsache, dass alles Leben denselben Gesetzen folgt. Indem wir uns dagegen wehren, entsteht all unser Schmerz. Richten wir den Blick darauf, dass alle Wesen diese Schwierigkeiten erfahren, dass aber auch in allen Freude und Liebe und die Fähigkeit zu verstehen vorhanden ist, dann öffnen wir unser Herz und unseren Geist für alle Wesen.

Mögen alle Wesen glücklich sein!

Achtsamkeitsübung: Leerheit

AN ATTA oder AN ATMAN sind umstrittene Begriffe, die nur bei Buddha zu finden sind. Es geht bei diesem Begriff um das sogenannte Nicht-Ich. In dem Sanskrit - Wort Shunyata bekommt das Nicht-Ich als Leerheit aller Dinge eine noch umfassendere Dimension.

Auf der weltlichen, relativen Ebene, leben wir mit einem scheinbar sehr konkreten Ich, über das wir uns definieren und von unserer Umgebung abgrenzen. Doch schauen wir genauer hin, dann ist die Vorstellung von einem einheitlichen, ewig bleibenden Ich nicht haltbar. Schon allein deshalb, weil es zeitlich begrenzt ist. Der Körper, an dem wir es festmachen, wird geboren und stirbt. Doch auch innerhalb eines Lebens ist das, was wir „Ich" nennen, in einem ständigen Veränderungsprozess begriffen.

Wir sind ein körperlich, seelisch und geistig aus vielen Teilen zusammengesetztes Wirkungsfeld, das nur zeitweise einen Zusammenhalt aufweist, und so scheinbar als feste Einheit existiert. Wir sind ein fließender Prozess, den wir genauso wenig aufhalten können wie die Zeit. Dabei starrt etwas in uns auf ein paar Punkte, die sich für eine Weile stabil verhalten, und erzeugt daraus das Missverständnis eines abgetrennten Ichs. Das wäre nicht problematisch, wenn nicht genau diese Illusion der Trennung das Leiden erst hervorbringen würde.

Im Grunde sind wir damit beschäftigt, dieses Scheinbild aufrecht zu erhalten. Es braucht pausenlose Bestätigung und Anerkennung, um dieses Ich vor sich selbst und vor der Welt zu fixieren. Ein mühsamer, demütigender, leidvoller und insgesamt sehr unbefriedigender Weg!

Viele der Meditationsanweisungen des Buddha zielen darauf ab, die Ich-Illusion zu durchschauen. Die folgende Elemente-Meditation ist eine der Möglichkeiten, die Identifizierung mit dem eigenen Körper zu lösen. Daraus entsteht wahre Verbundenheit, die uns trägt und in der wir ruhen können.

Die Elemente - Meditation

Nehmen Sie sich 30 Minuten für diese Übung Zeit. In guter, möglichst bequemer Sitzhaltung fühlen Sie Ihre Basis im Kontakt mit dem Boden, Ihre Aufrichtung im Rücken und auf der Vorderseite bis hinauf zu Ihrem Scheitel. *So sitze ich da*, ist Ihre Erfahrung.

Werden Sie sich nun aller festen Teile Ihres Körpers bewusst. Das ist das **Erdelement**. Zum Beispiel in Ihren Knochen, im Schädel, und auch in allen Körperteilen, die sich Ihnen als Form zeigen – Arme, Beine, auch die

Nägel, Haare und die Haut. Spüren Sie die Festigkeit, Form und Gewicht. Wenden Sie Ihren inneren Blick nun nach außen, sehen Sie die Erde als die Kugel, die all die Dinge trägt, die wir kennen. Alles hält zumindest für eine Weile zusammen und zeigt sich in Formen. Was ich außerhalb von mir sehe und anfasse, besteht letztlich aus demselben Erdelement wie mein Körper - es ist das gleiche Element - außen wie innen.

Wenn Sie das Erdelement Ihres Körpers nicht als eigenständiges Ich ansehen, können Sie den Worten des Buddha zustimmen und sagen: Das gehört mir nicht, das bin ich nicht, das ist nicht mein Ich.

Das **Wasserelement** zeigt sich in uns als Flüssigkeit, Schleim und Feuchtigkeit. Es ist in unserem Körper überall vorhanden, es fließt, verbindet und trennt zugleich und macht über 70% unseres Körpers aus. Wir finden dieses Element im Blut, Urin, Lymphe, Schweiß und Sekreten und fühlen es deutlich als Speichel im Mund und in den Augen als Tränenflüssigkeit.

Mit dem Blick nach außen erfassen wir das Wasserelement in der Natur als Meere, Flüsse, Seen und Regen. Weniger offensichtlich ist Feuchtigkeit in allen Pflanzen, aber auch in allen Dingen, die ohne verbindende Feuchtigkeit zu Staub zerfallen würden. Überall um uns herum finden wir das Wasserelement, und es unterscheidet sich nicht vom Wasserelement in uns.

Wenn Sie das Wasserelement nicht als Ihr Ich ansehen, können Sie sagen: Das gehört mir nicht, das bin ich nicht, das ist nicht mein Ich.

Das **Feuerelement** zeigt sich als Hitze, aber auch als jegliche Temperatur. Konzentrieren Sie sich auf Ihre Körperwärme. Nehmen Sie so gut es geht Kühle, Wärme oder Hitze in den Füßen, Händen und ihrem Gesicht wahr. Spüren Sie die Wärme im Inneren des Körpers? Für die Umwandlung der Nahrung in Energie sorgt das Feuer der Verdauung. Ohne Feuerelement sind wir nicht lebensfähig.

Das Feuer außerhalb von uns spendet Energie und kann auch zerstören. Unsere größte Feuerquelle ist die Sonne, die durch ihre Umwandlungskraft Leben erzeugt, erhält und vernichtet. Ob es Wärme oder Kälte ist – alles hat eine Temperatur, somit Feuerelement, und macht keinen Unterschied zwischen unbelebten Gegenständen und Lebewesen; außen wie innen ist es dasselbe Element.

Wenn Sie das Feuerelement nicht als Ihr Ich ansehen, können Sie sagen: Das gehört mir nicht, das bin ich nicht, das ist nicht mein Ich.

Das **Windelement**, die Luft, spüren Sie an der Haut. Fühlen Sie, wie Ihr Atem ein- und ausgeht. Ihr Körper kann ohne Luft nicht existieren. Dieses Element ist nicht nur in Ihrer Lunge, sondern in allen Organen vorhanden. Es ermöglicht Bewegung, es schenkt allem Leichtigkeit und Beweglichkeit.

Die meist unsichtbare Luft umgibt alle Dinge um uns herum und durchdringt sie. Im Wind zeigt sie sich deutlich als Bewegungs-Element.

Wenn Sie das Windelement, die Luft, nicht als Ihr Ich ansehen, können Sie sagen: Das gehört mir nicht, das bin ich nicht, das ist nicht mein Ich.

Welche ungewohnte Sichtweise eröffnet sich? Normalerweise setzen wir das Ich mit dem Körper gleich. Die Elemente-Meditation macht es möglich zu erkennen, dass wir nicht wirklich von anderen Körpern abgegrenzt und unterschieden sind. Unser Körper hat dieselbe Zusammensetzung wie alle Dinge der Welt. Das Empfinden von Gleichheit wirkt der Egozentrik, dem Ich-Wahn, entgegen und schafft gleichzeitig eine wohltuende, beruhigende Verbindung mit allen Wesen auf dieser Welt.

Ruhen Sie am Ende der Meditation noch eine Weile in diesem Gefühl der Gemeinsamkeit.

Metta – Übung: Der Regenbogen der Liebe

Diese Art liebenden Güte zu kultivieren ist stark in der klösterlichen Tradition Südostasiens verwurzelt und wird dort als hauptsächliche Technik der Metta–Meditation angewandt. Sie verwendet Worte und Vorstellungen, um die unwahre Trennung zwischen sich und anderen Wesen fallen zu lassen und ein einheitliches Gefühl von Liebe, Güte und Akzeptanz zu schaffen, das auf der Verbundenheit aller Wesen beruht.

Führen Sie einleitend eine der bereits beschriebenen Metta-Meditationen (für sich selbst) durch, bis Sie klar und deutlich das Gefühl von Wohlwollen, Akzeptanz und umfassender Liebe in sich verspüren. Wenn diese Gefühle in Ihnen stabil genug sind, so wenden Sie sich den folgenden Anweisungen zu.

Das angenehme Gefühl von Wohlwollen und liebender Güte in sich lassen Sie nun wie einen kräftigen Lichtstrahl oder einen wunderschönen Regenbogen von innen heraus strahlen. Richten Sie diesen Strahl in Richtung **Norden** aus. Allen Menschen, allen fühlenden Wesen auf dieser Strecke können Sie Wohlergehen und Glück wünschen. Beginnend in unserer Umgebung, über unser Land hinweg bis über den ganzen Globus hinaus lassen Sie dieses Gefühl allen Wesen zukommen.

Nun richten Sie die liebende Güte auf alle Wesen im **Osten** aus. Stellen Sie sich vor, was alles auf diesem Weg liegt. Allen Wesen in dieser Richtung wünschen Sie aufrichtig und aus vollem Herzen Glück und Zufriedenheit. Dabei betrachten Sie auch, wie sich das Gefühl von Glück, Zufriedenheit und Verbundenheit in ihnen selbst verändert.

Gehen Sie nun weiter und lassen Sie das Gefühl von Wohlwollen in Richtung **Süden** ausstrahlen. Sehen Sie, dass auf diesem Weg eine innige Verbindung mit allen Wesen in dieser Richtung entsteht und formulieren Sie den aufrichtigen Wunsch, dass wir alle zufrieden und glücklich sein mögen.

Sie schließen diesen Kreis, indem Sie auch in Richtung **Westen** Metta ausstrahlen und geistig allen Wesen in dieser Richtung zulächeln. Werden Sie sich klar, dass dieser Lichtstrahl alle Wesen in dieser Richtung trifft, niemand ist von diesen Gefühlen ausgeschlossen.

Die allumfassende Güte, wie Metta auch genannt wird, beschränkt sich aber nicht auf diesen Planeten. Wir lassen unseren Strahl der Liebe und Güte nach **oben** gehen, durch die Atmosphäre bis tief in den Weltraum.

Überall wo Wesen in dieser Richtung existieren, lassen wir ihnen den Wunsch nach Glück und Zufriedenheit zukommen.

Auch unter uns existieren Wesen, also lassen wir unseren Strahl der liebenden Güte nach **unten**, in die Erde gehen und wünschen auch hier allen Wesen Glück und Zufriedenheit.

Wenn wir nun diese Strahlen der liebenden Güte in alle Richtungen verfolgen, erkennen wir, dass sie auf die eine oder andere Weise immer wieder zu uns selbst zurückkommen, und auch wir selbst von den wohlwollenden und akzeptierenden Gefühlen, die wir ausgeschickt haben, profitieren. So bauen sich mehr und mehr dieser angenehmen Gefühle auf. Sitzen Sie noch einige Minuten im Genuss dieser Gefühle und beschließen sie dann die Meditation mit dem Wunsch:
Mögen alle Wesen zufrieden und glücklich sein.

Lied: Brahmavihara – göttliche Liebe

Die unvermeidlichen Lebensgesetze

Es ist merkwürdig, dass wir bestimmte Lebensgesetze nicht sehen wollen, obwohl sie offensichtlich sind. Darum geht es im folgenden Abschnitt. Die Ausgangsfragen des Buddha: Warum leiden wir? Woher kommt das und lässt es sich verändern?

Wir können jeden Tag unseren Widerstand gegen Veränderung bemerken. Wie schön wäre es, sich einfach an einen bequemen Ort zurückzuziehen, wo alles gleich bleibt, sicher ist, und wo ich in Ruhe gelassen werde, ohne Stress, Sorgen und Anforderungen? Vielleicht kennen Sie dieses Bedürfnis.

Manchmal geht unser Wunsch nach Dauerhaftigkeit sogar so weit, dass wir auch Unangenehmes wie zum Beispiel ein schmerzhaftes Muster gar nicht so einfach gehen lassen können und uns daran klammern – einfach weil es für uns etwas Vertrautes und damit scheinbare Sicherheit darstellt. Etwas, zu dem wir „Ich" sagen können.

Der Buddha hat uns jedoch darauf aufmerksam gemacht, dass Leben ständige Veränderung ist, und so sehr wir das nicht wollen, kommen wir nicht dagegen an. Das zu sehen oder wenigstens manchmal einzuräumen, ist aber kein Grund, um anschließend in Depression zu versinken: *Ach, ich kann nichts festhalten, mir wird sowieso alles genommen, ist doch eigentlich alles sinnlos?* Wenn Sie tiefer geschaut haben, ist Ihnen vielleicht diese Niedergeschlagenheit vertraut.

Es ist wichtig, nicht stehen zu bleiben und noch tiefer zu blicken. Unsere unwillkürliche Forderung, das Leben möge so bleiben wie es ist, und wir selbst und auch unsere Lieben mögen niemals sterben, verursacht Angst vor Verlust und großes Leid. Das müssen wir nicht einfach ertragen. Wir können das Leiden vielmehr als Fingerzeig nehmen, dass wir etwas falsch sehen. Zum Beispiel, dass wir unser Körper seien, eine abgetrennte Identität – wie wir im Abschnitt über Leerheit schon besprochen haben.

Also haben wir die Wahl: Wir können das Gewohnte weiter glauben oder wir können uns für die Möglichkeit öffnen, dass die Dinge ganz anders liegen. Dass wir einfach bisher nur einen kleinen Teil gesehen und diesen auch noch missverstanden haben, dass es hier einen viel größeren Zusammenhang gibt, in den wir uns hinein entspannen können.

Natürlich ist das eine Riesenherausforderung, weil wir so tief in unserer Ich-Identifikation stecken und schon aus Gewohnheit mit den Daseinsgesetzen im Clinch liegen. Doch was haben wir zu verlieren? Eine Menge Leid, Kampf und Aussichtslosigkeit - denn die Dynamik des Lebens ist einfach so, wie sie ist. In der anderen Richtung, wenn wir bereit werden, uns mit den unvermeidlichen Gesetzen zu beschäftigen und sie mehr und mehr anzunehmen, finden wir möglicherweise Freiheit und dauerhaftes Glück. Dann sind wir im Einklang mit dem Leben, ohne ängstliches vergebliches Festhalten. So entsteht Raum für Entspannung und Glücklichsein, den das weltliche Leben, immer auf der

Flucht vor dem Unvermeidlichen, einfach nicht bieten kann. Eine Ahnung von der Wirklichkeit ist schöner als alles, was „ich" erleben kann.

Buddha sagt, wenn wir nur eines der Daseinsmerkmale mit dem Herzen verstehen, dann erschließt sich dieser Raum, und wir verstehen gleichzeitig auch die anderen Merkmale: Es sind die Begriffe Leid (*dukkha*), Unbeständigkeit (*anicca*), Leerheit (*sunnata*), Nicht-Ich (*anatta*) und Soheit (*tathata*).

Fragen, um sich anzunähern, sind:

Betreffen Sie diese Gesetzmäßigkeiten persönlich, oder glauben Sie auf die eine oder andere Weise, diesen Gesetzmäßigkeiten entrinnen zu können?

Sehen Sie sich mit den anderen Wesen verbunden, indem alle diesen gleichen Gesetzen unterliegen? Oder glauben Sie, dass nur andere Menschen davon betroffen sind, aber nicht Sie?

Nehmen Sie an, mit genügend meditativer Übung oder spirituellen Vervollkommnungen um diese Gesetze herumzukommen?

Wollen Sie sich in voller Konsequenz mit diesen Weltgesetzen beschäftigen, auch wenn das erst mal ein unsanftes Erwachen bedeuten kann, wenn wir merken, wie sehr wir uns ständig täuschen und auf Illusionen hereinfallen - wie in folgender Geschichte?

Gehen von Tod zu Tod

Für die Geh-Meditation gab es im Kloster einen schmalen Weg mit Sand in Form eines engen Ovals, an dessen Enden auf der einen Seite eine kleine Hütte stand, auf der anderen eine Steinbank. Es tat gut, die Fußsohlen auf dem Sand zu spüren und sich ganz den Gehbewegungen hinzugeben. Fast eine Stunde verging mit dieser Art der Betrachtung. Dann schaute ich genauer durch die Glastüre der kleinen Hütte und sah ein Skelett.

"In dieser Richtung gehe ich also auf den Tod zu" war mein Gedanke, "aber ich kann ja auch davon weggehen." Also machte ich die Kurve und ging in die entgegengesetzte Richtung. Angekommen schaute ich über die niedrige Bank auf einen großen Stein und erkannte eine Gedenk-Schrift, die zum Grabstein gehörte. "Also auch hier der Tod!" Während ich den Gang zwischen den beiden Endstationen angenehm gesichert weiterging und einen Blick zum Himmel warf, zeigten mir die Kokosnüsse hoch oben in den Palmen, die jederzeit auf mich herabstürzen konnten, dass auch hier keine Sicherheit war.

Also auch hier!

Die Qual des Unvermeidlichen

Daseinsgesetze und universelle Gesetzmäßigkeiten – bei diesen Begriffen haben wir manchmal das Gefühl, ein unfairer Gott hat sich ungerechte Gesetze ausgedacht. Tatsächlich sind es Einsichten, die diejenigen erfahren, die ins Leben hinein blicken. Es ist einfach so - dahinter steht weder eine böse noch eine gute Macht. Es sind Naturgesetze. Für Alle ist es möglich, diese Einsichten zu gewinnen, weil wir alle ein Teil davon sind. Einverstanden sein mit diesem großen Ganzen bringt Freiheit, dagegen ankämpfen oder es ignorieren bringt Leid.

Die Daseinsmerkmale heißen im Buddhismus auch Dhamma (in Pali) oder Dharma (in Sanskrit). Wir haben es schon erwähnt, und jetzt wird es vielleicht noch mal klarer, dass Dhamma keine ausgedachte Lehre bezeichnet, sondern das, was der Buddha gefunden hat, als er in die Existenz hinein schaute. Deshalb gibt es für seine Lehre und für die Erfahrungen, die wir im Leben machen, dieselbe Bezeichnung. Natürlich müssen wir erst selbst überprüfen, ob das überhaupt stimmt. Sonst hilft es uns nicht und überzeugt auch nicht. Es ist ein inneres Verstehen, und alle Übungen und Worte sind nichts als Hilfsmittel, um das Leben ganz tief zu begreifen und das Leiden daran loszulassen.

Die Gesetzmäßigkeiten sind wie ein Bedeutungsnetz von miteinander verbundenen Punkten (alle Gesetzmäßigkeiten sind jeweils ineinander enthalten).

- **Dukkha,** meistens als Leid oder Leidhaftigkeit aller Dinge übersetzt. Das ist aber nicht ganz korrekt und die Ursache dafür, dass Buddhismus zum Teil als Philosophie grantiger Schwarzseher missverstanden wird. Dukkha heißt: In allen Situationen finden wir letztlich etwas, das uns nicht ganz zufrieden stellt. Es ist schwierig und laut Buddha unmöglich, die ganze Zeit rundum zufrieden zu sein. Irgendwas stört immer. Und sei es nur die Ahnung, dass eine wunderbare Situation immer wieder vorbei geht. Ein treffenderer Begriff für Dukkha ist *Unvollkommenheit*. Wissen wir darum, dass sie in allen Dingen enthalten ist, dann können wir uns entspannen und den vergeblichen Versuch, Perfektion zu erzwingen, endlich loslassen. Ergebnis: Wir befreien uns vom Leid!

- **Anicca** ist die Unbeständigkeit in allem. Wir wollen das Dauerhafte, Bleibende und haben Angst vor dem Vergehen. Wir sehen eher Einheiten – Personen, Objekte als stabile und dauerhafte Einheit und nicht als sich andauernd verändernde Zusammensetzung verschiedener Bestandteile. Wenden wir das auf uns selbst an, führt es uns zum nächsten Punkt:

- **Anatta,** das Nicht-Ich, ist ein Kern der buddhistischen Lehre, mit dem der Buddha das Denken und Wahrnehmen revolutioniert hat – und auch für die Menschen heute ist es meistens eine Revolution, zu entdecken, dass das, worauf wir alles stützen, auf diese Weise gar nicht existiert!

- **Sunnata,** normalerweise als Leerheit übersetzt, nimmt den Gedanken vom Nicht-Ich auf, geht noch einen Schritt weiter und dehnt dieses Gesetz auf alle Dinge aus. *Leerheit* bedeutet nicht, dass alles leer und fad ist, sondern „leer von Eigenexistenz", es ist bedingt, zusammengesetzt, mit allem durch ein vielfältiges Wirkungsnetz verbunden. Je tiefer wir das verstehen, desto leichter wird unser Leben – wir müssen nicht mehr mit dem Kopf gegen die Wand, weil wir den Fluss in allem sehen.

- **Tathata,** fasst alle diese Begriffe zusammen. Es heißt *Soheit* und besagt, dass alles genau so ist, wie es dem unverstellten Blick erscheint: Unvollkommenheit, Unbeständigkeit, Nicht-Ich und die Leerheit beschreiben das Leben korrekt und deutlich. Wenn wir uns von ihnen inspirieren lassen - dann werden die dicken, hartnäckigen Illusionsschleier langsam dünner, und das Offensichtliche zeigt sich uns; alles wird klar.

Ahnen wir, dass diese Wahrheiten ein großes Potenzial zu Freiheit und Glück in uns ansprechen – so groß der Unterschied zu unserer alltäglichen Wahrnehmung auch aussehen mag?

Ahnen wir, dass hier eine Spur ausgelegt ist, die wir näher erforschen möchten – dass es in uns eine Sehnsucht gibt, eine eigene Erfahrung des ganzen Bildes zu machen?

Haben wir intuitiv Vertrauen zum Leben - dass wir mittendrin sein und gleichzeitig etwas darüber lernen können, was uns, auch wenn es manchmal zu groß oder angsteinflößend wirkt, letztlich gut tut?

Tod und die Zeit bis zur Wiedergeburt aus Sicht des Theravada

Dieses Thema, das wir nur allzu gerne verdrängen und aus unserem Fokus entfernen, ist die größte und treibendste spirituelle Frage. Die Aussicht auf den (eigenen) Tod, nicht zu wissen was auf uns zukommt bewegt uns tief. Was der Buddha zu diesem Bereich des Lebens gesagt hat - daraus können wir Schlüsse ziehen?

Die Bedeutung des Todes ist eine letzte, für uns gewaltige Ausprägung des Gesetzes der bedingten Entstehung. Alles entsteht und vergeht, und alles, was im Kleinen, in den Phänomenen, die wir beispielsweise in der Meditation wahrnehmen, findet am Lebensende unweigerlich im Großen statt. Unsere zusammengesetzte Persönlichkeit, unser Ich zerfällt.

Im Fall eines *natürlichen Todes* (dem Schwinden der Lebenskraft und dem Erleben eines Sterbeprozesses) kann man beobachten, wie nach und nach die Anteile, die man als Teil seiner Persönlichkeit angesehen hat, verblassen, ohne es ändern zu können. Diese unangenehme Situation birgt aber auch ein hohes Erkenntnispotenzial, falls man es schafft, so lange wie möglich geistig klar und gesetzt zu bleiben, um diese Prozesse deutlich zu sehen. Zu erleben, wie man loslassen muss und zu erkennen, dass das Ich aus vielen nun zerfallenden Teilen ohne Kern zusammengesetzt ist, birgt eine hohe Erleuchtungsmöglichkeit in den letzten Momenten des physischen Lebens.

Der Eintritt des physischen Todes ist von außen gesehen das Ende des Sterbeprozesses, für den Betroffenen jedoch noch nicht (mehr dazu später). Wie mit dem toten Körper umgegangen werden soll, ist ein Thema, bei dem die Meinungen selbst in buddhistischen Kreisen stark auseinandergehen. Im Theravada bzw. in Buddhas Aussagen wird der Körper ohne Lebenskraft sehr abfällig gesehen, als nutzlos und beinahe als Abfall (z.B. Dhammapada 41, 148). So ist es aus dieser Sicht kein Problem, wenn Autopsien, Organentnahmen oder Begräbnis-vorbereitungen erfolgen.

In den tibetischen Richtungen werden derartige Vorgänge strikt abgelehnt oder sehr kritisch gesehen. Es wird ein großer Wert auf eine unversehrte Körperlichkeit (vergleichbar mancher christlicher Auslegungen) gelegt bzw. darauf, den Körper eine bestimmte Zeit nicht zu bewegen oder zu berühren, um den Geist des/der Verstorbenen nicht zu beeinträchtigen.
Das führt uns wieder zum Sterbeprozess selbst zurück. Dieser ist, wie schon gesagt, nicht mit dem physischen Tod abgeschlossen, der (lediglich) der Zerfall der materiellen Instanzen ist. Die Person weist eine Reihe von energetischen Komponenten auf, die in einem fließenden Übergang von lebend und tot ebenso zerfallen und sich immer weiter auflösen.

Aus unserer Sicht sind die Erlebniswelten, die im Tibetischen Totenbuch beschrieben werden, eine Annäherung an das energetische Erleben des Zerfalls. Gemäß dem tibetischen Totenbuch dauert der Prozess (maximal) 7 mal 7 Tage, also in Summe 49 Tage, die zeremoniell besonders begleitet werden. Man muss sich nicht zu sehr an diese absoluten Zeitangaben klammern, da auch die Zeit relativ und bedingt ist und vermutlich in solchen Zuständen anders wahrgenommen wird. Was aber unbestritten ist – es gibt mehrere ähnlich verlaufende Phasen des immer subtiler werdenden Zerfalls der letzten Anteile der Person.
Da dieser Zerfall (vor allem für den Nichtvorbereiteten und Ungeübten) sehr machtvoll erlebt werden kann, entsteht der Wunsch, aus dieser Situation zu entfliehen – das ist der Impuls zu einem neuen Werden. Je länger man ohne diesen Wunsch aushalten kann, desto subtiler wird die zerfallende Energie und die mögliche Wiedergeburt. Neben der angeführten eigenen (meditativen) Übung hat das Karma in diesen Phasen einen deutlichen Einfluss auf das Erleben und damit auf die folgende Reaktion. Wenn man es schafft, bis zum Ende dieses Prozesses keinen neuen Werdensimpuls auszulösen, so zerfällt auch der letzte Rest der Person und es findet kein neues Werden mehr statt – man nennt es Parinirvana.

Deshalb wird in tibetischen Richtungen ein so großer Wert auf das tibetische Totenbuch gelegt. Egal wie intensiv man in seinem Leben geübt hat, gibt es in diesem Übergang nochmals eine Chance, vollkommene Befreiung zu erlangen. Daher wurde diese Beschreibung der Sterbe- und Wiedergeburtphasen verfasst - um dem Betroffenen zu beschreiben, was er erlebt und ihn darauf hinzuweisen, was im Moment wichtig ist (das Buch wurde den Sterbenden bzw. Verstorbenen vorgelesen), als Hilfe zum Übergang in die Befreiung.

Sollte – zu welchem Zeitpunkt auch immer – ein Impuls gesetzt worden sein, so beginnt ein Prozess, der als Patisandhi bezeichnet wird. Als Wiederverbindung übersetzt, beschreibt es gut, was passiert: das Entstehen wird wieder eingeleitet und es kommt erneut zu einer Zusammenballung von (anfangs) geistig-energetischen Komponenten. Sollten bei dieser erneuten Zusammenballung Energien des vergangenen Wesens auch mit eingebaut werden, so kann es zu den Phänomenen der Wiedergeburtserinnerung kommen.

In umgekehrter Folge des Zerfalls entsteht nun ein neues Wesen. Wenn es in der Sequenz weitergeht, folgt ein Prozess, der Wiederdasein genannt wird. In diesem Prozess verdichtet sich der Werdensimpuls weiter und eine Wesenheit (je nach Daseinswelt nur geistig oder körperlich und geistig) tritt in Erscheinung und erlebt nach der biologisch festgelegten Zeit eine erneute Geburt.

Dhammapada 277, 278 und 279

Unstet ist jede Daseinsform:
Wenn man das mit Einsicht erkennt,
Dann löst man sich vom Leiden los.
Dies ist der Weg der Reinheit.

Leidvoll ist jede Daseinsform:
Wenn man das mit Einsicht erkennt,
Dann löst man sich vom Leiden los.
Dies ist der Weg der Reinheit.

Die Dinge all sind wesenlos:
Wenn man das mit Einsicht erkennt,
Dann löst man sich vom Leiden los.
Dies gilt als der Weg der Reinheit.

Einsichtsübung: Fünf tägliche Betrachtungen

Nehmen Sie sich für diese Kontemplation etwa eine halbe Stunde lang Zeit. Finden Sie einen ruhigen Platz und kommen Sie dort an, indem Sie Ihre Basis spüren.

Der Rücken ist aufgerichtet, spüren Sie die Länge und Breite Ihrer Rückseite. Gehen Sie dann mit Ihrer Achtsamkeit auf die Vorderseite und werden sich der Aufrichtung im Bauch und in der Brust gewahr. Schauen Sie innerlich Ihre Schultern an, ob sie sich entspannt zu den Seiten hin ausbreiten und wo Ihre Hände liegen.

Gehen Sie mit Ihrer Aufmerksamkeit nun zu Ihrem Kopf und nehmen Sie wahr, wie Ihr Hals den Kopf gut in der Mitte aufgerichtet trägt. Lassen Sie Ihr Gesicht entspannt fallen! Es wird lang und weit und fühlt sich ganz gelöst an. Innerlich sagen Sie sich nun: So sitze ich da, und erfahren sich als Ganzes in Ihrer sitzenden Position.

Die folgende Kontemplation hat der Buddha besonders empfohlen. Vielleicht wirken manche Sätze recht drastisch auf uns und wir haben spontan eine Abwehr dagegen. Seien Sie neugierig, was dieser „innere Hausputz" mit Ihnen macht – ob er Sie nicht erfrischt und verjüngt!

Wie alles was lebt, bin auch ich dem Altern unterworfen und kann dem Altern nicht entgehen.

Werden Sie sich bewusst, dass es in dieser Feststellung um Ihr weiteres Leben geht.

Das Altern hinterlässt Spuren des Verfalls, die wir zu verdecken suchen. Wir wollen jung und schön bleiben! Irgendwann ist es aber trotz aller Mittel nicht mehr zu verbergen. Entweder akzeptieren wir dann das Alter oder wir fühlen uns minderwertig, hässlich und nutzlos. Im Annehmen dieser Tatsache entstehen aber auch Lücken, in denen wir Freude und Wohlfühlen finden können.

Wie fühle ich mich angesichts des kontinuierlichen Alterns?

Schön ist die Weisheit des Alters. Einsichtige alte Menschen erfreuen ihre Umwelt mit Toleranz, Ruhe und Gelassenheit und ermutigen Jüngere durch ihr Verständnis und Mitgefühl. Ist das eine Perspektive für Sie?

Wie alles, was lebt, bin auch ich der Krankheit unterworfen und kann der Krankheit nicht entgehen.

Erinnern Sie sich daran, wie es war, als Sie einmal krank waren. Sie hatten Schmerzen, waren unfähig, das zu tun, was Sie wollten. Sie haben gelitten. Dazu kam vielleicht die Angst, dass die Krankheit sich verschlimmern oder zum Tod führen könnte. Manchmal kommt auch

Ärger über falsche Behandlung und das Unverständnis der Familie oder der Freunde auf.

Haben Sie schon einmal erlebt, dass Sie es nicht akzeptieren konnten, krank zu sein. Haben Sie dann wie ein Gesunder weiter gemacht - und sind dann wirklich zusammengebrochen?

Wie gehen Sie mit Krankheit um? Übertrieben ängstlich oder übertrieben selbst kontrolliert? Die Krankheit als einen momentanen Zustand zu akzeptieren bringt Ruhe und eine klare Sicht über das, was zur Verbesserung getan werden kann. Das Wissen um die grundsätzliche Veränderung aller Dinge bringt eine gelassene Zuversicht hervor.

Vielleicht fühlen Sie sich durch die Krankheit aufgefordert, Ihr Leben genauer zu betrachten und Wesentlichem mehr Raum zu geben? Schieben Sie Dinge auf, die erledigt werden müssen? Ist es nicht an der Zeit, sich von Druck und Belastungen zu befreien?

Können Sie dankbar und liebevoll mit denen umgehen, die Ihnen nahe stehen, die Ihnen jetzt helfen?

Auch sollten Sie in einer Phase des Nicht-Könnens all das einmal anerkennen, was Sie an guten Dingen erreicht und um was Sie sich heilsam bemüht haben!

In Zeiten der Krankheit und Schwäche allen zu danken, die Ihnen beistehen, und ihre Hilfe anzuerkennen, ohne ständig Ihre eigene Not in den Vordergrund zu schieben, ist eine edle Kunst. Können Sie sich damit anfreunden?

Wie gehen Sie mit kranken Freunden oder Verwandten um? Helfen und pflegen Sie gerne oder empfinden Sie Scheu und ziehen sich lieber zurück?

Wie alles, was lebt, bin auch ich dem Tod unterworfen und kann dem Tod nicht entgehen.

Keiner ist vom Sterben ausgenommen, selbst der Buddha musste sterben; aber will ich daran erinnert werden? Wie stehen Sie dieser unausweichlichen Tatsache gegenüber?

Was macht es so schwer, mit dem Tod umzugehen? Ist es Widerstand gegen das Gefühl des Ausgelöscht-Werdens? Ist es das absolute Loslassen von allem, was man liebt, oder ist es die Angst vor dem Sterbeprozess selbst?

Ist es der Widerstand gegen die Machtlosigkeit in dieser Situation?

Vielleicht ist es ein Trost, dass alle Lebewesen streben; ausnahmslos für alle ist die Lebenszeit begrenzt. Aber gerade das macht das Leben wertvoll.

Möchten Sie wirklich ewig weiterleben? Ewig weiter kämpfen mit den Schwächen des eigenen Körpers, den eigenen Emotionen, der Welt im Generellen?

Ist Loslassen-Können von all dem nicht auch eine Befreiung? Auch wenn es trotzdem noch möglich ist, dankbar zu sein und sich des Guten in sich bewusst zu werden.

Wie alles, was lebt, bin auch ich dem Verlust unterworfen und kann dem Verlust nicht entgehen

Wie oft haben wir es erlebt, dass wir Dinge verloren haben, an denen wir hingen. Es hat geschmerzt. Viel schlimmer aber war der Schmerz, wenn Menschen uns verlassen haben oder gestorben sind. Ob es vertraute Menschen, glückliche Zeiten oder wichtige Dinge sind, wir hängen daran und haben Angst, sie zu verlieren. Eigenschaften und Fähigkeiten sind ein Teil unserer Persönlichkeit, und wenn diese durch Krankheit oder Alter dezimiert werden oder verschwinden, wird das als unzumutbarer Verlust der Persönlichkeit empfunden.

Ist uns bewusst, dass wir nichts in diesem Leben festhalten können?

Je mehr wir es versuchen und an den geliebten Dingen anhaften, umso größer wird der Schmerz sein, wenn wir sie abgeben müssen. Irgendwann ist das unweigerlich in jedem Leben der Fall. Einsicht in das Prinzip der Vergänglichkeit und akzeptierendes Loslassen ist das Heilmittel gegen das Leid des Verlustes.

Gerade durch den möglichen Verlust von Dingen und Menschen schätzen wir deren Wert viel höher ein.

In diesen vier Betrachtungen werden uns vier Naturgesetze nahe gelegt. Wir erfahren, dass sich in unserem Leben alles ändert und oft mit leidvollen Gefühlen einhergeht. Dinge, die uns einmal sehr wichtig und konstant erschienen, können verschwinden und sich auflösen, ohne dass wir etwas dagegen machen können.

Es sind die Gesetze der Vergänglichkeit, der Leidhaftigkeit und der Substanzlosigkeit, denen wir unterliegen und denen wir nur mit Weisheit und Akzeptanz den Stachel des Schmerzes nehmen. Dagegen anzukämpfen oder diese Realität nicht akzeptieren zu wollen, ist Vergeuden der Energien.

> *Falls ich auch ...*
> *In einem Seminar ging es um das Sterben. Es wurde zu dem Thema meditiert und darüber gesprochen. Ein Mann meldet sich zu Wort und beginnt seinen Satz mit: "Falls ich auch sterben sollte ---"*
> *Eine Lachsalve unterbrach seine Rede.*

Das fünfte Naturgesetz ist das Gesetz von Ursache und Wirkung (**Karma**), das wir schon intensiv betrachtet haben: Jede Tat bringt eine Folge hervor; jede Saat eine Ernte. Dieses Gesetz ruft uns auf, für eine heilsame Zukunft zu sorgen. Wir haben es selbst in der Hand, unser Leben zu gestalten. Selbst wenn wir von äußeren Zwängen abhängig bleiben, können wir innere geistige Freiheit erlangen.

Bleiben Sie abschließend ruhig auf Ihrem Platz sitzen und werden Sie sich wieder Ihres Körpers bewusst. Öffnen Sie die Augen, bewegen Sie Ihre Hände und Ihren Körper und schauen Sie, was Sie jetzt tun wollen.

Metta-Übung: Die erleuchtete Frau

Setzen Sie sich für diese Meditation der liebenden Güte auf Ihren Meditationsplatz, schließen Sie die Augen und folgen Sie gedanklich in den nächsten 15 Minuten diesen Vorstellungen.

Viele Frauen haben in der Lehre Buddhas Erleuchtung erlangt. In ihrem großen Mitgefühl mit allen Wesen verzichten sie auf ihre eigene vollkommene Befreiung, um der Menschheit und allen Lebewesen helfen zu können, ein gutes, möglichst leidfreies Leben zu führen. Ihre Heilkraft kommt aus der Reinheit ihres Herzens, verbunden mit Weisheit und Güte.

Unsere Wunden, die wir durch Verletzungen, Kränkungen und Selbst-Missachtung bekommen haben und die uns oft schon sehr lange schmerzen, heilt die erleuchtete Frau mit dem Heilöl des Mitgefühls und dem Lotus des weisen Verstehens.

Immer wenn wir an alte oder neue Verletzungen denken und uns das Gefühl von Ungerechtigkeit, Zorn und Ohnmacht befällt, sind wir dabei, unsere Wunden wieder aufzukratzen. Es ist etwas anderes, wenn wir versuchen, realistisch die Gründe und Auslöser für Kränkung und Demütigung herauszufinden - und es damit genug sein lassen. Das ständige Aufkratzen der Verletzungen ist eine wiederholte Auffrischung des Schmerzes und verfestigt das Leidensgefühl.

Das Heilöl gießt die Tara oder Quan Yin (die Erleuchtete) mit ihrer Herzensgüte über unsere Wunden; sie regt damit die eigenen Heilkräfte des Menschen an. Die Lotusblüte, das Symbol weisen Verstehens, legt sie wie einen Verband auf die Wunden, der die nötige Ruhe vermittelt, die zum Heilen nötig ist. Liebe und verständnisvolle Ruhe bewirken, dass sich die Wunden mit der Zeit schließen.
Es ist seelisch- geistiges Heil-Werden!

Voll Vertrauen können wir uns an die heilenden Energien der Erleuchteten anschließen. Sie sind immer vorhanden - die Verbindung zu ihnen müssen wir selbst schaffen.

Mögen unsere Wunden der Verletzungen, der Kränkungen, des Neides und der Wut heilen - mögen wir friedvoll mit guten Energien und heiterem Gemüt unser Leben führen.

Lied: Leere schenkt mir Fülle

1. Lee - re Lee - re schenkt mir Fül - le, Fül - le der
Wahr - heit in mei - nem Her - zen.
Wenn mein Herz leer ist von al - ler Gier
strömt die Frei - heit ein, ja strömt die Frei - heit ein.
SHUN - YA - TA - A SHUN - YA - TA
SHUN - YA - TA - SHUN - YA - TA.

2. Wenn mein Herz leer ist von Ärger und Groll,
strömt die Liebe ein, ja, strömt die Liebe ein.

3. Wenn mein Herz leer ist von Selbstsucht und Wahn,
strömt die Klarheit ein, ja, strömt die Klarheit ein.

4. Wenn mein Herz leer ist von Bedrückung und Angst,
strömt der Frieden ein, ja, strömt der Frieden ein.

Frei werden

Sprechen wir von Frei-Werden, dann müssen wir ja gefangen sein! Was hält uns denn gefangen? Woraus bestehen die Fesseln? Und sind es nur die unangenehmen und nicht zufrieden stellenden Lebensumstände, oder können auch nette und erwünschte Umstände eine Fessel sein?

Es gibt Menschen, die diese Freiheit erlebt haben und erleben. Ist das etwas Mystisches und Metaphysisches, das nur ganz besondere Menschen erreichen, oder ist es auch für mich möglich?

Was und wo ist Nirvana?

Nirvana war mal eine Musikband und ist noch eine Schokoladensorte – aber was beschreibt der Buddha damit? Handelt es sich dabei um eine Art Himmel oder besonderen Platz oder ist es eine Erfahrung, ein besonderes Erlebnis oder ganz etwas Anderes?

Die erste, einfache Antwort: Nirvana ist die Freiheit vom Anhaften und damit die Freiheit vom Leid. Also ein Zustand und kein Ort. Aber deshalb sind wir noch nicht wirklich schlauer. Zum Glück hat der Buddha ganz genau gesagt, wovon wir frei werden und welche Phasen unserer Erfahrung sich am besten eignen, das Anhaften loszulassen. Und zwar in der Lehre der bedingten Entstehung. Hier bekommen wir einen Ansatzpunkt geliefert, wie wir diese einengenden Abläufe unterbrechen können.

Wir werden laut dem Buddha nicht einmal gefesselt, sondern wir fesseln uns selbst jeden Moment neu, ohne es zu merken. Das heißt, dass wir uns auch befreien können. Dazu müssen wir uns bewusst werden, welcher Kreislauf da ständig abläuft und wo man aussteigen kann. Das ist die sogenannte bedingte Entstehung (*paticca samuppada*), welche auch als *Entstehen in Abhängigkeit, Entstehungskette* übersetzt wird.

Diese Lehre beschreibt aber nicht nur die großen und abstrakten Konzepte des Lebens, also wie man von einer Existenz zur nächsten eilt, sondern auch im Kleinen alle Gedanken, Worte und Tätigkeiten, die man von Moment zu Moment macht. Diese Kette der Entstehung dient nicht dazu, uns unser eigenes Unvermögen vor Augen zu führen und die unerfreuliche Ist-Situation zu vertiefen. Der Buddha hat vielmehr immer wieder gelehrt, dass diese verwobene Kette, die endlos lang ablaufen kann, in sich den Kern ihrer eigenen Auslöschung trägt! Daher war es dem Buddha besonders wichtig, dass die bedingte Entstehung von seinen Anhängern verstanden wird (nicht nur intellektuell, sondern auch mit dem Herzen). Denn sie trägt das Wissen von Nirvana in sich.

Die bedingte Entstehung ist ein Naturgesetz, das aus der Analyse und Betrachtung der Vorgänge der Natur und des menschlichen Geistes abgeleitet wird. Es ist kein religiöses Dogma oder göttliches Gesetz, sondern vielmehr eine Beschreibung von Entwicklungen und Prozessen, die immer und kontinuierlich stattfinden, egal ob jemand sie wahrnimmt oder nicht.

Die bedingte Entstehung wurde vom Buddha in vielen unterschiedlichen Varianten gelehrt, mit mehr oder weniger Schritten, einmal vorwärts und ein anderes Mal rückwärts. Die exakte Anzahl der Kettenglieder ist für das Verständnis des Gesamtsystems völlig irrelevant, da diese von subjektiver

Betrachtung und Kategorisierung durch Menschen abhängt. Die Wirkungsweise, die innen liegende Funktion dieser Kette zu durchschauen, heißt das Leid und seine Auflösung zu verstehen.

Die Kette der bedingten Entstehung wurde mehrfach in der gruppierten Sammlung (*Samyutta Nikaya*) gut beschrieben. Dabei ist jedes angeführte Glied von seinem Vorgänger in logischer Konsequenz abhängig, oder anders gesagt, jedes Glied eines ringförmigen Prozesses führt (wenn nicht eingegriffen wird) zum nächsten Punkt:

- **Nichtwissen** (*avijja*): Das Nicht-Verstehen der vier edlen Wahrheiten wird als der Einstieg in die Kette der Entstehung beschrieben. Solange die Grundlage des Dhamma nicht verstanden wurde, besteht keine Möglichkeit, für eine bewusste Veränderung und der Prozess läuft ganz automatisch weiter.

- **Gestaltungen** (*sankhara*) werden als „*Zusammenbrauung*" von Bewusstsein, Wahrnehmung, Gefühl, Körper und Geist durch die karmischen Formationskräfte beschrieben. Diese fünf Skhanda sind das, was man als Ich bezeichnet, also die Basis jener Einheit, die den hier beschriebenen Prozess erlebt.

- **Bewusstsein** (*viññana*) ist ein komplexer Begriff, da er das Denken über das Denken beschreibt. Das Bewusstsein ist das Realisieren von Wahrnehmung, eines Ichs – also einer Persönlichkeit. Nur Wesen, die ein Bewusstsein aufweisen, können die folgenden Prozess-Schritte erleben.

- **Geist** und **Materie** (*nama rupa*): beschreibt die Trennung, unsere Dualität, in der wir glauben, dass unser Geist und die Materie zwei getrennte Einheiten seien. So kommt es zu einer unkontrollierten Interaktion mit den sechs Sinnesbereichen.

- **Sechs Sinnesbereiche** (*salayatana*) kennzeichnet jene Bereiche, welche wir mit unseren Sinnen berühren können. Es ist das Sehen, Hören, Riechen, Schmecken, die Körperberührung sowie das Denken als sechster Sinn. Zusammengefasst ist es ist die (erlebte) Außenwelt, mit der wir in Verbindung treten.

- **Berührung** (*phassa*): Als Berührung wird der Kontakt eines Sinnesobjektes mit einem entsprechenden Sinnesorgan beschrieben.

Das ist der Zeitpunkt, an dem der Körper und vor allem der Geist mit der Außenwelt der Objekte in Berührung kommen und auf diesen Reiz reagieren.

- **Empfindung** (*vedana*) Aus der beschriebenen Berührung des Geistes mit einem Objekt entspringt ein Grundgefühl. Diese Empfindung kann entweder geistig/körperlich angenehm, unangenehm oder neutral sein. Die beiden ersten Empfindungen verursachen den (geistigen) Durst. Das neutrale Grundgefühl fällt früher oder später in die eine oder andere Richtung, oder es entwickelt sich, wenn es bestehen bleibt, in die Richtung der Verblendung. Um aber ein Missverständnis auszuräumen: Es geht in der Geistesschulung nicht darum, keine Gefühle mehr zu haben. Die Grundgefühle sind nicht vermeidbar und untrennbar mit einem menschlichen Dasein verbunden. Die Reaktion auf eine solche Empfindung ist es, die den Daseinskreislauf im Gang hält, also die nächsten Schritte auslöst.

- **Durst** (*tanha*) Der Durst ist jenes latente Gefühl, das uns immer wieder weis machen möchte, wie gut es doch wäre, den Empfindungen zu folgen. Angenehmes wieder zu haben oder Unangenehmes zu vermeiden. Der Durst ist jene kleine Stimme, die uns sagt, was wir alles bräuchten, um glücklich zu sein. Dieser Durst kann ein Lebensdurst, ein Wunsch nach Existenz sein – und damit ein weiterer Schritt in die Richtung einer Wiedergeburt. Andererseits ist dieser Durst aber auch positiv zu bewerten, denn er ist auch Lebenswille. Solange dieser Lebensdurst noch da ist, kämpfen Menschen gegen die Krankheit, ohne diesen Durst geben sie auf.

- **Ergreifen** (*upadana*) Das Ergreifen, auch als das Anhaften im engeren Sinn übersetzt, ist der Wendepunkt vom Durst zur konkreten Aktion. Wenn der Durst immer stärker und konkreter wird (manche Übersetzungen sprechen auch vom *heißen Sehnen)* mündet das in Ergreifen. Mit dem Ergreifen ist das Werden verbunden. Ob es sich nun um das Ergreifen eines Durstes nach Existenz im Wiedergeburtsprozess handelt oder dem Nachgeben eines Durstes nach Vergnügung, beide Male ist es der Wendepunkt in der Kette der bedingten Entstehung. Das geistig-körperliche Fundament (Berührung, Empfindung und Gefühl) geht in eine konkrete Aktion über.

- **Werden** *(bhava):* Das Werden ist der energetisch-geistige Prozess, in dem tatsächlich etwas Neues entsteht. Im Fall der Wiedergeburt ist das jener Moment, in dem sich das Bewusstsein in einer neuen Existenz manifestiert. Im Fall der Gedanken und Handlungen (im täglichen Leben) ist das Werden jener Moment, an dem der klare innere Entschluss gefasst wird, tätig zu werden. Biologen würden es wenig esoterisch als jenen Moment bezeichnen, an dem im jeweils zugeordneten Gehirnareal die Erregungsspannung messbar auftritt.

- **Geburt** *(jati):* Die Geburt ist gemäß der buddhistischen Lehre die körperliche Manifestierung des Werdens im Menschen- und Tierreich. Die Geburt als biologischer Vorgang ist uns bekannt, aber auch ein Gedanke und eine Handlung werden mehr oder weniger geboren, indem sie von uns in die Welt gesetzt werden und dort ihre Wirkung tun.

  Auf den ersten Blick assoziieren wir die Geburt uneingeschränkt nur mit schönen und positiven Dingen und freuen uns, dass etwas geworden ist. Ob die Geburt selbst auch unangenehm ist, wird vor allem unter Psychologen heftig diskutiert (Geburtstrauma,...), aber unabhängig davon bedingt jede Geburt unweigerlich auch eine weitere Existenz, die nicht nur angenehme, sondern auch unangenehme Konsequenzen hat.

- **Alter, Krankheit, Tod, Schmerz, Kummer** und **Klage** sind einige der unangenehmen, aber unvermeidlichen Endpunkte der Entstehungskette. Diese unangenehmen Umstände stehen exemplarisch für Leid *(dukkha)*. Sie sind Folgen, denen wir unterworfen sind, da wir geboren wurden, eben einen (menschlichen) Körper besitzen. Niemand, auch nicht ein Erleuchteter wie der Buddha, kann diesen Entwicklungen entkommen, auch er alterte, wurde krank und starb schließlich.

  Wie wir also sehen, schützt auch die Erleuchtung jene, die sie erreicht haben, nicht vor diesen Erfahrungen. Lediglich der Umgang damit und der doppelte Schmerz, den normale Menschen durch den Widerstand dagegen empfinden, gehen zurück.

  Auf der kleinen, alltäglichen Ebene der Gedanken und Handlungen können wir Ähnliches betrachten. Sobald eine Handlung gesetzt (also geboren) wurde, zeigen sich ihre Auswirkungen in der Welt. Egal, ob es sich um positive oder negative Auswirkungen handelt, sie sind nicht mehr aufhaltbar und können nur noch akzeptiert werden.

Wer erreicht Nirvana? Müssen wir dazu erst sterben? Auch wenn einige Traditionen den Moment des Todes als besonders günstig für das Frei-Werden bezeichnen, bietet jeder Moment die Gelegenheit zur Freiheit. Jedes Loslassen mitten in einem unheilsamen Kreislauf, jede Stärkung heilsamer Abläufe, jede Einsicht in das, was wahr ist, hat bereits den Geschmack der Befreiung.

Und es ist möglich, ganz frei zu werden, für alle von uns – auch wenn es unerreichbar scheint. Das Gefühl „für mich ist das nicht möglich" kommt aus unserer Erfahrung der Ich-Begrenzung, denn gleichzeitig vom Ich frei werden und das Ich behalten – das geht einfach nicht! Es heißt aber, dass man ohne Ich-Identifikation durchaus weiter leben und im Alltag funktionieren kann - sogar wesentlich besser!

Das scheint paradox – lassen wir dazu folgende Verse auf uns wirken:

Dukkham eva hi, na koci dukkhito,
kārako na, kiriyā va vijjati,
atthi nibbuti, na nibbuto pumā
maggam atthi, gamako na vijjati

Da ist Leid, aber kein Leidender,
kein Täter, aber die Tat kann gefunden werden,
Ruhe ist zu finden aber kein Ruhender,
der Pfad kann gefunden werden, aber keiner der ihn geht.

Dhammapada 397

Wer jede Fessel zerstört hat
und niemals mehr erbeben kann,
vom Haften und von Fesseln frei,
den nenne ich einen Priester.

Dhammapada 391

Wer immer da, in Wort, in Tat,
im Geiste, nichts mehr Böses wirkt;
In diesen Dingen drei beherrscht,
Den nenne ich einen Priester.

Achtsamkeitsübung: Musterbetrachtung

Wie geht das Frei-Werden von Mustern?
Wer wünscht sich nicht Unabhängigkeit, das Glück der Freiheit?
Der Buddha zeigt die Möglichkeit auf, zur geistigen Freiheit zu gelangen.
Es geht um das praktische Leben – um unsere Muster, die uns an fixierten Ideen anhaften lassen und uns hindern, eine freie Selbstentscheidung zu treffen.

Zwei Arten von Mustern wollen wir uns nun genauer ansehen:
Muster, die sich mit Glücksvorstellungen in der Zukunft befassen und Muster, die aus Erfahrungen der Vergangenheit stammen.

Was macht diese Gedankengänge zu Mustern?

Es ist die ständige Wiederholung derselben Gedanken und Gefühle, die sich im Gehirn so einnisten, dass sie zur Gewohnheit werden. Auf bestimmte Sinneskontakte und Sinnesreize, auch gedanklicher Art, reagiert der Mensch unüberlegt automatisch in derselben Weise. Diese Reaktionsbahnen sind im Gehirn so eingraviert, dass sie zwanghaft ablaufen und kaum eine Möglichkeit für andere Sichtweisen bieten.
Wir sind Gefangene des Musters ohne freie Wahlmöglichkeit!

Muster aus triebhafter Sucht nach Wunscherfüllung:

Es sind die Illusionen von Glück, die zu Fixierungen werden können.
In der Lehre werden sie Wahn genannt. Darunter fallen Jugend- und Schönheitswahn, Gesundheits- und Ewigkeits-Wahn, Persönlichkeitswahn und nicht zuletzt der Sinneswahn.

Unsere Persönlichkeit ist unser Heiligtum; unser Ich muss ständig bestätigt und anerkannt werden, es soll beliebt und geschätzt sein. Unser Schönheits- und Gesundheitswahn kann unsere gesamte Freizeit in Anspruch nehmen.
Trotz aller Anstrengung leiden wir an der Ohnmacht, es nicht fassen zu können.

Die Gier nach Sinneslust macht uns süchtig nach interessanten Sinnesreizen. Immer wieder werden wir von unseren Sinnen enttäuscht, die kein bleibendes Glück erzeugen können.
Wie stark haften wir an den genannten Glücksvorstellungen?
Wo sitzen unsere Muster?

Haben wir uns Illusionen hingegeben und glauben an die Glückserfüllung?

Bei genauerem Betrachten erkennen wir wahrscheinlich, dass wir uns an etwas Unmögliches klammern – aber wir wollen es nicht wahrhaben, dass es ein Wahn ist.

Woher kommen diese Fixierungen?

Wir halten uns an den Illusionen von Glück fest, weil wir Angst haben, das Leben zu verpassen.

Was rät uns der Buddha?

Er sagt, dass wir die Realität so sehen sollen, wie sie ist. Wenn wir die Wirklichkeit in ihrer Echtheit sehen und annehmen können, verringert sich die Angst oder fällt ganz ab, und wir brauchen die fixierten Wünsche nicht mehr.

Wahrhaftes direktes Leben erzeugt ein Gefühl von Lebendigkeit, das nicht von äußeren Umständen abhängt, sondern im Inneren in Geist und Herz ein tiefes, intensives Glück der Echtheit hervorruft. Ein achtsames Leben im Hier und Jetzt ist der Schlüssel zum Glück.

Erlernte Muster

Es sind grundsätzlich fixierte Reaktionen auf äußere Situationen. In der Begegnung mit anderen Menschen werden bestimmte Gefühle und Absichten automatisch ausgelöst. Man ist leicht verärgert, verletzt und gekränkt. Allein schon der Anblick von jemandem und seiner Handlungsweise kann einem zuwider sein. Manche fühlen sich bei jedem Fehler in ihrer Umgebung sogleich schuldbewusst; andere fühlen sich sofort angegriffen. Viele sind überzeugt, nicht gut genug zu sein.

Wodurch kommen diese Reaktionen zustande?

Die Auslöser sind das Bewerten, Vergleichen, Be- und Verurteilen. Die meisten Menschen reagieren automatisch nach vorgefassten Meinungen.

Die tieferen Wurzeln liegen in den Ansichten und Verhaltensweisen, die als Kind gelernt und als Bestandteil im Geist fixiert wurden. Später kamen festgelegte Überzeugungen aus der Schule, der Kirche, aus der Gesellschaft und der Politik hinzu; einseitige Programme, die Anspruch auf Wahrheit erheben.

Wie können diese Muster aufgelöst werden?

Wichtig ist es, zu bemerken, wenn man ins Vergleichen und Bewerten verfällt.

Ein achtsamer Stopp ist angebracht, um nicht automatisch wie gewohnt zu reagieren. Dieses Innehalten kann zum Zulassen des anderen und zum Loslassen der eigenen üblichen Denk- und Verhaltensweise führen. Wenn einmal der bindende Zauber des Musters durchbrochen wird, ist ein Schritt zur Freiheit getan.

Die Wurzeln der Muster anzuschauen, die aus früherem Leben stammen, ist heilsam in dem Sinn, dass man weiß, woher die festgelegte Sichtweise stammt. Man sieht, was man von andern übernommen hat, und was der heutigen Zeit und der eigenen Überlegung nicht mehr entspricht. Das Loslassen ist dann der nächste Schritt.

Schlimme Erfahrungen und Traumata können auch die Gründe für fixierte Verhaltensweisen sein. Die Reaktion mag in der Vergangenheit ihre Berechtigung gehabt haben; in der Wiederholung in veränderten Situationen wird sie unangemessen. Wenn man das Erlebnis als Vergangenheit deklariert und das Hier und Jetzt als ein neues Leben mit neuer Einstellung erkennt, dann ist ein großes Stück Freiheit gewonnen. Therapeutische Betreuung kann dabei eine gute Unterstützung sein.

Weises Besinnen, achtsames Merken und klärende Meditation sind machbare Schritte zur Überwindung übler Muster.

Um alle Fixierungen an der Wurzel zu packen und grundlegend auszurotten, ist tiefe Einsicht in die Naturgesetze notwendig:

Nichts Weltliches kann perfekt sein und bleiben, denn das Unvollkommene, Fehlerhafte sitzt wie ein Wurm darin; bringt uns aber zur Entwicklung.

Unbeständigkeit, Veränderung sind eine universelle Gesetzmäßigkeit, die Leben überhaupt erst möglich macht.

Substanzlosigkeit ist das Gesetz von der Zusammensetzung und dem Verfall aller Dinge, was wir im Buddhismus als Leere bezeichnen und das Loslassen bewirken kann.

Das Karma-Gesetz zeigt, dass auf alle Ursachen eine Wirkung folgt. Mit unseren eigenen Entscheidungen schaffen wir Ursachen, die in ihrer Wirkung unser Leben bestimmen.

Metta-Übung: Der Buddha am Berg

Diese letzte Meditation der Brahmaviharas wird Sie wieder in die Welt der Vorstellungen und Imagination entführen. Setzen Sie sich dazu in einer aufrechten und angenehmen Position auf Ihr Meditationskissen, schließen Sie die Augen und kommen Sie einige Momente zur Ruhe.

Sehen Sie nun vor Ihrem geistigen Auge eine idyllische Hügellandschaft entstehen. Suchen Sie sich einen der wunderschönen Hügel aus, auf dem ein schützender Baum wächst. Setzen Sie sich nun gedanklich unter diesen Baum, der Sie nun beschützt und behütet.

Stellen Sie sich vor, zu sitzen wie eine Statue, gleichsam eine Buddhastatue. Lassen Sie nun ganz ruhig Ihren Blick über das Tal zu Ihren Füßen schweifen und erkennen Sie das Dorf oder den kleinen Ort dort unten im Tal.

Können Sie schon all die Menschen im Ort sehen, wie sie ihr Leben führen? Stellen Sie sich vor, sehr lange Zeit wie eine Statue zu sitzen. Sie können sehen, wie Menschen geboren werden. Sie beobachten die Freude der Eltern, die Menschen, die zu Besuch kommen und sich mitfreuen. Die Feste der Taufe, der Initiation können Sie auch von Ihrem Sitz aus beobachten. Die jungen Menschen wachsen und gedeihen, haben Freude, lernen und erleben Neues. Aber auch die Enttäuschungen und Rückschläge bleiben Ihnen nicht verborgen, die Jugendlichen und Erwachsenen, die versteckt weinen, die Eltern, die ihre Kinder schlagen, die Verzweiflung.

Sie sehen, wie die Menschen in die Arbeit gehen, Karriere machen, soziale Kontakte pflegen, Beziehungen eingehen und aber auch wieder vieles davon verlieren.

Sie beobachten auch, wie Menschen krank werden, zum Arzt gehen und in Krankenhäuser eingeliefert werden. Und schließlich sehen Sie die Menschen am Friedhof Abschied nehmen von gerade zuvor noch existierenden Menschen.

Über ganz lange Zeit, über viele Generationen sehen Sie gute Zeiten in dem Ort, Wachstum, Freude und Wohlstand aber auch Katastrophen, Krieg und Niedergang.

Alles entsteht und vergeht wieder – Sie können es von Ihrem Platz aus beobachten.

Sehen Sie noch einmal jene Menschen an, die leiden, die geliebte Menschen oder Dinge verlieren, die verzweifelt sind. Sehen Sie auch, dass alle Menschen dieses Dorfes einmal in diese Situation kommen. Jeder muss irgendwann etwas oder jemanden verlieren. Tief aus Ihrem Herzen entspringt bei der Betrachtung dieses Laufes der Dinge ein großes Mitgefühl mit den Menschen in diesem Kreislauf. Jeder braucht ausnahmslos Ihr Mitgefühl.

Legen Sie Ihr Augenmerk nun auf die freudigen Dinge dieses Dorfes. Jene Menschen, die ihre Ziele erreichen, Glück haben. Freuen Sie sich mit diesen Menschen, lassen Sie die Mitfreude tief aus Ihrem Inneren kommen. Sehen Sie genau hin – selbst der unglücklichste Mensch dort – auch er hat seine freudigen Momente.

Betrachten Sie diese Menschen in dem Dorf, ihr Auf und Ab, und sehen Sie, dass Sie selbst nicht anders sind. Die Menschen des Dorfes sind wie Sie, und Sie sind wie die Menschen dieses Dorfes. Aus dieser Betrachtung können Sie ein Gefühl der Verbundenheit, also ein Gefühl der allumfassenden Liebe entstehen lassen.

Bei all den Gefühlen, der Freude und dem Leid, das Sie im Dorf sehen, bleiben Sie aber doch unter dem Baum sitzen. Sie betrachten und erkennen ruhig den Lauf der Dinge. Das ist der Gleichmut (das letzte Brahmavihara), der sich in und um Sie ausbreitet.

Bleiben Sie nun noch einige Momente mit diesen Gefühlen an Ihrem Platz sitzen und lassen Sie die Bilder wieder verblassen. Kommen Sie dann wieder ganz an diesem Platz im Hier und Jetzt an.

Literaturverzeichnis

KRAMER, Gregory; *Speaking from Silence: The practice of Insight Dialogue.* Portland, Oregon: Metta Foundation, 2002

LYON Ursula mit Prof CRISAND Ekkehard und SCHINAGL Gerald; Antistress-Training Windmühl Verlag, 2010

LYON Ursula; Sampada Yoga, ein Arbeitsbuch für ein achtsames Leben; Waldhaus-Verlag, 2015

LYON Ursula; Symbole für das ganze Leben; Waldhaus-Verlag, 2012

SCHINAGL Gerald; Anapanasati; Books on Demand, 2. Auflage 2015

SCHINAGL Gerald (Übers.); Dhammapada Worte der Weisheit; Books on Demand, 3. Auflage 2014

U.Lyon: Monatlicher Wegbegleiter (Newsletter) durch yahoogroups zu beziehen und im www.sampadasangha.com zu finden.

Index

A

Abenteuer 52
Achtsamkeit 165
Achtsamkeitsmeditation 144
Aggression 115
Akzeptanz 107
Akzeptieren 33
Alter 219
altern 219
Altern 48
Anerkennung 27
angereihte Sammlung 118, 132, 155
Angst 14, 46, 115
Anguttara Nikaya 118, 132
Anhaften 218
Anker 83
Appamadena 171
Askese 61
Atem 66
Außenseiter 49
Außenwelt 218
avijja 217

B

Bardo 47
Befleckungen des Geistes 92
Befreiung 14
Begeisterung 153
Beruf 29, 140
Berührung 217, 218
Besitz 27
Beständigkeit 14
Bettelmönch 61
Bewußtsein 217, 219
bhava 219
Blumen 162
Blüten 44
Bodhisattva 57, 110
Buddhanatur 39

C

Contergan 59

D

Daseinsgruppen 170
der Entstehung 216
Dhamma 171
Dhammapada 14
Digha Nikaya 171
Disziplin 150
Drachen 47
Drogen 130
Dualität 217
dukkha 219
Durst 218

E

Eheschließung 47
Einsamkeit 115
Einsicht 14, 50
Einsichten 123
Einsichtsmeditation 144
Einspitzigkeit 177
Emotionen 169
Empfindung 218
Engel 57, 110
Entwicklung 49
Entwicklungsschritte 47
Erfahrung 216
Erfahrungen 102
Ergreifen 218
Erinnern 168
Erlebnis 216
Erleuchtung 61, 219
Erleuchtungsglieder 152, 170, 171
Erlöser 79
Erlösung 14
Erregungsspannung 219
Erreichung 171

Erwartungen 12, 184
Ethik 73, 127, 132
Existenz 218, 219

F

Faktenwissen 89
Fanatismus 102
Fatalismus 102
Feindschaft 83
Fernsehen 12
fixierte Muster 101
Flow 177
Freiheit 13, 221
Freunde, edle 90
Frieden 81
Frühstück 147
Führung 79

G

Gebilde 171
Geborgenheit 13, 50, 79
Geburt 48, 219
Geburtstrauma 219
Gedanke 219
Gedanken 136, 216, 221
Gefühl 218
Gefühle 160, 221
Gehmeditation 31, 77
Geist 218
Geistesschulung 218
Gesinnung 101
Gespräch 118
Gestaltungen 171, 217
Gesundheit 51
Gewalt 83
Gewohnheit 221
Gleichmut 188
Glück 10, 17, 221
göttliches Gesetz 216
Grenzsituationen 52
Großzügigkeit 104
Grundgefühl 218
Grundgefühle 169

Grundlagen der Achtsamkeit 171
Guru 89
Güte, umfassende 22

H

Halbwahrheiten 113
Handlung 219
Heiler 140
heilige Schriften 7
heißes Sehnen 218
Herzensgüte 79, 160
Herzenswärme 22
Himmel 216
Hindernisse 170

I

Illusion 39
Intellekt 8, 26
Internet 12

J

jati 219
jhana 181

K

Kalamasutta 7
Karma 49, 94, 223
Khuddaka Nikaya 63
Kirche 222
Klage 219
Kloster 73
Konflikte 38, 114
Konsequenz 150
Kontinuität 154
Kontrollsucht 102
Kontroversen 114
Konzentration 18, 158
Körper 218
Körperempfindung 18
Kraftquelle 85
Krankheit 48, 60, 62, 218, 219

Kritik 118
Kummer 219
kurze Lehrtexte 63

L

Längere Sammlung 171
Langeweile 110, 157
Lebensabschnitt 47
Lebensaufgabe 52
Lebensdurst 218
Lebenssinn 12, 107
Lebensweg 72
Lebenswille 218
Leere 223
Lehrer 89
Lehrrede an die Kalamer 7
Leid 217, 219
Lichtwesen 57, 110
Liebe 13
Lotushaltung 150

M

Märchen 47
Meditation 73
Meditationsobjekt 66
meditative Betrachtung 15
Metta 22
Minderwertigkeit 160
Mitfreude 188
Mitgefühl 33, 79, 188
mittlere Sammlung 92, 144
Mond 39
Muster 82, 102, 221
Mut 14

N

Nahrungsmittel 147
nama 217
Nirvana 14
Nirwana 50

O

Ohnmacht 51, 160
Opfer 59

P

Palikanon 118
Paradies 26
Partnerschaft 47
Persönlichkeit 38
Pfad, achtfacher 81
Pflanzen 44
phassa 217
Philosophie 37
Platz 216
Problem 10
Probleme 82
Prozess 95
Pubertät 47

R

Rahula 93
Realität 39, 64, 222
Rede 118
reflective acceptance 8
Reiz 218
religiöses Dogma 216
Richtlinien 79, 128
Rolle 36
rupa 217

S

salayatana 217
Sampadetha 171
Sampajajanna 144
sankhara 217
Sankhara 171
Sanskrit 14
Sariputta 118
Schimpfwort 115
Schmerz 219
Schule 222

Schulzeit..75
Schutz 79, 83
Schutzmechanismus 47
Schweigen......................................117
Segen 171
Selbständigkeit 13
Selbstreflexion 93
Selbstverantwortung 90
Selbstwert..73
Selbstwertgefühl..............................25
Sexualität 47, 129
Sicherheit..................................13, 83
Sila 133
Sinn 52
Sinneskontakt 12, 104
Sinnesobjekt 217
Sinnesorgan 217
Skhanda 217
Sorgen..26
Sozialarbeiter..............................140
Spielzeug..103
Spinne 69
Spirale..81
Stechmücke 128
Sterben 40
Stimmung..135
Stolpersteine....................................89
Stress 173
Sucht..114
Sutta Nipata..........................63, 118

T

Tadel 118
tanha..218
Tätigkeiten......................................216
Tatsachen 118
Therapeut......................................140
Tod................................41, 48, 60, 219

U

Übergangsrituale 47
Unabhängigkeit..............................221
Unbeständigkeit..............................171

Ungeduld 110, 185
Unglück..83
Unrecht 83
Unvermögen....................................216
Unzufriedenheit 10, 25
upadana..218

V

vedana..218
Vedana 169
Veränderung....................................49
Verblendung....................................63
Vergangenheit................................183
Vergänglichkeit................................171
Verhaltensweisen............................101
Versenkung......................................181
Verständnis 110
Verstehen 33
Vertiefungen 181
Vertrauen 49
viññana..217
Vollmond 130
Vollmondtage....................................87
Vorstellungen 156
Vorurteile 7
Vorzug 171

W

Waffe..140
Waffen..112
Wahn..221
Wahrheit 37
Weisheit 73, 79
Werbung....................................12, 40
Werden..219
Werdensprozess 218
Wiedergeburt 218, 219
Wille 80
Willenskraft 153
Wirklichkeit 37
Wissenschaft 37
Wissensklarheit 144
Wohlwollen 107

Wolken 39
Worte 112, 216
Wunscherfüllung 38
Wut 115

Z

Zeremonien 47

Zuflucht 83
Zufriedenheit 10, 25
Zukunft 184
Zusammenbrauung 171
Zweifel 7, 110